KB134306

2015 개정 산업표준화법에 따른

실전 사내표준

2015 개정 산업표준화법에 따른

실전 사내표준

정 가   38,000원

발 행 일	2015년 9월 1일 초판 1쇄 발행
저　　자	류 길 홍
발 행 인	박 재 우
발 행 처	한국표준협회미디어
주　　소	153-787 서울 금천구 가산디지털1로 145 에이스하이엔드타워 3차 1107호
전　　화	(02)2624-0362
팩　　스	(02)2624-0369
홈페이지	www.ksamedia.co.kr
출판등록	2004년 12월 23일(제2009-26호)
I S B N	978-89-92264-86-0 93320

KS

CERTIFICATION

2015 개정 산업표준화법에 따른

실전 사내표준

GUIDE

KSAM 한국표준협회미디어

머리말

　기업은 고객과 사회의 요구를 충족시키기 위해 목표를 정하고 이를 달성하면서 번영·발전한다. 이러한 기업의 경영은 고객, 법적 요구사항 등의 외적 요건과 조직 구성, 업무 수행 방법, 자원 확보 등의 내적 요건에 의해 영향을 받는다. 효율적인 경영을 위해서는 내적·외적 요건들을 기업 환경에 맞게 운영할 수 있도록 시스템을 수립하여야 한다. 이처럼 기업 활동을 추진하는 과정에서 조직의 구성, 책임, 권한의 부여, 취급하는 제품이나 서비스, 업무수행의 질과 방법, 능률을 판단하는 척도가 되는 것이 바로 사내표준이다.

　KS 일반 인증심사기준에는 소비자 불만처리, 제품구매 정보관리, 교육훈련, 검사(인수·중간·최종) 등의 사내표준을 관련 KS 최신본을 바탕으로 작성하도록 요구하고 있다. 또한, 2015년 7월부터 개정된 산업표준화법에 따라 적용되는 일반 인증심사기준, 품목별 인증심사기준은 심사항목별로 작성해야 하는 사내표준화 대상을 명확히 규정하고 있다. 하지만 KS·KC·단체인증 기업들은 사내표준화를 추진함에 있어 현실적으로 많은 어려움을 토로하고 있다. 이에 사내표준 구축과 운영에 애로를 겪는 기업들이 보다 쉽게 사내표준 업무를 추진할 수 있도록 사례 중심으로 이 책을 집필하게 되었다.

이 책의 특징은 다음과 같이 요약할 수 있다.

첫째, 해당 업무와 관련된 KS를 반영하여 심사항목별로 요구하는 사내표준을 사례 및 활용방법 중심으로 알기 쉽게 제시함으로써 컨설팅을 받지 않고도 기업 스스로 사내표준을 제·개정할 수 있도록 하였다.

둘째, KSA 0001(표준서의 서식 및 작성방법)에 맞게 사내표준(관리표준 및 기술표준)을 작성할 수 있도록 사례 중심으로 방법론을 제시하였다.

셋째, 심사항목별 사내표준화 요구사항을 반영한 최적의 사내표준모델을 제시하고 고객불만처리(KS Q ISO 10002), 제품구매 정보 제공(KS A ISO/IEC GUIDE 14, 37), 샘플링검사(KS Q ISO 2859-1), 교육훈련(KS Q 10015) 등 최신 KS를 반영하였다.

또한 KS·KC·단체인증 관련 기업들이 쉽게 사내표준을 관리할 수 있도록 프로세스에 근거한 사내표준화 방법론, 관리표준·기술표준 작성방법 및 사례를 소개하면서 이에 대한 CD도 함께 수록하였다.

이 책이 개정된 인증제도에 따라 사내표준 제·개정을 준비하는 KS·KC·단체인증 관련 기업의 담당자뿐만 아니라, 사내표준 컨설턴트들에게도 도움이 되길 바라며 현장에서 널리 활용될 수 있기를 기대한다.

2015년 9월
류 길 홍

차 례

제1장 표준화

제2장 사내표준화

부록1. 심사항목별 사내표준모델

심사항목별 사내표준모델(CD 수록)

제1장 **표준화**

표준화

1.1 표준과 표준화는 무엇인가?

표준화(Standardization)란 어떻게 정의할 수 있을까? 표준화를 정의하려면, 우선 표준(Standard)을 정의해야 한다. 일반적으로 표준은 우리나라의 국가표준을 일컫는 KS나 미터법을 기초로 한 법정 계량단위 같은 측정표준을 우선적으로 떠올릴 수 있다.

한국산업표준(KS)에서는 '표준이란 관계되는 사람들 사이에서 이익 또는 편리가 공정하게 이루어지도록 통일·단순화를 도모할 목적으로 물체·성능·능력·배치·상태·동작·절차·방법·수속·책임·의무·권한·사고방법·개념 등에 대해 규정한 결정'이라고 정의하고 있다.

또한 국제표준화기구(ISO: International Organization for Standardization)에서는 '표준이란 개별 표준화 노력의 성과로서 공인된 단체에 의해 승인된 것'으로 정의하고 있다.

ISO/IEC Guide 2(2004)에서는 '합의에 의해 제정되고 인정된 기관에 의해 승인되었으며, 주어진 범위 내에서 최적 수준의 질서 확립을 목적으로 공통적이고 반복적인 사용을 위해 규칙, 지침 또는 특성을 제공하는 문서'로 표준을 정의하고 있다.

그러면 표준화란 무엇인가? ISO/IEC Guide 2(2004)에서는 '표준화란 실제적이거나 잠재적인 문제들에 대해 주어진 범위 내에서 최적 수준의 질서 확립을 목적으로 공통적이고 반복적인 사용을 위한 규정을 만드는 활동'으로 정의하고 있다.

이를 종합하여 표준화를 정의하면, 표준화란 '일반적으로 사물에 합리적인 기준 또는 표준을 설정하고 다수의 사람들이 어떤 사물을 그 기준 또는 표준에 맞추는 것'을 말한다.

표준화란 '표준을 설정하고 이것을 활용하는 조직적인 행위'라고 규정할 수 있다. 즉, 표준화란 어떤 특정한 활동을 순서 있게 접근할 목적으로 규칙을 세우고, 이것을 적용하는 과정에서 관계하는 모든 사람의 이익, 나아가 최선의 경제성을 촉진함은 물론, 기능적인 조건과 안전성까지 관계되는 모든 사람들의 협력 아래 이루어지는 조직적인 행위라고 말할 수 있다.

표준은 많은 관련 당사자들이 상당기간 동안 반복적으로 또는 계속해서 사용할 것을 목적으로 제정되는 것이므로, 표준을 제정하는 표준화 작업은 공정하고 신중한 절차를 거쳐 제정되어야 한다.

이러한 표준화 작업에 적용되는 기본 원칙은 아직 확립된 것은 없으나, 국제 표준화기구나 주요 선진국의 표준화기구들이 채택하고 있는 표준화 원칙은 〈표 1〉과 같다.

표 1 – 표준화 원칙

원칙	내용
합의에 기초	– 표준화는 본질적으로 사회의 의식적인 노력의 결과로서 나타난 단순화된 행위이다. – 수많은 이해당사자가 사용하는 것인 만큼 합의(Consensus)를 기초로 하여 제정된 표준만이 시장적합성(Market relevance)을 가지며 그 기능을 다 할 수 있다. – 이런 이유 때문에 국제 표준화 기구들도 표준의 최종안을 회원국에 돌려 투표를 통해 일반적으로 다수결의 원칙에 따라 합의를 이끌어 내는 것으로 알려져 있다.
표준화 과정의 공개	– 모든 표준은 제정 초기부터 논의과정, 최종 합의에 이르기까지 공개적으로 처리된다. – 논의 과정에서 어떠한 기술적 비판도 허용되며, 이러한 비판은 정당하다면 마땅히 수용되어야 한다. – 또한 공개(Openness)라는 개념에는 제정과정에 모든 이해당사자의 참여가 허용된다는 의미도 포함된다.
자발성 존중	– 어느 이해 당사자든 표준화 작업에의 참여는 자발적이어야(Voluntary basis) 하고, 참여를 강요당하지 아니한다. – 참여뿐만 아니라 표준안의 제출도 강제되지 아니하며 자발적으로 제출된 표준안에 대해서만 심사되고 제정된다. – 또한 제정된 표준은 기술적 고유기능에 대해서만 그 권위를 가질 뿐 누구에게도 표준의 채택을 강제하지 아니한다
동일성과 일관성 유지	– 표준은 제안단계부터 최종 채택 단계까지 일련의 작업이 규칙적이고 일관된(Uniformity and Consistency)원칙하에 준비되고 이루어 져야한다. – 내용면에서도 유사 표준이나 관련 표준과의 용어, 단위, 적용범위 및 기술적 내용들이 통일되게 기술되어야 하며, 일관된 원칙하에 기술되고 제정되어야 한다.
시장 적합성	– 아무리 훌륭한 기술적 내용을 담고 있는 표준이 제정되어 있어도 시장의 수요(Needs)가 없는 표준, 즉 시장 적합성(Market Relevance)이 결여된 표준은 그 제정 자체가 무의미하다. – 많은 수요자를 확보한 표준이 필요성이 큰 표준이다.
경제적 요인 반영	– 제안된 많은 표준안에 대해서는 반드시 그 경제적 가치에 대한 평가(Alignment on Economic Factor)가 이루어져야 하며, 그 중 경제적 가치가 입증된 것만을 표준으로 제정하여야 한다.
공공 이익 반영	– 모든 표준은 과학적 지식의 산물이지만 그 제정 이후에는 공공의 이익(Alignment on Public Benefits)에 부합되도록 사용되어져야 한다. – 공공의 이익에 반하는 표준은 표준으로 제정될 수 없고, 제정되어서도 안 된다.

'표준을 지배하는 나라가 세계를 지배하고, 세계를 지배하는 나라가 곧 표준을 지배한다'라는 말이 있다. 표준은 이제 선택의 문제가 아닌 생존의 문제로서 그 어느 때보다도 표준의 경쟁력 확보가 필연적이라는 것을 누구도 부인할 수 없다. 특히 기술혁신이 필요한 IT 등 첨단산업 분야에서는 기술개발보다도 시장 확보를 전제로 한 표준개발의 필요성이 더 부각되고 있다. 특허와 표준을 연계한 표준특허 확보는 기업과 국가의 경쟁력을 좌우하는 요건으로 그 중요성이 날로 증대되고 있다.

표준특허 또는 필수특허(Standard Essential Patent, SEP; EP)란 표준에 포함된 특허를 말한다. 표준특허는 국제표준화기구(ISO, International Organization for Standardization), 국제전기기술위원회(IEC, International Electrotechnical Commission), 국제전기통신연합(ITU, International Telecommunication Union), 유럽전기통신표준협회(ETSI, European Telecommunications Standards Institute) 등의 국제표준화기구가 제정한 표준에 포함된 특허로, 표준에 따라 제품을 기술적으로 구현하는 과정에서 반드시 이용해야만 하는 특허이다. 이러한 표준특허는 기술표준과 특허의 특징을 함께 갖고 있는 신조어로서, 많은 로열티 수익이 예상되므로 특허의 시장가치를 극대화할 수 있고 국가의 기술무역수지에도 영향을 미칠 수 있다.

최근 기업 간의 특허분쟁은 주로 표준특허를 대상으로 하고 있으며, 속칭 특허괴물(Patent Troll)이라고 불리는 특허관리전문회사(NPEs, Non Practicing Entities)도 큰 수익을 창출할 수 있는 표준특허의 확보에 중점을 두고 있다. 예를 들면, 디지털 방송기술에 대한 표준특허를 사용하는 디지털 TV나 셋톱박스 제조업체는 생산 제품 1대당 약 5달러의 특허료를 디지털방송과 관련한 특허관리기관인 MPEG LA(Moving Picture Experts Group

Licensing Adminstrator)에 지불하고 있다.

그런데 여기서 중요한 부분은 MPEG LA에 지불되는 특허료의 70~80% 정도가 다시 LG전자가 인수한 제니스의 표준특허 몫으로 할당돼 지급되고 있다는 점이다. LG전자는 이를 통해 연간 1억불 이상의 특허료 수익을 올리고 있다. 이는 수백만 대 이상의 디지털 TV를 판매해서 얻게 되는 이익보다 많은 것으로, 표준특허 확보가 얼마나 중요한지를 보여주는 단적인 사례이다.

표준특허의 장점은 특허의 회피설계(Design around)가 어렵고, 비즈니스 활용이 용이하며, 소송을 통한 권리 행사에 유리하다는 점이다. 특허의 회피 설계가 어려운 이유는 산업계가 특정한 기술표준을 따르는 한 회피설계가 불가능에 가깝기 때문이며, 비즈니스 활용이 용이한 점은 특허풀(Patent Pool)로 활용이 가능하면서도 개별 권리행사가 가능하기 때문이다. 또 소송을 통한 권리행사에 유리한 부분은, 특허 소송 시 침해자의 제품 대신 기술표준을 기준으로 특허 침해를 판단하는 것이 가능하기 때문이다.

표준화와 연계한 특허출원 방안에는 심사청구를 하지 않는 국내출원과 미국의 가출원제도(US provisional application)를 활용하여 표준 기고서 제출 전에 특허출원을 진행하는 방법과 표준내용 변경 시마다 추가 특허출원을 진행하는 방법이 있다.

특허권자가 자신이 보유한 특허를 표준특허에 채택시키기 위해서는 ISO, IEC, ITU 등 표준화기구에서 정한 표준특허 정책에 따라 무료 또는 RAND 조건 (reasonable and non-discriminatory terms and conditions)으로 협상할 의향이 있다는 것을 서면으로 동의하여야 한다. ETSI에서는 FRAND 조건(fair, reasonable and non-discriminatory terms and conditions)에 동의하여야 한다.

표준특허 확보 등 표준 경쟁력 확보를 위한 단계별 전략은 〈표 2〉와 같다.

표 2 - 표준 경쟁력 확보를 위한 단계별 전략

단계	전략
1단계 : 사업 중점 분야 선정 및 전략수립	- R&D와 연계한 표준전략을 검토하여 집중할 표준분야를 선정하고, 시장환경과 연계하여 분석한다. 이때 기업역량 및 이익측면에 대한 영향을 고려해야 한다.
2단계 : 주요 국제표준 트렌드 분석	- 선정분야의 국제표준 기술과 특허동향을 파악하고, 표준의 진행단계를 검토한다. - 특허 및 향후 로열티 활용정도를 분석하여 사업화할 수 있는 표준과 활동여부를 타진한다.
3단계 : 역량진단 및 경쟁사 분석	- 주도적 입장에 있는 기업 및 단체의 동향과 경쟁사 대비 자사의 역량을 진단하여 기술 적용 가능성을 분석하여야 한다. 이때 목표에 따른 투입자금과 인원을 결정한다. - 표준제정에 따른 기업의 진입여부와 그에 따른 포지셔닝을 구축한다.
4단계 : 표준화 활동 참여 및 자사 입장 반영	- 주요 표준회의에 참여하여 표준결정에 있어 자사의 입장을 제시하고, 주도세력과의 전략적 협력관계를 구축, 지지 세력을 규합한다.
5단계 : 표준진행에 따른 지속적 방어와 견제	- 시시각각 변하는 결정사항에 따라 추진방향을 수정하고, 타 기관의 참여를 견제한다.
6단계 : 표준의 사업화 및 연계 활용분야 연구	- 표준의 사업화 및 연계 활용분야를 연구한다.
7단계 : 업체간 제휴를 통한 이익의 극대화, 표준의 후반단계 준비	- 업체간 제휴를 통하여 이익을 극대화하고, 표준의 후반단계를 준비한다.

ISO, IEC의 표준화는 ISO/IEC Directives, Part 1 Procedures for the technical work에 따라 TC(technical committee), SC(subcommittee), WG(working group)를 중심으로 〈표 3〉과 같이 단계적으로 진행된다.

표 3 - ISO/IEC 표준화 절차

단계	약어	명칭	기간	내용
제안 단계	N(WI)P	New (work item) proposal 신규작업항목제안	투표기간 3개월	투표 종료 후 6주 내 간사 중앙사무국 등록 NWIP -> AWI
준비 단계	WD	Working draft 작업안	작업기간 12개월	(Approved Work Item) Count down
위원회 단계	CD	Committee draft 위원회안	투표기간 2개월	투표 종료 후, 4주 내 간사는 P member에게 결과 통보
질의 단계	DIS	Draft International Standard 국제표준안(ISO) Committee Draft for Vote 투표용 위원회안(IEC)	투표기간 ISO 3개월 IEC 5개월	투표 종료 후, 3개월 내 간사는 중앙 사무국에 결과 통보
승인 단계	FDIS	Final Draft International Standard 최종국제표준안	투표기간 2개월	투표 종료 후, 중앙 사무국에서 국가 회원 기관에게 통보
발간 단계	IS	International Standard 국제표준	작업 등록 후 36개월내 발간	ISO 중앙사무국 판권 소유

1.2 표준화의 목적

오늘날 표준화가 추구하는 목적은 ① 단순화와 호환성 향상, ② 의사소통 원활화, ③ 경제성의 추구, ④ 공공이익의 증대, ⑤ 기술장벽의 제거 등으로 요약될 수 있다.

1) 단순화와 호환성 향상

표준화란 본질적으로 사회 구성원의 노력과 합의의 결과로 나타나는 단순화된 행위이다. 복잡성을 줄일 뿐만 아니라, 불필요하게 복잡해지는 것을 예방하는 것이 표준화의 목적이다. 복잡한 사물의 증가와 무질서를 억제하려면 우선 사회 구성원의 노력과 합의를 바탕으로 사물 및 행위를 단순화할 필요가 있다. '서로 교환해 쓸 수 있는 성질'로 정의할 수 있는 호환성은 초기에는 과학기술적 표준의 하나인 치수상의 호환성을 강조하였으나, 기능상의 호환성이 중요시되면서 치수 호환성은 단지 일면에 지나지 않게 되었다. 정리하자면, 표준화의 작용은 단순화이며, 단순화의 직접적인 목적은 호환성이라 할 수 있다.

2) 의사소통 원활화

표준화는 경제활동과 더불어, 사회활동에도 속한다. 따라서 단순히 제정된 것만으로는 무의미하며, 제정된 표준을 지킬 때 비로소 효과가 나타나기 시작한다. 관련자 모두의 상호 협력과 전체적인 합의에 따라 추진해야 하는 것이다. 예를 들어, 단체표준화의 경우에는 관계하는 기업 사이의 이해 대립을 조정하기 위해서는 어느 정도 희생을 각오해야만 한다. 하지만 다수 국가가 표준 제정에 참여하는 국제표준화의 경우, 세계 공동의 이익을 위해 자국의 이익을 희생하는 국가는 없을 것이다. 중요한 것은 표준의 원안에 찬성할 수는 없더라도, 상호 의사소통을 통해 제정된 표준을 따르도록 최대한 노력을 기울여야 한다는 것이다. 이 과정이 결여된다면 표준화란 있을 수 없다.

3) 경제성의 추구

표준화가 추구하는 경제성은 기능상의 조건이나 안정성을 충분히 고려한 것으로, 관계자 모두가 반드시 동시에 최대의 편익을 얻는 것이 아니다. 따라서 표준화를 시행할 때에는 다수의 이익을 위해 소수의 희생을 감수해야 한다. 밸브나 나사의 회전 방향이 오른손잡이 위주로 표준화된 것처럼, 보통은 다수의 이익을 위해 소수의 희생이 따른다. 표준화는 활동의 합리화·능률화를 지향하므로 활동의 특성은 묻지 않는다. 예를 들어, 권총의 구경을 표준화하면 사용상의 합리화는 얻을 수 있는데, 이 권총을 경찰이 사용하면 치안 유지에 도움이 되고, 반면에 범인이 사용하면 좋지 않은 일에 사용한 셈이 된다. 그러나 이와 같은 활동의 특성과는 별개로, 표준화가 모든 활동의 합리화 및 능률화에 도움이 된다는 사실은 변하지 않는다.

4) 공공이익의 증대

표준화의 목적으로 인간 생명의 안전이나 건강 등을 들게 된 것은 비교적 최근의 일이다.

생산의 극대화를 통한 국부의 축적에 중점을 두었던 초기 산업화 사회에서는 생산의 주체인 기업을 보호하기 위한 정책이 우선시되었다. 반면 현대 사회에서는 과학과 기술의 발달로 생활이 윤택해짐에 따라 삶의 질을 더욱 중시하게 되면서 인간의 생명 존중과 국민 복지의 달성을 지향하게 되었고, 산업정책에서도 소비자의 안전 및 복지가 우선시되고 있다. 이에 따라 인간의 생명을 보호하고 사고 발생에 따른 비용 손실을 줄이기 위해, 안전성 확보를 원하는 요구가 커졌고, 제품 안전표준의 중요성이 증대하고 있다.

일반적으로 안전성 확보란 위험 방지를 말하는데, 위험에는 중대한 것과 경미한 것이 있다. 중대한 위험을 방지하기 위한 표준화는 법률로 제정됨으로써 강제력을 가지게 된다. 그러나 법률로 강제할 정도가 아닌 경미한 위험은 제품표준에 적절한 기준을 설정함으로써 위험을 방지할 수 있다.

5) 기술장벽의 제거

표준 관련 제도는 국가마다 서로 다르게 되어 있다. 이는 과거 각국이 자국 상품의 표준화를 위한 기준 및 절차를 규정하면서 자국시장만을 관심 대상으로 두고 제정한 결과이다.

서로 다른 표준화 제도는 국가 간 무역에 상당한 영향을 미치게 된다. 예를 들어 수출할 때에는 외국의 표준에 맞도록 상품을 변경하거나 새로운 생산시설을 구비해야 하므로 추가적인 조정비용이 반드시 발생한다. 이 경우 수출원가는 국내의 생산원가에 조정비용을 합한 것으로, 수출국의 경쟁력이 저하되고 수입국의 입장에서는 이러한 표준화 차이가 어느 정도 수입을 억제해주는 결과를 가져왔다.

이처럼 어떤 상품의 기술표준 차이에 따라 발생할 수 있는 국가 간의 상품이동에 대한 장벽을 기술적 무역장벽이라 한다. 영어로는 TBT(Technical Barriers to Trade)라 하며 '무역에 대한 기술장벽' 또는 '무역상 기술장벽' 등으로 번역되고 있다.

표준의 기술장벽화를 방지하기 위해, 지난 1973년부터 1979년까지 진행된 다국간 무역협상 도쿄라운드에서는 TBT 협정을 체결해 특정 국가들이 자국의 표준화 제도를 의도적으로 다르게 만들어 수입을 억제하는 등의 무역장벽을 설치하는 것을 방지하려 했다.

그러나 TBT 협정에도 각국이 기술장벽을 무역, 특히 수입을 제한하는 도구로 오용 또는 남용함에 따라 기술장벽과 관련된 국가 간의 통상 마찰이 크게 증가해왔다. 그 결과 우루과이라운드 협상에서는 TBT 협정을 세계무역기구(WTO)체제에 정식으로 이관함으로써 세계무역기구의 모든 회원국이 TBT 협정을 준수하도록 하고 있다.

1.3 표준화의 효과

1) 긍정적인 효과

표준화를 더욱 효과적으로 추진하기 위해서는 정부가 주도적으로 많은 인력과 예산을 투입해야 한다. 따라서 표준의 제정과 이행에 따른 경제적 효과를 분석하는 것은 의미 있는 일이다. 일반적으로 표준화를 시행할 때 발생할 수 있는 긍정적인 효과는 매우 많으며 그 중 몇 가지를 꼽자면 다음과 같다.

첫째, 표준의 가장 큰 효과는 호환성이 가져오는 네트워크 외부효과라 할 수 있다. 알프레드 마셜(Alfred Marshall)이 주장한 네트워크 외부효과는 표준을 통해 제품의 호환이 이루어지면 제품에서 얻을 수 있는 효용은 그 제품에 속해있는 다른 사용자의 수에 비례해 증가하게 된다는 수확체증효과(투입된 생산요소가 늘어나면 늘어날수록 산출량이 기하급수적으로 증가하는 현상)를 말한다. 예를 들어, 기술혁신에 의해 컴퓨터의 새로운 운영체제(Operating System)가 개발되어 채용되면, 이와 관련된 이해관계자들에게 많은 영향을 미치게 된다. 사실상의 표준인 마이크로소프트사의 Windows 7 발표가 국내 반도체 기업의 매출증대로 이어지는 현상을 제품의 호환성에 의한 네트워크 외부효과로 설명할 수 있다.

둘째, 표준화는 생산공정의 혁신을 통한 규모의 경제(Economy of Scale, 규모가 클수록 경제적 효과가 상대적으로 커지는 것으로 장기적 생산에 있어서 모든 생산요소를 동일한 비율로 늘려갈 때, 생산요소의 증가율보다 산출량이 더 큰 비율로 증가하는 현상)를 가능하게 하고 판매 경쟁을 가속화해서 신기술 개발을 촉진하고 매출 증대를 가능하게 한다. 그리고 표준화는 생산비용과 학습비용을 줄이는 효과가 있다. 시장에서 완전경쟁이 이루어지려면 상품에 관한 정확한 정보를 제공해야 한다. 그러나 상품에 관한 정보가 정확하지 않다면, 구매자들이 주어진 자금으로 원하는 상품을 사기 위해 탐색이나 측정에 비용을 투입해야 하는데, 이는 사회적으로 보면 커다란 낭비이다. 표준화는 거래되는 재화나 서비스 및 생산과정에 대한 복잡성을 제거하고, 정보를 일률적으로 제공하며, 거래비용을 감소시킴으로써 구매자의 이익을 증진할 수 있다. 즉, 표준화는 정보를 제공하는 역할을 통해 시장에서 발생하는 거래 행위에 부수되는 탐색비용과 측정비용을 감소시키는 기능을 갖는다.

셋째, 표준화에는 기술혁신을 가속화하는 효과가 있다. 예를 들어, 경쟁 단계에서 표준화가 이루어지면 그 이익이 막대하므로, 여러 기업이 첨단기술 분야의 신기술을 개발함으로써 사실상 표준을 획득하기 위한 노력을 강화하고 있다. 이는 정보통신, 전기전자 등 첨단산업 분야에서 두드러지게 나타난다.

넷째, 제품의 품질, 건강, 안전 등의 분야에서 표준화는 생활의 편익을 증진하고 삶을 윤택하게 하는 효과가 있다. 이러한 사실은 표준화의 공공적인 성격에서 유래하는데, 사회의 전체적인 목표를 달성하는 데 표준화의 기여도가 커짐에 따라 관심이 증가함을 의미한다. 또한 표준화는 재화의 자유로운 이동을 가능하게 함으로써 세계시장의 평준화를 가져올 뿐만 아니라, 세계시장의 발전에도 기여할 수 있다.

다섯째, 새로운 국제표준의 적용으로 더욱 많은 국가에 제품을 공급할 수 있게 하는 효과가 있다. 제조업자들은 국제적으로 통용되는 표준의 채택 및 적용에 가장 민감하다. 새로운 표준의 적용으로 시장 진입에 소요되는 시간을 단축하고 개발 원가를 줄일 수도 있기 때문이다. 그러나 제조업자들만이 이익을 얻는 것은 아니다. 소비자 또한 최신의 기술이 판매시장에 더 빨리 흡수될 수 있기 때문에 이익을 얻을 수 있다. 소비자의 요구가 시장에 빨리 반영되면 진입 시간이 단축되는 효과가 있으며, 국가 간 표준에 근거해 더욱 안전하고 향상된 품질의 제품을 제공할 수도 있다. 이처럼 국가 간 표준화는 모든 관계자에게 큰 이익을 제공한다. 특정 기술에 대한 표준화를 둘러싸고 세계 여러 국가가 경제적·정치적 이유로 싸운다고 하더라도, 장기적으로 보았을 때, 국가 간 표준화는 각국이 성장하는 데 도움이 된다. 예를 들어 제조업자들이 다른 나라에 제품을 소개하는 것이 쉬우면 쉬울수록 소비자들은 더 많은 선택을 할 수 있을 것이다. 이는 시장을 더욱 활기차고 경쟁적으로 이끌 것이며, 제품의 품질과 유용성을 높일 것이다.

2) 부정적인 효과
표준화에는 항상 긍정적인 효과만 있는 것은 아니다. 다음과 같은 부정적인 효과도 있다.

① 최신 과학기술의 발전을 저해: 표준 제정 속도가 기술 발전 속도를 앞서지 못하는 경우 표준의 노화 현상 발생

② 과도한 표준화는 제품의 다양성 감소를 초래: 표준화로 말미암아 제품의 다양성에 따른 차별화된 서비스 및 비용에 대한 선택의 한계 발생

③ 열등한 기술의 표준이 산업을 지배하는 경우가 발생: 기존의 호환성을 유지하는 이익으로 말미암아 비호환적인 신기술이 시장에 진입하는 데 드는 비용(표준 개발, 성능 시험 등)이 증가

④ 기술적 우위와 열위의 양분화 현상 발생: 기술적 우위 국가의 세계적 표준선점으로 기술적 열위 국가는 이에 종속

⑤ 고용의 감소: 자동화에 대한 표준화는 품질과 생산성의 향상을 가져온 반면, 고용의 감소를 초래

우리는 산업 활동이나 일상생활을 하면서 표준화를 통해 효율성·편의성·안정성 등 여러 분야에서 많은 혜택을 받고 있다. 그러나 표준화가 만능이라고 여겨 표준화만 하면 모든 것이 잘될 것이라고 생각하는 것은 잘못이다. 표준화의 대상이나 내용이 자칫 큰 문제를 일으킬 수 있다는 점을 유의해야한다.

표준화의 주요 고려 요소 중 하나는 최신 과학기술을 반영해야 하며, 미래 과학기술의 적용이 방해받지 않아야 한다는 것이다. 이를테면 KS는 일정 기간마다 개정 작업을 하므로 항상 최신 과학기술을 적용해 별 문제가 없다고 생각하기 쉽다. 그러나 표준 내용이 잘못되어 최신 과학기술을 적용하기가 어려워지는 경우가 생길 수도 있다. 또한 과도한 표준화로 말미암아 제품의 다양성이 줄어들고, 기술혁신이 둔화되어서 새로운 표준으로 진보하는 것을 저해할 수도 있다. 다양성의 감소가 초래하는 손실은 구체적으로 두 가지 측면에서 설명할 수 있는데, 다음과 같다.

첫째, 서로 다른 종류의 제품 또는 그 제품이 만들어내는 다른 형태의 서비스를 통해 이용자들은 다양한 효용을 얻는데, 표준화는 이러한 다양성을 포기할 수밖에 없게 만든다. 둘째, 다른 형태의 서비스 또는 제품은 소비자에게 비용의 다양성을 제공해 선택할 수 있게 하는데, 표준화 기술의 제품만 제공되면 어떤 소비자는 상대적으로 높은 비용이 들어간 기술로 생산된 제품을 이용해야 하는 불이익을 받을 수도 있게 된다.

표준이 형성되면 소비자는 호환성의 이익을 누리기 위해 비호환적인 신기술 제품을 꺼리게 되는데, 이는 전반적으로 열등한 기술의 표준이 산업을 지배하는 결과를 가져오기도 한다. 특히 표준 개발에 드는 비용, 개발된 표준에 맞추기 위해 제품을 변형하는 데 소요되는 비용, 인증 시험과 제품 성능 시험을 거치는 과정에 드는 비용 등 많은 비용이 발생하게 된다.

이러한 비용 발생은 사회적 비용 증가를 의미하지만, 기업 차원에서 보면 개발한 제품의 가격 상승을 유발하여 가격 경쟁력을 떨어뜨리고 새로운 진입 장벽이 될 수 있다. 한편 기술적 우위를 바탕으로 국제적인 표준이 형성되면 기술적으로 열위에 있는 국가들은 이에 종속될 수밖에 없다. 이러한 상황이 지속되면, 기술적인 우위 국가와 열위 국가의 양분화 현상이 고착될 가능성이 높다. 특히 첨단기술 분야에서는 선진국의 독점이 심화되고 있기 때문에 이러한 현상이 나타날 가능성이 훨씬 높다. 이는 기업의 경우도 마찬가지로, 첨단기술 분야의 세계 표준화를 제정하는 과정에서 탈락한 기업은 막대한 경제적 손실을 입을 뿐만 아니라, 과다한 로열티를 지불해야 하는 결과에 직면한다.

또 하나의 부정적 효과로, 표준화는 고용의 감소를 가져올 수 있다. 자동화를 통한 생산 과정의 표준화는 제품 품질과 기업의 생산성을 향상할 수 있으나, 이 과정에서 고용 조정이 발생해 고용이 감소할 수 있다.

1.4 표준 패러다임의 변화

1995년에 이르러 WTO/TBT협정이 체결되면서 표준의 패러다임은 획기적으로 변화한다. WTO/TBT(Technical Barriers to Trade)협정은 무역에서 표준(standards), 기술규정(technical regulations), 적합성 평가(conformity assessment)를 규정한 협정이다. 이 협정은 이전의 주류였던 성능(performance) 위주의 표준에서 성능, 생산 및 공정 방법(PPMs: Production and Process Methods)의 표준으로 이행해, 표준과 기술규정의 개념과 범위를 확대했다.

또한 표준에 대한 공정 관행 규약을 신설하여 각 국가의 국제무역에 장애가 되는 표준의 제정, 채택, 적용을 금지했다. 이를 통해 각 국가는 기술규정 및 표준이 국제무역에 불필요한 장벽이 되지 않도록 해야 했다. 예외적으로 국가 안보, 기만적 관행 방지, 안전, 인간·동식물의 생명과 건강, 환경보호를 위한 목적으로만 강제적 기술규정을 준비, 채택 및 적용할 수 있게 되었다. 인증제도 또한, 내국민 대우 및 무차별 원칙 적용, 관보 등에 공표 및 WTO 사무국에 통보해야 하는 의무를 부과했다. 이로써 표준의 중심축은 국가표준에서 국제표준으로 전환하게 되었다. 또한 품질 중심에서 환경·안전·보건 중심으로, 제품 및 기술 중심에서 프로세스 및 시스템 중심으로, 소비자 중심에서 모든 이해관계자 중심으로, 규제 및 보호 중심에서 사람과 조직의 투명성·책임성·자율성 중심으로 획기적인 전환을 하게 된 것이다.

표준이 국제표준 중심으로 전환되면서 표준의 기능과 역할도 크게 변화했다. 호환성과 품질 유지, 단순화, 정보 제공 등 전통적인 역할에서 기술혁신 및 기업 경영전략의 전략적인 도구와 규범적 기능으로 확장된 것이다.

이제 국제표준은 선택사항이 아니다. 글로벌 시장에서 생존하고 경쟁력을 확보하여 시장을 선도적으로 창출하려는 기업에서는 국제표준을 잘 따라갈 뿐만 아니라, 국제표준을 선도적으로 만들어갈 수 있어야 한다.

1.5 표준의 분류

1) 학문적 분류

표준을 가장 포괄적으로 분류하는 체계는 인문사회적 표준과 과학기술적 표준의 두 가지이다. 인문사회적 표준은 언어·부호·법규·능력·태도·행동규범·책임·전통·관습·권리·의무 등으로, 과학기술적 표준은 성문표준(documentary standards), 측정표준(measurement standards) 참조표준

(reference standards)으로 나눌 수 있다.

성문표준은 국가와 사회의 모든 분야(생산·유통·소비·교통·통신·무역·서비스·보건·교육·행정·국방·건설·환경·생활 등)에서 총체적인 이해성, 안전성, 효율성, 경제성을 높이기 위해 강제 또는 자율적으로 일정 기간 적용하는 문서화된 규정, 사양, 용어, 부호, 기호 등을 말한다.

측정표준은 측정 대상을 그 대상에 해당하는 단위와 실제로 비교할 때, 그 단위의 크기를 잘 나타내줄 수 있는 물리적 실체를 의미한다. 따라서 측정표준이란 산업 및 과학기술 분야에서 물상상태의 양에 대해 그 측정 단위 또는 측량 값에 대한 값을 정의·현시·보존·재현하기 위한 기준으로 사용되는 물리척도·측정기기·표준물질·측정방법 또는 시스템이라고 할 수 있다.

한 국가의 측정 능력은 그 나라의 기술 개발 능력이며, 과학 기술력의 척도이다. 국가측정표준은 국가 산업기술은 물론 국제 교류의 필수 요건인 국제적 신뢰도를 향상하는 중요 수단이며, 공정거래질서의 확립에 기초가 된다.

따라서 길이, 질량, 시간 등 국제단위계(SI: International System of Units)의 정의를 정확하게 실현하고 다른 단위에서도 측정 능력을 일관되게 유지해야 한다. 이러한 유지 능력은 불확도로 가늠되는데, 필요한 수준에서 최소의 불확도를 지닌 측정표준을 확보하고 유지하는 것이 중요하다.

참조표준은 준참조자료(SRD: Standard Reference Data)가 대표적이며, 물리화학상수, 인체 유전자지도, 한국인 표준체형자료, 기술적 통계 데이터 등을 그 예로 들 수 있다. 이러한 자료들이 분석과 심사를 통해서 정보의 정확도와 신뢰도를 공인받으면, 참조표준으로 설정되어 국가와 사회의 모든 분야에서 지속적으로 사용되거나 반복적으로 활용될 수 있게 된다.

그리고 이러한 과학기술적 표준은 광의의 산업표준(Industrial Standard)

이라 할 수 있다.

2) 표준 제정 주체에 따른 분류

표준을 제정하는 주체에 따라 분류하면, 다섯 가지 표준으로 나눌 수 있다. 각 표준이 적용되는 영역은 그 수준에 따라 사내에서 전 세계까지 다양하게 나타난다.

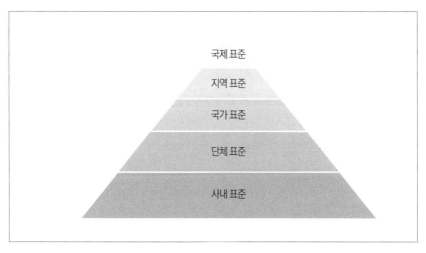

그림 1 - 제정 주체에 따른 분류

첫째, 사내표준은 특정 회사 내에서 사용되는 표준으로, 한 회사의 표준이나 규정 등이 이에 해당한다. 사내표준은 기업 규모와 적용 수준에 따라 전사표준, 사업부표준, 공장표준 등으로 구분할 수 있다.

둘째, 단체표준은 업계, 단체, 학회 등의 특정 집단에서 제정해 사용하는 표준으로, 미국재료시험협회(American Society for Testing Materials)의 ASTM, 미국기계협회(American Society of Mechanical Engineers)의 ASME, 미국전기전자협회(Institute of Electrical and Electronics Engineers)

의 IEEE 등은 세계적으로 유명한 단체표준이다.

셋째, 국가표준은 국가표준기관이 채택한 표준이다. 즉, 특정 국가에서 제정해 사용하는 표준으로, 1901년에 영국에서 세계 최초의 국가표준이 제정되었다. 우리나라의 KS, 일본의 JIS, 영국의 BS, 미국의 ANSI, 독일의 DIN 등이 대표적인 국가표준이다.

넷째, 지역표준은 ISO의 정의에 따르면, '특정 국가의 관련 단체로 회원자격을 제한한 표준화 단체, 즉 지역표준화 단체가 채택한 표준'이다. 유럽의 EN 표준, 아시아의 ACMC(Asian Concrete Model Code) 등이 해당한다.

다섯째, 국제표준은 세계 각국의 관련 단체가 회원이 될 수 있는 표준화단체, 즉 ISO나 IEC, ITU 같은 국제표준화기관이 제정해 국제적으로 적용되는 표준이다.

3) 구속성에 따른 분류

표준을 적용할 때에는 강제성의 유무에 따라, 임의표준과 강제표준으로 구분할 수 있다(표 4 참조).

임의표준은 기업이나 사용자가 자율적인 판단을 통해 표준 활용 여부를 선택적으로 결정하는 것으로, 한국산업표준(KS: Korean Industrial Standards, 「산업표준화법」에 따라 광공업품, 가공 기술, 서비스 등에 적용하고자 제정한 국가표준), 방송통신표준(KCS: Korea Communications Standard, 「방송통신발전기본법」에 따라 방송·통신 분야에 적용하고자 제정한 국가표준), 단체표준(산업의 세부 업종별 단체나 학회 등 특정 기관에서 KS 등에 규정되어 있지 않더라도 업종별로 표준을 공동 사용하는 것이 생산성 향상이나 표준의 중복 방지 등을 위해 바람직하다고 판단해서 이해관계자들이 모여 제정한 표준) 등이 대표적이다.

표 4 - 구속성에 따른 분류

구분	임의표준	강제표준
목적	표준화를 통해 생산과 유통의 효율성을 높이는 것	공중위생, 안전, 환경보호, 소비자 보호, 국방 등 공공이익의 추구
정의	기업이나 사용자가 자율적인 판단에 의해 선택적으로 활용하는 표준	법을 통해 기업이나 사용자에게 강제적으로 의무화시키는 표준
대상	한국산업표준(KS, 「산업표준화법」에 따라 광공업품, 가공 기술, 서비스 등에 적용할 목적으로 제정한 국가표준), 방송통신표준(KCS, 「방송통신발전기본법」에 따라 방송·통신 분야에 적용할 목적으로 제정한 국가표준), 단체표준(KS 등에 규정되어 있지 않더라도 업종별로 표준을 공동 사용하는 것이 생산성 향상이나 표준의 중복 방지 등에 바람직하다고 판단해서 이해관계자들이 모여 제정한 표준)	정부의 기술적 사항을 규정한 기술기준(전기용품, 공산품 등 소비자와 이해관계가 결부되어 있는 제품과 안전, 보건, 환경 등 소비자의 안전이 밀접하게 결부되어 있는 기술 등)
제정방법	• 표준화기관, 생산자협회, 학술전문 협회 등 이해관계자의 합의를 통해 제정 • 시장에서 자발적(de facto)으로 생성	정부 주도로 제정하고 시행
준수의무	자발적	강제적
행정조항	거의 포함치 않음	광범위하게 포함

강제표준은 법을 통해 기업이나 사용자에게 강제적으로 의무화하는 표준으로, 기술적 사항을 규정한 기술기준 등과 같은 표준을 말하며, 전기용품이나 공산품 등과 같이 안전, 환경, 보건 등의 분야에서 소비자와 이해관계가 결부된 제품이나 토목, 건축 등과 같이 소비자의 안전이 밀접하게 결부된 기술에 적용된다. 우리나라에서는 정부 각 부처에서 개별 법령에 따라 운영

하고 있는 기술기준이 강제표준에 해당한다.

4) 성립 주체에 따른 분류

표준은 성립 주체에 따라 〈표 5〉와 같이 분류할 수 있다.

표 5 - 성립 주체에 따른 분류

구분	사실상 표준(De facto standards)	공적 표준(De jure standards)
정의	시장의 지배력에 따라 결정되는 표준 (예: Microsoft Windows 등)	표준화기관이나 정부에서 제정한 표준 (예: ISO, KS 등)
표준	비지원적 표준(unsponsored standards) 지원적 표준(sponsored standards)	정부기관이 공표하는 의무표준
장점	제정 속도가 빠르고 표준과 제품의 보급이 동시에 이루어질 수 있음	제정 과정이 투명한 데다 표준 내용이 명확하고 개방적임. 또한 원칙적으로 단일표준을 제공하며, 제정 과정에 참여 하는 것이 비교적 개방적임
단점	정보의 공개가 불확실하고 경우에 따라서는 폐쇄적이어서 참여가 어려우며 개정 절차가 불투명할 수 있음	표준 개발 속도가 느리고 표준의 보급과 제품 보급 사이에 시간 격차가 발생하며 기술에 대한 무임승차가 발생함

첫 번째는 비지원적 표준(unsponsored standards)이다. 이 표준은 고유의 관심을 갖고 있는 발제자를 확인할 수는 없지만, 공적으로는 이미 문서로서 잘 정립된 일련의 기술명세들이다.

두 번째는 지원적 표준(sponsored standards)이다. 이 표준은 표준에 직간접적으로 고유의 관심을 가진 하나 이상의 발원기관이 공급자와 사용자, 민간의 협력업체 등 다른 집단들이 기술명세를 채택하도록 유도한다.

세 번째는 미국의 ANSI 등과 같이 국가 내에 존재하는 표준 제정 기관에서 제정하고 발행하는 표준이다.

네 번째는 규제권을 가진 정부기관이 공표하는 의무표준이다.

첫 번째나 두 번째 표준은 흔히 시장이 형성되는 과정에서 시장의 지배력에 따라 결정되므로, 사실상 표준(De facto standards)이라고 부른다.

세 번째나 네 번째 표준은 시장이 형성되는 과정에 영향을 받기는 하지만 일정한 절차나 정형화된 과정을 통해 제정되므로 표준화기관이나 정부에서 공식적으로 인정하는 공적 표준(De jure standards)으로 부르고 있다.

표준을 사실상 표준과 공적 표준으로 구분하는 접근 방법은 표준을 성립시키는 주체가 누구이냐는 점에서 매우 중요한 시사점을 갖는다. 공적 표준은 제정 과정이 투명한 데다 표준 내용이 명확하고 개방적이다. 또한 원칙적으로 단일 표준을 제공하며 제정 과정에 참여하는 것이 비교적 개방적이라는 장점이 있지만, 표준을 개발하는 속도가 느리고 표준의 보급과 제품의 보급 사이에 시간 격차가 발생하며 기술에 무임승차하는 사례가 발생한다는 단점이 있다.

이와는 반대로 사실상 표준은 제정 속도가 빠르고 표준과 제품의 보급이 동시에 이루어질 수 있다는 장점은 있으나, 정보의 공개가 불확실한데다 폐쇄적이어서 참여가 어려우며, 개정 절차가 불투명하다는 단점이 있을 수 있다.

5) 기타 표준의 분류

표준은 구성 형태에 따라 기본표준(Basic Standard), 용어표준(Terminology Standard), 시험표준(Testing Standard), 제품표준(Product Standard), 공정표준(Process Standard), 서비스표준(Service Standard), 인터페이스표준(Interface Standard), 데이터표준(Data Standard) 등으로 분류하기도 한다.

1.6 표준·품질·적합성 평가

표준·품질·적합성 평가는 동전의 양면과 같아, '같은 것의 다른 측면'이라고 할 수 있다. 품질(Quality)이란 고유 특성[1]의 집합이 요구 사항을 충족하는 정도를 말한다. 한마디로 품질은 표준 또는 고객의 요구 사항을 충족하는 정도를 말한다.

적합성 평가(conformity assessment)란 제품, 공정, 서비스 또는 시스템이 표준이나 기술규정에서 요구하는 바에 따라 생산되거나 운영되고, 이와 같은 것들이 일관성 있게 적용되고 있는지 여부를 보장하는 관련된 모든 활동을 말한다. 즉 표준이나 기술기준 요건의 충족 여부를 판단하거나 결정하는 것을 말한다. 한마디로 품질수준을 결정하는 활동을 의미한다(그림 2 참조).

그림 2 – 표준·품질·적합성 평가의 개념도

---

1) 특성이란 특징을 구별하는 것이다.
 · 특성은 고유적일 수도 있고 부여될 수도 있다.
 · 특성은 정성적 또는 정량적일 수 있다.
 · 특성에는 다음과 같은 여러 가지 분류가 있다.
  – 물리적(보기: 기계적, 전기적, 화학적, 생물학적 특성)
  – 감각적(보기: 냄새, 촉각, 맛, 시각, 청각에 관련된 특성)
  – 행위적(보기: 예의, 정직, 성실)
  – 시간적(보기: 정시성, 신뢰성, 가용성)
  – 인간공학적(보기: 생리적 특성 또는 인명 안전에 관련된 특성)
  – 기능적(보기: 비행기의 최고 속도)

적합성 평가는 표본 추출에서부터 시험, 검사, 인증 및 인정에 이르기까지 매우 다양한 활동으로 이루어진다.

1) 검사(inspection)

검사는 표준화 및 관련 활동에 관한 일반적인 용어와 정의를 제시하는 ISO/IEC Guide 2:2004에서 '측정, 시험 혹은 계기 등 적절한 방법으로 관찰하고 판단하는 적합성 평가'로 정의하고 있다. 또한 유럽 표준인 EN 45004에서는 검사를 '제품 설계, 제품, 서비스, 공정 혹은 공장 등에 대하여 이들이 필요한 요구 사항에 적합한지를 결정하거나 혹은 전문적인 판단에 기초하여 수행하는 적합성 평가 활동'으로 기술하고 있다.

2) 시험(testing)

시험은 가장 보편적인 적합성 평가 활동으로 측정(measurement), 교정(calibration) 등의 다른 활동을 포함하기도 한다. ISO 규정에서는 시험을 가리켜 '제품, 공정 또는 서비스가 명시된 절차에 따라 이루어졌는가를 결정하는 기술적 운영'이라고 정의한다.

시험은 기업의 제품과 관련된 원료, 부품, 완성품들의 물리적 특성 및 공정 등 기술력과 관련하여 광범위하게 이루어진다. 그리고 여기에서 물리적 특성이란 강도, 내구성, 다른 전기 기기와의 혼신(混信) 등을 포함한 전기적 특성, 음향적 성질, 화학적 구성, 독극물의 존재 여부 등 다양한 부분을 가리킨다.

만약 화재경보기, 보안 시스템, 비행기, 자동차 등과 같은 제품에 안전과 관련된 결함이 있다면, 소비자에게 신체나 재산상의 심각한 피해를 주고 심지어 목숨까지도 앗아갈 수 있다. 따라서 시험소(시험기관)는 이러한 심각한 결과가 초래되지 않도록 다양한 방법으로 시험을 시행하고 있다. 또한 시험은 일반적으로 해당 제품 또는 서비스와 이해관계자가 없는 독립적인 제3의 시험소 또는 시험기관에서 이루어지는데, ISO/IEC 17025(시험기관을 평가하는 일반적 기준과 갖추어야 할 요건)에 맞게 정부에서 직접 운영하거나 또는 정부로부터 그 능력을 인정받아 운영되고 있다.

3) 인증(certification)

인증은 '제품, 서비스, 공정, 사람, 조직 또는 시스템 등이 설정된 표준이나 기술규정에 적합하다는 것을 보증해 주는 절차'이다. 인증 절차 대부분은 국가기관 등과 같은 공신력 있는 기관으로부터 인정을 받은 시험소에서 수행하도록 강제로 규정하고 있다. 인증과 표준, 시험, 시험소 인정 등은 서로 밀접하게 관련되어 있으나, 각각의 영역은 확연히 구분된다. 따라서 어느 한 부분에만 결함이 있어도 전체 인증제도의 붕괴를 초래할 수 있다.

4) 인정(accreditation)

ISO/IEC Guide 2:2004에 따르면, 인정은 '구체적인 업무를 수행할 능력이 있는 사람이나 기관을 권한이 있는 기관이 공식적으로 인정(recognition)하는 절차'라고 정의되어 있다. 인정은 독립된 인정기관이 시험소(시험기관)나 제품 인증기관을 평가하고 그 능력을 보증하는 절차로 시험소 인정, 인증기관 인정, 품질경영시스템 등록기관 인정 등이 있다.

제품 구매자가 적합성 평가를 담당하는 기관의 능력을 평가하기란 어렵고 비효율적인 행위이므로 인정이 필요하다. 이에 따라 공신력 있는 인정기관이 시험소, 인증기관, 품질경영시스템 등록기관 등에 대해 기본 구비 요건을 충족하는지 판별해 인정하게 되며, 관련 이용자들에게 정보를 제공한다. 우리나라에서는 품질경영시스템(ISO 9001), 환경경영시스템(ISO 14001) 등의 인증기관을 인정해 주는 한국인정원과 시험·검사기관을 인정해 주는 코라스(KOLAS)가 대표적인 인정기관이다.

제2장 **사내표준화**

사내표준화

2.1 사내표준화 개요

기업은 고객과 사회의 요구를 충족시킴과 동시에 기업의 방침과 목표를 달성함으로써 번영하고 발전하며, 경영의 성과는 기업 경영이 효율적이고 효과적으로 수행되어야 얻을 수 있다. 기업 경영의 요소에는 고객이나 법적 요구사항 등 외적 제약 요건뿐만 아니라 조직 구성, 업무 수행 방법, 자원의 확보 등 내적으로 선택·결정하여야 하는 사항도 있다. 그러나 제약 조건이나 선택, 결정 사항은 다양할 뿐만 아니라 복잡하게 얽혀 있다. 효율적으로 기업을 경영하기 위해서는 주어진 기업 환경에서 최적의 질서를 갖는 시스템을 수립하고 이 시스템에 따라 기업을 운영하여야 한다.

기업이 최적의 시스템으로 운용되기 위해서는 모든 계층이 서로 협력하여야 하며, 구성원 모두가 주어진 업무를 확실하게 수행할 수 있는 구조가 되어야 한다. 즉 부문별 업무 분장과 계층별 책임과 권한이 명확하게 수립되고, 적정한 인적·물적 자원이 질과 양에 따라 각 부문에 확보되어야 한다. 또한 각 부문과 구체적인 업무 추진에 대한 방법, 절차, 순서, 판단 등의 표준이 단계별로 명확히 정해져 있어야 한다.

이와 같이 기업 활동을 효율적으로 추진하는 과정에서 조직의 구성, 책임, 권한의 부여, 취급하는 물품 또는 서비스나 업무수행의 질과 방법, 능률을 판단하는 척도로서 제품의 품질이나 수량, 업무 수행의 질, 방법, 순서 등을 정하고 있는 규칙을 사내표준이라고 한다.

또한 기업의 모든 활동분야에서 표준을 객관적이고 합리적인 방법으로 작성하고, 관계자 전원이 그 표준을 잘 지키면서 목표달성을 위해 노력하는 것을 '사내표준화'라 한다.

사내표준화는 '사내 관계자들이 전체 이익을 목적으로 기술, 지식, 경험을 근본으로 사내표준을 합리적으로 제정하고, 이를 조직적으로 활용하는 것이다'라고 할 수 있다.

2.2 사내표준화 목적

회사업무 및 작업의 단순화(Simplification), 전문화(Specialization), 표준화(Standardization)를 통하여 기업의 고유기술을 축적하고, 업무의 효율화를 통한 원가절감으로 기업 경영목표의 달성과 소비자를 보호하는데 있다(표 6 참조).

표6 - 사내표준화 목적

NO	목적	내용
1	고유기술 축적 및 기술력 향상	개인이나 기업의 기술을 전승하여 기술력을 향상 시킬 수 있나.
2	업무 및 작업의 효율화 및 합리화	업무 및 작업의 통일성, 연계성을 확보하고 업무·작업의 효율적 실행을 촉진하여 업무·작업의 능률을 향상시킬 수 있다.
3	제품의 품질안정 및 향상	제품의 품질안정과 산포의 감소를 가져오며, 안정된 품질관리를 통하여 제품의 품질을 향상 시킬 수 있다.
4	비용(Cost) 절감	경제적 효과 즉, 단순화, 호환성, 질서의 확립을 통해 제품의 생산비용을 절감시킬 수 있다.
5	경영목표 달성 및 고객만족	제품의 생산, 소비, 유통의 각 단계에 있어서 능률을 증진시키고 경제성을 높임으로써, 기업 경영목표의 달성과 소비자를 보호할 수 있다.

2.3 사내표준의 요건

사내표준이 구비해야 할 사항은 표준의 종류나 내용에 따라 다르지만, 일반적으로 소홀하게 생각하기 쉬운 몇 가지 요건을 기술하면 다음과 같다.

1) 경영책임자의 의지가 선행되어야 한다.

경영책임자의 표준화에 대한 의식이 확고해야 하며 지속적으로 관심을 가져야 한다.

2) 실행 가능한 것이어야 한다.

현장에서 실행 가능한 내용이어야 한다. 따라서 실제로 기업이 수행하고 있는 활동을 그대로 표준화하는 것이 무엇보다도 중요하다. 산업현장에는 의외로 실행하기 어렵거나 불가능한 내용으로 만들어진 표준을 자주 볼 수 있다. 예를 들면, 자사의 검사설비로는 측정하지 못할 판정기준을 검사표준에 규정하는 경우이다. 또한 부품 가공공정에서 치수 측정을 하기 위한 마이크로미터의 정밀도가 1/20mm 인데, 1/50mm까지 측정하고 합부 판정기준을 정하는 경우이다.

3) 이해관계자의 합의에 따라 결정해야 한다.

표준의 내용이 이해관계자의 합의과정을 거치지 않으면 그 표준은 준수되기 어렵다. 표준은 이해관계자의 합의를 통해 객관적·합리적으로 결정해야 한다.

4) 관련 법규 및 표준과 모순이 없어야 한다.

관련된 법규 및 표준과 비교했을 때 동일한 기준이거나 모순이 없어야 한다. 관련된 표준 중, 어느 한 쪽이 개정되거나 폐지될 경우에는 다른 표준도 동시에 개정하거나 보완하는 등의 조치를 취해야 한다. 또한 관련분야의 법규, 협약, 국제표준, 국가표준, 단체표준 등과 관련성을 항상 고려해야 한다.

5) 구체적인 내용으로 규정해야 한다.

표준은 가능한 한 그림, 표 등을 활용함으로써 이해하기 쉽고 불필요한 해석의 여지가 없어야 한다. 예를 들면, '물 한 방울'이라든가 '천천히' 등의 표현은 구체성이 없다. '물 1cc', '30초 동안' 등과 같은 구체적인 표현을 사용하는 것이 바람직하다.

6) 필요할 때 제·개정해야 한다.

한 번 제정된 사내표준은 철저하게 준수되어야 하지만, 필요한 경우 신속하게 개정, 폐지 또는 신규 제정 등의 조치를 해야 한다. 여기서 필요한 경우란 다음과 같다.

① 제3자로부터 인증을 받고자 할 경우(예: KS 인증, ISO 인증 등)
② 중요한 개선이 이루어졌을 때(예: 생산방식, 서비스 제공방법의 변경 등)
③ 생산조건 또는 서비스 제공조건이 변경되었을 때(예: 숙련 작업자 교체, 업무절차 변경 등)
④ 새로운 제품 또는 서비스가 개발되었을 때
⑤ 제품 또는 서비스 품질의 산포가 클 때
⑥ 기타 중요한 변화가 있을 때(예: 관련법규, 정부시책, 거래처 계약조건 등)

7) 해당 업무 관리자 및 실무자가 작성해야 한다.

업무 프로세스를 가장 잘 아는 해당 부문의 관리자 또는 실무자가 사내표준을 작성해야 한다.

8) 표준을 준수해야 한다.

이해관계자의 합의로 제정된 표준의 권위를 인정해야 하며, 반드시 준수해야 한다. 공식적으로 제정된 사내표준은 '준수하지 않으면 안 된다'라는 권위가 인정되어야 한다. 지키지 않는 표준은 그 의미도 상실될 뿐만 아니라, 표준화될 때까지의 모든 과정이 더욱 큰 손실로 나타날 것이다.

사내표준은 당연히 실행되어야 하는 일로 인식되어야 한다. 이러한 관점에서 표준을 지키지 않으면 곧 '위반'이 되며, 해당 표준이 틀림없이 준수될 수 있도록 가장 타당하고 합리적인 방법으로 제정하고 시행되어야 하며, 어느 정도 강제력을 갖고 있을 필요가 있다.

2.4 사내표준화의 기대효과

조직의 표준화에 대한 일반적인 기대효과는 다음과 같다.

1) 품질의 안정과 향상

사내표준화를 통해 생산의 4요소인 Man(인원), Machine(장비/시설), Material(자재), Method(작업관리 방법) 즉, 4M으로부터 발생하는 산포를 감소시켜, 제품 또는 서비스의 품질을 향상시킬 수 있다. 제품의 특성으로 가장 중요한 것은 품질이며, 종전에는 제품을 출하할 때 품질보증에 중점을 두었다. 오늘날에는 제품을 사용할 때의 품질보증, 즉 신뢰성의 보증으로 강화되는 추세이다. 설계·제조 단계의 품질관리, 표준화에 의해 4M으로부터 발생하는 산포를 감소시켜 내구성이나 안전성을 향상한다.

2) 원가 및 비용 절감

경제적 효과 즉, 단순화, 호환성, 질서의 확립을 통해 제품 또는 서비스의 생산비용을 감소시킬 수 있다. 기업의 비용절감 수단으로 부품이나 재료의 종류를 줄이는 방법이 있다. 이를 위해 설계에서부터 표준화된 부품, 재료 또는 기존 부품을 활용할 수 있도록 해야 한다.

이로써 설계의 합리화, 부품·재료의 가격 절감, 재고자산의 절감, 간접비용의 합리화 등의 효과를 이룰 수 있다. 부품이나 재료뿐만 아니라 중간 제품, 제품, 설비, 공구, 시험, 계측기 등의 불필요한 과정을 줄이는 노력이 필요

하다. 치수 호환성에서 기능 호환성으로 발전시킨 대량생산으로 원가절감을
할 수 있다.

3) 업무 능률 향상과 통일화

업무의 통일성 및 연계성으로 효율적인 업무를 수행하고 업무능률을 향상
시킬 수 있다. 기업의 각 부문의 활동에 대해 적합한 작업방법 및 업무방법을
규정하여 모든 구성원이 준수하게 함으로써 업무능률을 높이고 간접비용을
줄일 수 있다. 또한 업무의 순서·절차·방법을 통일시킴으로써 업무 실행상의
오류를 감소시키고 업무 개선을 꾀할 수 있다.

4) 정보 전달의 명확화

사내표준화로 기업의 제품이나 서비스에 대한 방침과 목표 등을 사내 또
는 고객에게 명확하게 전달하고 철저히 이행하도록 할 수 있다. 기업이 구매
자에게 제공하는 시방서는 제품의 품질 및 성능에 관한 정보를 전달한다.
고객에게 제공되는 상품 카탈로그는 제품을 고객에게 소개하는 정보전달의
수단이며 판매확장에도 도움이 된다.

기업의 경영조직에서 업무방법을 성문화한 사내표준은 경영 및 관리자에서
감독 및 작업자로 방침이나 계획을 전달한다. 업무의 순서·절차·방법 등의
사내표준을 정하고 그 정보를 구성원들에게 명확하게 전달함으로써 기업의
업무 효율화를 꾀한다.

5) 명확한 관리 기준의 설정

인사관리, 원가관리, 생산관리, 품질관리 등 회사 내 모든 업무를 위한 명

확한 기준이 설정된다. 기업의 활동은 업무 기능을 가진 여러 조직으로 구성되어 있는데, 각 부서 간 업무의 책임과 권한, 업무 수행 방법 등을 표준화함으로써 조직 간의 업무절차를 간소화할 수 있다.

6) 기술의 축적과 향상

개인이나 기업의 기술을 전수하여 기술력을 향상시킬 수 있고 개인의 고유기술을 기업의 기술로 축적할 수도 있다. 기업의 고유기술을 사내표준으로 성문화함으로써, 기술자산으로 축적하고 전수하여 기술수준의 유지와 개발의 효율화에 이바지한다. 또한 사내표준을 교육·훈련용 교재로 활용함으로써, 기술 공유와 유지 향상에도 도움이 된다.

7) 통계적 기법의 적용

사내표준화는 다음과 같은 통계적 기법을 적용할 수 있다.

- 표준화에 의해 적정하고 통일된 데이터를 얻을 수 있고 이를 통계적 기법에 적용할 수 있다.
- 관리도 등으로 발견된, 공정 이상의 분석이 쉬워진다.
- 부적합 발생의 인과관계를 과학적으로 판단할 수 있다.

8) 안전, 건강 및 생명의 보호

기업 내에서 산업 재해를 미연에 방지하기 위한 설비, 기기, 장치에 대한 조작의 표준과 작업자의 안전 확보에 작업 표준을 설정함으로써 안전, 위생, 건강 및 생명의 보호를 꾀할 수 있다. 또한 기업이 생산하는 제품의 설계 및 제조 단계에서 안전성을 고려한 사내표준을 적용함으로써 제품의 안전성,

신뢰성을 향상시킬 수 있다.

9) 호환성의 확보

재료·부품·중간제품·완제품·제조설비·공구·시험계측기 등의 표준화는 호환성을 높일 수 있다. 또한 부품이나 제품의 호환성이 향상되어 원가절감과 사회생활에서도 편의성을 증진시킨다. 치수의 호환성, 성능의 호환성, 나아가서는 시스템의 정합 등 연쇄적인 효과를 얻는다.

10) 소비자와 사회의 공익 보호

소비자 및 공동사회의 이익에 합치되는 제품이나 서비스를 지향하게 된다. 제품표준 내에 안전성·내구성·신뢰성을 포함시킴으로써 소비자에게 이익이 되는 제품을 시장에 공급한다. 환경, 노동 위생에 관한 사내표준을 제정하고 실시함으로써 공해방지, 재해방지, 안전유지를 꾀하고 지역사회의 공존공영도 이룩한다.

제3장 **사내표준화 프로세스**

사내표준화 프로세스

3.1 개요

사내표준은 문서로 작성하고 승인·배포되어야 한다. 사내표준화를 위한 방침의 설정, 표준의 관리를 위한 조직의 구성 등에 대한 단계와 절차는 조직의 규모나 제품 또는 서비스 등에 따라 다를 수 있다. 〈그림 3〉은 프로세스에 근거한 사내표준화 프로세스 모델이다.

프로세스에 근거한 사내표준화 모델은 경영책임자, 추진조직, 해당 부문의 역할과 책임, 사내표준화 프로세스(방침설정, 추진조직 구성·운영, 추진계획수립, 경영시스템 분석, 사내표준화 대상선정, 부분별 사내표준안 작성, 사내표준안 심의·등록, 실행·유지·관리)별 주요업무 내용을 제시한다.

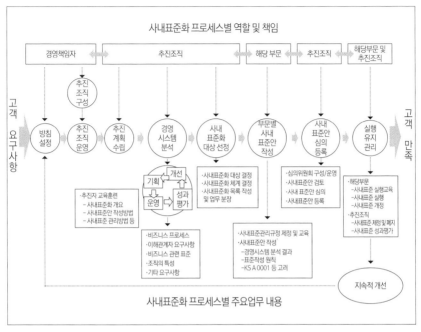

그림 3 – 프로세스에 근거한 사내표준화 프로세스 모델

3.2 방침 설정

경영책임자는 조직의 규모, 제품 또는 서비스의 종류, 업무 프로세스의
복잡성 및 상호작용, 종업원의 업무 처리 능력 등을 고려해, 사내표준화에 대한
전략과 방침을 수립한다. 이러한 전략과 방침은 조직 구성원 전원이 그 내용
을 충분히 이해하고, 전사적으로 전개되도록 사내표준화 방침에 대한 구체
적인 목적·방법·대상·범위·책임·권한을 명확히 해야 한다. 사내표준화에
대한 방침이 결정되었다면, 그 다음으로는 방침에 기초하여 각 관리 단위별
방침 및 목표를 설정한다. 전략과 방침을 수립할 때 고려해야 할 사항은 다음
과 같다.

① 이해 관계자의 요구 사항

② 국제·국가·지역 및 산업별 적용 표준

③ 관련 법규 및 규제 사항

④ 조직의 특성

⑤ 기타 요구 사항

3.3 추진조직 구성 및 운영

사내표준화를 추진하기 위한 총괄 담당 부서를 결정한다. 또한, 사내표준화를 조직적으로 추진하기 위한 심의기구와 담당 부서 등을 어떻게 운영할 것인지 결정해야 한다. 추진조직의 형태는 위원회나 테스크포스팀(TFT) 등으로 운영할 수 있고 표준화 전담 부서를 두어 운영할 수도 있다. 사내표준화 추진을 위한 조직과 추진 단위별 역할은 다음과 같다.

1) 사내표준화 추진기구

사내표준화 업무를 총괄하는 기구로, 조직 전체의 사내표준화 틀을 짜고 운영하는 사무국 역할을 담당한다. 즉 조직의 전반적인 사내표준화 계획, 표준화 체계 분류, 제안된 표준의 제·개정을 위한 심의·조정·인쇄·배포 등의 관리업무를 담당하는 기구이다. 이 기구에서 처리된 표준안이 승인권자의 승인으로 해당 부문에서 시행된다. 이러한 위원회는 전체 부서의 표준화 업무에 대한 파악과 조정이 가능한 인원으로 구성하면 된다.

예를들어 품질경영 담당부서의 인원이 5명이라면, 이 5명을 포함하여 각 부서 1명씩으로 구성하고 간사는 품질경영부서 책임자, 위원장은 경영책임자 또는 위임받은 경영관리자로 구성할 수 있다.

2) 사내표준화 사무국

사내표준화 사무국은 표준화 추진기구를 운영하고 관련 업무를 주관하는 부서를 말한다. 기존 조직의 품질경영 담당부서가 이 위원회의 사무국이 되는 것이 일반적이다.

3) 승인권자

승인권자는 사내표준의 효력이 공식적으로 발생하도록 결정하는 책임자를 말하며, 표준이 제대로 시행되지 않거나 잘못 시행될 경우, 책임질 의무가 있다. 일반적인 조직에서 경영책임자가 대부분 승인권자가 되지만 반드시 그럴 필요는 없다. 관련 부서의 중요도에 따라 담당 부서장이나 임원이 승인권자가 될 수 있다. 이를테면, 조직 및 업무분장 규정과 같이 그 적용범위가 조직 전체, 모든 종업원들에 관계되는 것이면 당연히 경영책임자가 표준의 승인권자가 되어야 한다.

그러나 작업표준이나 지침서 등과 같이 적용범위가 제한적이거나 다른 부서에 별다른 영향을 미치지 않는 표준이라면, 담당부서장이나 임원이 승인권자가 될 수 있다.

4) 원안 작성 담당

현재 시행되고 있는 사내표준을 개정할 필요가 있을 때, 누가 개정안을 작성할 것인가를 분명하게 정해 두어야 한다. 마찬가지로 사내표준을 신규로 제정할 때나 폐지할 때도 이와 같다. 사내표준은 분류체계별로 담당자를 정해 두는 것이 효과적이다.

이와 같은 사내표준화 추진위원회, 사내표준화 사무국, 승인권자, 원안 작성 담당의 역할 관계를 도시하면 〈그림 4〉와 같다.

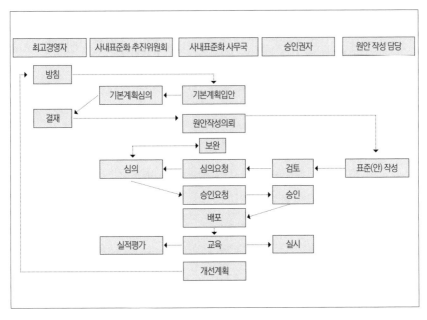

그림 4 – 사내표준화 조직의 역할

3.4 추진계획 수립

사내표준화는 방침 및 전략을 기초로 표준화 추진조직이 원안을 작성하고,
사내 각 부문의 협력을 얻어 계획안을 정리한다. 계획안은 추진기구에서 심의
한 후, 추진책임자의 승인을 얻어 최종적으로 결정하는 것이 일반적이다.

사내표준화 추진계획에는 사내표준화 착수에 대한 우선순위, 원안 작성,
검토·심의·등록 등의 일정계획을 포함하여 수립한다.

일반적으로 사내표준 체계를 확립하고 사내표준을 정비하여 실시하는 데
에는 2년에서 3년 또는 그 이상의 시간이 필요로 하므로, 그 동안의 기업환경
변화나 기술의 진보를 감안하여 장기적인 관점에서 입안이 필요하다.

3.5 경영시스템 분석

3.5.1 비즈니스 프로세스 분석

사내표준화의 대상을 선정하기 위해서는 경영시스템의 비즈니스 프로세스, 이해 관계자의 요구 사항, 국제·국가·지역 및 산업별 적용 표준, 관련 법규 및 규제 사항, 조직의 특성, 기타 요구 사항 등에 대한 분석이 선행되어야 한다. 일반적으로 사내표준화를 추진할 때에는 조직의 전반적인 프로세스를 파악하는 것이 합리적이고 효과적이다. 프로세스란 입력을 출력으로 변환하는 상호 관련되거나 상호 작용하는 활동의 집합을 말한다(그림 5 참조).

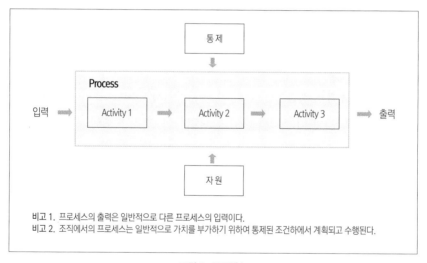

그림 5 - 프로세스

〈그림 6〉처럼 모든 조직의 활동은 다양한 프로세스와 하부 프로세스의 네트워크로 나타나고, 한 프로세스의 출력은 다른 프로세스의 입력일 수 있으며, 전체적인 네트워크와 상호 연결되어 있다.

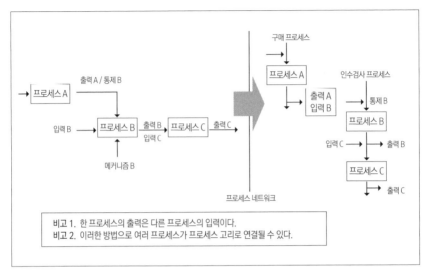

그림 6 – 프로세스 네트워크

  프로세스의 파악, 상호 작용, 관리를 포함해 조직 내에서 프로세스로 구성된 시스템을 적용하는 것을 프로세스 접근 방법이라 한다. 조직은 이러한 프로세스 접근 방법을 통해 조직을 운영 및 관리하고 있어, 프로세스 접근 방법을 중심으로 경영시스템에 대한 분석을 실시할 수 있다. 이러한 프로세스 접근 방법을 적용할 때 얻는 이점은 다음과 같다.

  ① 개별 프로세스 순서가 명확해진다.
  ② 프로세스 간의 연계성이 확보된다.
  ③ 개별 프로세스 입력과 출력이 명확해진다.
  ④ 개별 프로세스 실행에 관한 책임과 권한이 명확해진다.
  ⑤ 개별 프로세스 자원 및 관리 사항이 명확해진다.
  ⑥ 프로세스 진행 중(on going) 관리를 제공한다.
  ⑦ 부가가치 활동이 파악된다.

⑧ 프로세스의 지속적인 개선에 기여한다.

⑨ 프로세스와 요구 사항 간의 관계가 명확해진다.

조직의 경영시스템은 프로세스들의 집합을 의미한다(그림 7 참조).

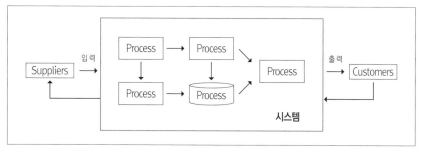

그림 7 – 시스템

일반적으로 조직의 경영시스템 프로세스 유형은 〈그림 8〉처럼 구분하고 있다.

그림 8 – 비즈니스 프로세스

　비즈니스 프로세스는 경영 프로세스(Management Process), 핵심 프로세스(Core Process 또는 Key Process Factor), 지원 프로세스(Supporting Process)로 구분되며, 업무 특성에 따라 세분화하기도 한다. 경영 프로세스는 핵심 프로세스 및 지원 프로세스의 성과를 평가하는 프로세스이며, 경영 활동에서 경영책임자가 참여하는 프로세스를 말한다. 경영 프로세스에서는 다음과 같은 경영책임자의 활동을 분석한다.

① 경영 방침 설정

② 경영 목표 설정 및 계획 수립

③ 자원의 확보 및 할당

④ 경영 검토

⑤ 전사적 혁신, 개선의 추진 등

핵심 프로세스란 경영 전반의 중요한 비즈니스에 초점을 맞추어 비전 (Vision), 정책(Policy), 전략(Strategy)을 중심으로 기능의 경계를 넘어 외부 고객에게 전달되는 제품 또는 서비스를 만들어내는 일련의 활동의 조합을 말한다. 이러한 핵심 프로세스를 분석할 때, 고려할 사항은 다음과 같다.

① 조직의 목표(business goal)는 무엇이고, 그 목표를 실현하려면 어떠한 프로세스가 필요한가?

② 조직의 상품·서비스 품질이나 고객 만족에 직접적으로 영향을 주는 프로세스는 무엇인가?

③ 법규나 규제 사항을 준수하는 데, 중요한 프로세스는 무엇인가?

④ 개선이 필요한 특성은 무엇인가?

지원 프로세스는 기업 내부에서 이루어지며, 핵심 프로세스의 성과에 영향을 주는 일련의 활동이다. 지원 프로세스의 고객은 조직 내부의 비즈니스 프로세스가 되며, 지원 프로세스는 경영 기획, 경영 지원 프로세스 등으로 분할된다. 지원 프로세스는 외부 고객에게 제품과 서비스를 직접 제공하지는 않지만, 비즈니스를 운영하는 데에는 매우 중요하다. 전체 프로세스에서 제품 실현(핵심 또는 고객 지향) 프로세스는 일부분이며, 지원 프로세스가 제품 실현 프로세스를 강력하게 지원한다. 지원 프로세스를 통해 다음과 같은 사항을 분석할 수 있다.

① 교육 훈련

② 설비 설치, 운전 및 보전

③ 품질보증

④ 정보관리 등

조직의 전반적인 프로세스 네트워크를 파악하는데 프로세스 맵을 활용하면 효과적이다. 프로세스 맵은 프로세스를 구성하는 업무 또는 활동 등의 순서와 상호관계를 도식적으로 나타낸 것으로, 업무 가시화를 위해 사용되었던 플로차트기법이 프로세스 관리를 위한 기법으로 발전한 것이다. 프로세스 맵은 일반적으로 〈그림 9〉와 같이 3단계 수준으로 나누어 작성한다.

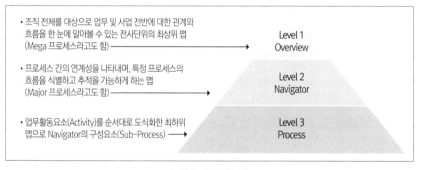

그림 9 - 프로세스 맵

조직의 사업 구조, 영역, 기능 등을 감안하여 비즈니스 프로세스의 유형을 구분하고 나면, 프로세스 맵의 위계에서 가장 상위에 있는 개요도를 작성한다. 개요도는 조직 전체 프로세스의 개요로서, 주요 프로세스의 네트워크를 보여준다. 개요도는 조직이 수행하는 사업 유형과 특성에 따라 매우 다양한 형태로 표현될 수 있다. 해당 조직의 업무현황을 한눈에 파악할 수 있게 작성한다. 개요도는 통상 한 장의 맵으로 작성하는데, 〈그림 10〉과 같은 형태로 나타낼 수 있다.

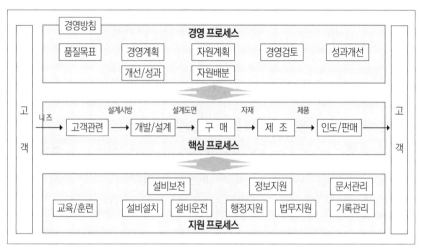

그림 10 - 개요도

연관도는 주요 프로세스별로 단위 프로세스의 순서, 흐름, 상관관계, 연계성을 보여준다. 연관도를 작성하는 것은 프로세스의 순서 및 상호작용을 결정하기 위함이다. 연관도는 통상 10장 내외의 맵으로 작성하나, 조직의 규모와 특성에 따라 달라질 수 있다. 연관도는 〈그림 11〉과 같은 형태로 나타낼 수 있다.

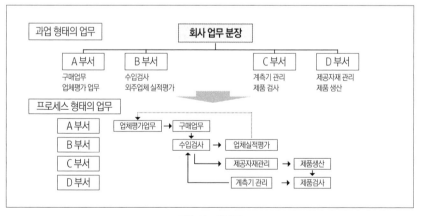

그림 11 - 연관도

절차도는 프로세스별로 활동의 순서, 흐름, 연계성을 보여준다. 절차도는 활동의 순서에 따라 작성한다(그림 12 참조).

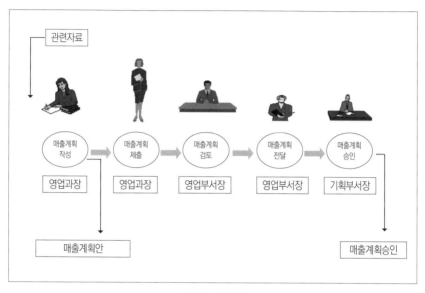

그림 12 – 절차도

프로세스 맵(개요도, 연관도, 절차도)은 프로세스를 전체적으로 조감하고 개선하는 데 사용한다. 프로세스 맵에 기대할 수 있는 효과는 다음과 같다.

① 복잡한 프로세스를 명확하게 하여 개선할 수 있으며, 부가가치가 없는 업무를 파악할 수 있다.

② 한 프로세스의 변경이 다른 프로세스에 어떠한 영향을 미치는지 파악할 수 있다.

③ 조직 간의 원활한 의사소통 수단이 된다.

④ 프로세스 맵은 업무 수행 기준을 표현하는 가장 효과적인 방법으로 경영시스템 표준으로서 사용될 수 있다.

3.5.2 고려 사항

비즈니스 프로세스를 분석할 때, 고려해야 할 사항은 다음과 같다.

① 이해관계자의 요구 사항

② 국제, 국가, 지역 및 산업별 적용 표준

③ 관련 법규 및 규제 사항

④ 조직의 특성

⑤ 기타 요구 사항

3.6 사내표준화 대상 선정

3.6.1 사내표준화 대상 결정

표준화의 대상은 업무 방법, 절차 및 작업 방법이 정해져 있지 않아 부적합이 발생하는 것들이다. 표준화의 대상은 물적 요소와 업무분야로 크게 나눌 수 있다. 제품의 종류, 성능, 단위, 용어, 기호, 특성, 형식, 구조, 등급, 상태 등은 물적 요소에 해당하며, 조직 및 직무분장 규정과 같이 업무처리의 내용과 책임, 권한, 절차, 양식 등에 대한 표준은 업무분야에 해당된다. 서비스산업이나 공공기관에서는 고객에게 제공하는 서비스가 곧 제품이 된다. 표준화의 대상을 선정할 경우, 표준화 적용구조로서 1950년대에 랄.베어만(L. C. Verman)에 의해 처음 제창된 표준화 공간의 개념 속에 제시된 표준화의 주제(영역), 국면, 수준의 3가지 축을 이용할 수 있다(그림 13 참조).

표준화의 주제란 '무엇을 표준화할 것인가'라는 것으로 예를 들면 유형의 제품에서부터 소프트웨어, 서비스 같은 무형의 제품까지 다양하다. 표준화의 국면은 그 주제의 '어디를 표준화할 것인가'라는 의미이며, 표준화의 수준이란 '어떠한 범위를 표준화할 것인가'라는 의미이다. 〈그림 13〉과 같이 목적에 따라 무엇을(주제), 어디를(국면), 어떠한 범위(수준)로 표준화하면 좋을지를 생각해 볼 수 있다. 이와 같이 표준화의 적용구조를 활용하여 사내표준화의 대상과 범위를 명확히 할 수 있다.

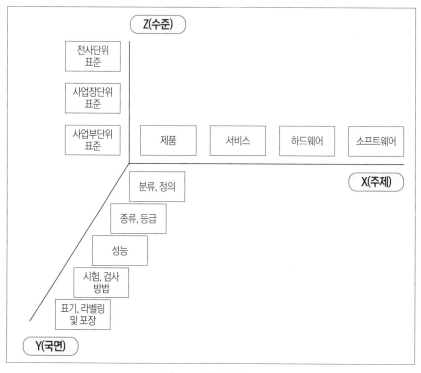

그림 13 - 표준화의 적용구조

사내표준화 대상은 표준화의 적용구조를 기반으로 사내표준화 니즈(Needs)를 반영하여 선정한다. 사내표준화 니즈는 경영시스템 분석 결과, 제품 관련 법규, 고객 요구 사항, 제품 관련 표준 및 인증심사기준 등을 고려하여 결정한다.

3.6.2 사내표준화 체계 결정

기업조직의 실정에 적합한 경영시스템을 수립하여, 사내표준화를 하기 위해서는 사내표준화 체계를 결정하여야 한다. 조직의 규모 또는 업무의 복잡성에 따라 다르지만, 대부분의 경우 조직 내에서는 여러 가지 유형의 경영시스템 사내표준화가 있을 수 있다. 이들 사내표준의 성격과 상하구속관계를 명확히 정하여 사내표준화 작업에 혼선을 빚지 않도록 하여야 한다. 일반적인 품질경영시스템 사내표준화 구조는 품질매뉴얼(quality manual), 절차서(procedure), 지침서(instruction) 세 가지로 구분된다. 그러나 이러한 서구식 품질경영시스템 사내표준화 체계는 우리나라와는 다르다. 즉 절차와 지침의 구분이 어렵다. 우리나라에서는 이들의 사내표준화 체계로 일체화되어 있으며, 수준의 구분이라기보다는 성격 또는 기능상으로 구분한 관리표준과 기술표준으로 나뉘어 있다(그림 14 참조).

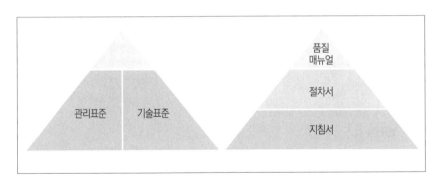

그림 14 – KS인증 사내표준체계 및 품질경영시스템 사내표준 체계

사내표준의 종류는 업종에 따라서 명칭이 매우 다양하다. 즉 규정, 규칙, 세칙, 절차서, 지침서, 요령, 기준, 제품표준, 자재표준, 검사표준, 작업표준, 시험표준, 업무매뉴얼, 운전매뉴얼, 업무지침서, 작업지도서, 작업절차서, 검사

시험계획서, 시방서, 편람, 도면 등 일일이 열거하기 어려울 만큼 다양하다.

비고1 관리표준 또는 업무표준은 조직 내에서 수행되는 관리 및 업무에
      대한 절차를 표준화한 것으로 규정, 규칙, 지침으로 구분된다.
비고2 기술표준은 제조, 검사, 설계, 설비관리 등에 필요한 기술적 사항을
      표준화한 것으로 작업표준, 설비표준, 검사표준, 제품표준, 자재표준,
      기술기준, 공정도 등으로 구분된다.
비고3 품질매뉴얼(Quality Manual)은 ISO 9001 요구 사항에 따라 조직의
      품질경영시스템을 규정한 문서로서, 개별 조직의 규모 및 복잡성에
      맞도록 세부사항 및 형식이 달라질 수 있다.
비고4 절차서(Documented Procedure)는 활동 또는 프로세스를 수행하
      기 위하여 규정된 방식을 기술한 문서를 말한다.
비고5 지침서(Work Instruction)는 특정 개인 또는 부서의 구체적인 업무
      나 작업의 수행방법을 제공하기 위한 문서로서 단위업무, 단위작업별
      로 작성한다.

사내표준 명칭은 사내표준 체계에 따라 다를 수 있다. 품질경영시스템을
도입한 조직에서는 품질매뉴얼, 절차서, 지침서 등으로 사내표준 명칭을 부여
하고, 품질경영시스템을 도입하지 않는 조직에서는 규정, 규칙, 세칙, QC공정
도, 작업표준 등으로 명칭을 부여한다. 새로운 경영시스템을 도입할 때, 사내
표준 명칭은 기존 사내표준 명칭을 그대로 사용하는 것이 사용자의 혼선을 피
할 수 있고 새로운 사내표준에 대한 거부감도 줄일 수 있다. 또한 사내표준화를
할 때 기존의 사내표준이 잘 정비되어 있다면 기존 사내표준 형식을 변경하지

않고 필요한 사내표준을 접목할 수도 있다. 예를 들면 정부, 지방자치단체와 같은 공공행정기관이 새로운 경영시스템의 사내표준화를 하는 경우, 관련 법규, 훈령, 예규, 사무편람 등의 접목을 위해 가교역할을 할 수 있는 사내표준(보기, 품질행정운영규정)을 규정함으로써 기존의 규정과 새로운 경영시스템의 사내표준을 접목할 수 있을 것이다. 이와 같이 새로운 경영시스템에 대한 표준화를 할 때에는 기존 체계 및 구조와 조화를 이루도록 하여야 한다. 사내표준 구조와 분류 체계는 KS인증 사내표준 체계 또는 ISO 9001의 품질경영시스템 사내표준 체계로 할 수 있고, 경우에 따라서는 통합 사내표준 체계로 할 수 있다. 일반적인 중소기업의 사내표준 체계는 〈그림 15〉와 같다.

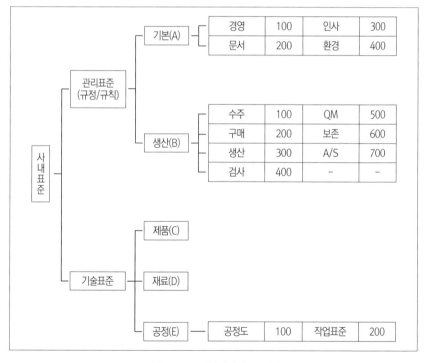

그림 15 – 중소기업의 사내표준 체계

3.6.3 사내표준 목록 작성 및 업무분장

사내표준화 대상 및 체계가 결정되면 사내표준 목록을 작성하고, 해당 부문별로 표준안 작성에 대한 업무분장을 실시한다(표 7 참조).

표 7 - 사내표준 목록 및 업무분장표

구분		사내표준 목록	업무분장
경영 일반	매뉴얼(M)	품질경영 매뉴얼	품질경영부
	표준화일반(A)	사내표준 관리 절차	품질경영부
		기록 관리 절차	품질경영부
		조직 및 업무분장 절차	품질경영부
		표준화 및 품질경영 추진 절차	품질경영부
		내부심사 절차	품질경영부
		시정 및 예방조치 절차	품질경영부
		경영검토 절차	품질경영부
		교육훈련 절차	품질경영부
		고객불만 처리 절차	품질경영부
		제안활동 절차	품질경영부
		환경 및 안전관리 절차	품질경영부
		로트관리 절차	품질경영부
		협력업체 관리 절차	구매부
		공정개선 활동 절차	생산부
		제품정보 제공 관리 절차	영업부
		설계 및 개발 절차	설계부
		통계적 공정관리 절차	품질경영부
		시험검사 업무 절차	품질경영부
제품 실현	자재관리(B)	자재관리 절차	생산부
		자재표준 및 인수검사 지침	품질경영부
	공정관리(C)	공정관리 절차	생산부
		가공공정 작업 표준	생산부
	제품의 품질관리(D)	제품의 품질관리 절차	품질경영부
		부적합 제품관리 절차	품질경영부
	제조설비의 관리(E)	제조설비 관리 절차	생산부
		제조설비 운전안전 지침	생산부
		제조설비 점검관리 지침	생산부
		제조설비 윤활관리 지침	생산부
	검사설비의 관리(F)	시험·검사 설비관리 절차	품질경영부
		한도견본 관리 절차	품질경영부

3.7 부문별 사내표준안 작성

3.7.1 사내표준 관리규정 제정

사내표준화를 위해서는 사내표준의 작성방법 등을 규정한 사내표준 관리규정을 제정해야 하며, 모든 부문에서 관리규정을 이해한 후, 사내표준안을 작성해야 일관된 내용을 구성할 수 있다. 사내표준 관리규정에서 정의한 내용은 조직의 특성에 따라 차이가 있을 수 있으나, 일반적으로 다음의 내용을 규정한다.

① 사내표준의 체계
② 사내표준의 표준 제정·개정·폐지 절차
③ 사내표준의 구성항목(적용범위, 목적, 용어와 정의, 책임과 권한, 업무절차 등)
④ 사내표준의 작성, 검토, 승인 절차
⑤ 사내표준 작성방법, 배포관리
⑥ 사내표준 양식(매뉴얼, 절차서, 지침서 등)
⑦ 사내표준의 주기적 타당성 검토 등

3.7.2 사내표준 관리규정 교육

사내표준 관리규정은 모든 부문에서 조직원이 충분히 인지하여야 하고 이행할 수 있도록 교육을 실시하여야 한다. 특히 사내표준의 추진방침과 목적, 추진계획, 기대효과, 사내표준체계, 사내표준 원안 작성방법, 표준서의 서식과 양식, 심의절차, 인쇄 및 배포, 보관·관리 책임, 신규 제정과 개정절차, 표준 준수 등의 교육이 필수적이다.

3.7.3 사내표준안 작성

3.7.3.1 사내표준 원안 작성

사내표준 원안은 표준화 대상의 프로세스를 파악한 후, 이를 바탕으로 작성하는 것이 효율적이다. 즉, 프로세스 접근 방법(프로세스 맵 등)을 활용해 개인별, 부서별, 조직 전체의 프로세스를 파악한 후에 프로세스별로 규정해야 할 사항을 결정한다. 사내표준 원안 작성담당자는 사내표준 관리규정 및 작성 방법에 따라 관리표준, 기술표준 등 원안을 작성한다(제4장 관리표준, 기술표준 작성방법 참조).

사내표준 원안을 작성할 때에는 담당 부서뿐만 아니라, 관련되는 부문 당사자들의 의견과 자료들을 검토하여 작성하고, 다른 표준들과 중복되지 않도록 주의해야 한다.

사내표준 원안은 업무흐름에 따라 순서대로 기술하되, 읽고 이해하기 쉽게 표현하며, 5W1H(누가, 무엇을, 언제, 어디서, 왜, 어떻게)에 따라 불필요한 해석의 여지가 없도록 구체적으로 작성해야 한다. 또한 사내표준 원안은 문장과 도해를 함께 사용하면 유용하다.

사내표준 원안은 고객, 품질경영시스템(KS, ISO 등), 법적 및 자체 요구 사항 중 적용이 제외되는 부분을 제외한 모든 부분을 포함하여 작성하고 조직에서 실행할 수 있도록 작성해야 한다.

사내표준화 정도 즉, 사내표준의 종류, 수량, 분량, 구성, 표현방법, 내용의 상세 정도는 조직의 규모 및 활동의 형태, 프로세스의 복잡성 및 그 상호 작용, 조직 내부인원의 교육훈련 정도 및 숙련도 등에 따라 다를 수 있다.

사내표준 원안을 작성할 때에는 사내표준 작성방법(관리표준, 기술표준), 사내표준 구성항목 및 양식, 사내표준 매체, 사내표준 작성 원칙, 사내표준 작성 시 유의사항, 사내표준 문장 표현방법 등을 고려하여야 한다.

3.7.3.2 사내표준 작성 원칙

사내표준 작성 원칙은 〈표 8〉과 같다.

표 8 – 사내표준 작성 원칙

원칙	설명	고려사항
현실성	반드시 실행되어야 하고, 또 실행 가능한 내용이어야 한다.	· 비부가가치 활동이나, 필수사항이 아닌것은 배제 · 권장사항은 명시
명확성	어떻게 하여야 하는지, 실행 측면에 초점을 맞추어 구체적으로 표현한다.	· 용어 통일 · 애매하거나, 추상적인 표현 배제
간결성	내용 표현에 중복되는 내용이나 군더더기 없이 기술하여야 한다.	· 프로세스맵, Flow Chart, 그림, 사진 등 · 1매형 문서(1 sheet document)
일관성	쉽게 이해하고 활용할 수 있도록 표준 종류별로 통일된 체계이어야 한다.	· 표준 형식 표준화 · 표준 번호 부여 방식 표준화 · 표준 기술의 상세함 정도 결정
유연성	개정의 용이성을 고려하여야 한다.	· 장(chapter)별 개정 · 루즈리프(loose-leaf) 방식 · 부서명칭을 기능명칭으로 하고, 품질 매뉴얼 등에 대비표 포함

3.7.3.3 사내표준의 구성항목 및 형식

① 사내표준 작성용지의 크기는 A4(210×297mm)로 하고 세로로 작성함을 원칙으로 한다. 다만, 편철이 현저하게 곤란한 경우에는 A계열을 사용할 수 있으며, A4에 맞게 접어서 사용한다.

② 사내표준 구성항목 및 형식은 해당 조직의 사내표준 관리규정에 따른다.

③ 사내표준 작성용지는 인쇄용지(KS M 7102:2007)를 사용함을 원칙으로 한다.

3.7.3.4 사내표준 매체

사내표준의 매체로는 종이로 된 하드카피 외에도 자기·전자·광학 디스크, 사진, 견본 또는 그 조합이 될 수 있다. 사내표준을 작성할 때에는 다음 사항과 같은 기준을 정한다.

① 소프트웨어

② 글자체 및 글자 크기

③ 목차 및 본문 제목:○○체 ○○point 진하게

④ 본문 내용:○○체 ○○point

⑤ 도표 선 굵기:○.○mm

⑥ 줄 사이 간격:○○○%

⑦ 파일명:사내표준의 약호를 제외한 규정번호를 사용할 수도 있다.

⑧ 한 개의 저장 매체에는 80% 이상의 용량을 저장하지 않으며, 반드시 백업하여 관리한다.

3.7.3.5 사내표준 작성 시 유의사항

사내표준을 작성할 때 유의해야 할 사항은 다음과 같다.

① 사내표준화 대상의 관련 프로세스를 파악한다.

② 책임, 권한 및 상호관계를 명확히 하여야 한다.

③ 고객, 품질경영시스템(KS, ISO 등), 법적 및 자체 요구 사항에 대한 실행방법이 포함되어야 한다.

④ 규정, 품질방침, 품질매뉴얼, 관리표준, 기술표준 상호간 내용이 상충되지 않아야 한다.

⑤ 계획과 통제가 가능하도록 프로세스 중심(누가, 언제, 어디서, 무엇을)

으로 작성한다. 이를 위해 프로세스 맵을 활용한다.

⑥ 프로세스 맵(Process Map)은 업무수행 과정 및 연관관계를 명확히
할 뿐만 아니라, Input과 Output 그리고 그 성과까지 한 눈에 볼 수
있도록 표시한 플로차트(Flow Chart)로 P, D, C, A순으로 타 기능이나
타 부문과의 관련성을 〈표 9〉의 업무흐름기호를 이용하여 〈그림 16〉
과 같이 작성한다.

표 9 - 업무흐름기호

No	기호	내용	해설
1	☐	처리	업무처리 기능을 나타낸다. (입안, 작성, 조치, 계획수립)
2	◇	판단	검사의 합부, 회의 등의 가부검토나 선택구분 등의 결정을 표시한다. (심사, 승인, 채택, 검사, 결정)
3	→	업무 경로	주 업무에 수반된 업무의 경로를 표시한다.
4	┈▶	경로	Feed Back을 표시한다. (결정, 대책, 자료, 정보 등의 해당처로 연결을 표시)

⑦ 해당 업무관리자 및 실무자가 작성한다.

⑧ 업무수행 결과를 적정한 양식으로 기록한다.

⑨ 업무수행 결과로 어떤 정보가 얻어질 수 있는지 분명히 하여야 한다.

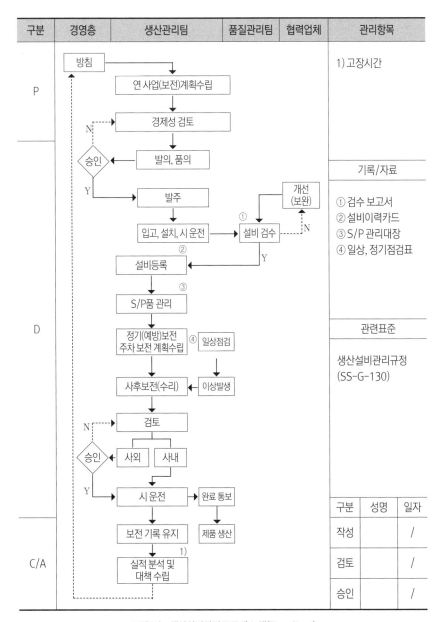

구분	경영층	생산관리팀	품질관리팀	협력업체	관리항목

P

방침 → 연 사업(보전)계획수립 → 경제성 검토

N - - - 발의, 품의

승인

Y

D

발주 → 입고, 설치, 시 운전 ① 설비 검수 → 개선(보완)

N

② 설비등록

Y

③ S/P품 관리

정기(예방)보전 주차 보전 계획수립 ④ 일상점검

사후보전(수리) ← 이상발생

검토

N - - -

승인

사외 | 사내

Y

시 운전 → 완료 통보

보전 기록 유지 → 제품 생산

C/A

1) 실적 분석 및 대책 수립

관리항목:

1) 고장시간

기록/자료

① 검수 보고서
② 설비이력카드
③ S/P 관리대장
④ 일상, 정기점검표

관련표준

생산설비관리규정
(SS-G-130)

구분	성명	일자
작성		/
검토		/
승인		/

그림 16 – 생산설비관리 프로세스 맵(Flow Chart)

3.7.3.6 사내표준 문장 표현방법

1) 문장 쓰기

사내표준의 문장은 읽기 쉽고 이해하기 쉽세, 5W1H(누가, 무엇을, 언제, 어디서, 왜, 어떻게)에 맞춰 불필요한 해석의 여지가 없도록 구체적으로 작성하는 것이 원칙이다.

문장을 쓰는 방법은 다음과 같다.

- 한글로 쓴다.
- 문체는 구어체로 한다.
- 각 조항은 왼쪽에서 오른쪽으로 가로쓰기를 한다.

① 전문용어

전문용어는 한국산업표준에 규정되어 있는 용어, 해당 표준과 관련된 용어 및 학술용어집에 기재되어 있는 용어를 그 우선순위에 따라 사용한다. 새로운 용어를 정하는 경우에는 그 개념의 명확화를 정의하고 그 정의에 대응하는 적절한 용어를 선정한다. 그리고 무분별한 한자어나 외래어 사용은 피하는 것이 좋다.

국제표준을 기초로 해서, 사내표준에서 역어를 작성할 때에도 위의 규정을 적용한다. 이 경우에는 최초의 부분에서 원어를 괄호쓰기로 병기한다. 그 뒤로는 병기하지 않는다.

한글맞춤법에 따르면, '전문용어는 단어별로 띄어 씀을 원칙으로 하되, 붙여 쓸 수 있다'고 되어 있다. 둘 이상의 단어가 결합하여 하나의 단어, 곧 합성어로 사용되는 전문용어에 대하여는 붙여 쓴다.

보기 1   KS A 0001의 '3. 용어와 정의'에서 붙여 쓰기로 정한 용어

　　　　　국제표준, 기술시방서, 기술보고서, 요구사항, 권장사항, 인용표준,

　　　　　원국제표준, 국제일치표준, 대응국제표준, 관련표준, 제품표준,

　　　　　시험방법표준, 용어표준 등

보기 2   다른 표준(KS Q ISO 9000)에서 붙여 쓰기로 정한 용어

　　　　　품질보증, 품질관리, 품질개선, 품질경영, 품질경영시스템 등

보기 3   붙여 쓰는 것이 편리한 용어(자주 사용되는 용어)

　　　　　작성방법, 일반사항, 적용범위, 접근방법, 환경조건 등

② 한정, 접속 등에 사용하는 말

'이상' 및 '이하'와 '초과' 및 '미만'의 사용법은 다음에 따른다.

'이상' 및 '이하'는 그 앞에 있는 수치를 포함한다. '초과' 및 '미만'은 그 앞에 있는 수치를 포함하지 않는다.

비고   최대허용치 및 최소허용치를 나타내는 경우에는 각각 '최대' 및

　　　　'최소'를 사용한다.

'및' 및 '와(과)'의 사용법은 다음에 따른다.

'및'은 병합의 의미로 병렬하는 어구가 두 개일 때 그 접속에 사용한다. 세 개 이상일 때는 처음을 쉼표로 구분하고 마지막 어구를 잇는 데 사용한다. 병렬하는 어구의 관계가 복잡한 경우에 한해 '및'의 바로 앞에 쉼표를 삽입해도 좋다. '와(과)'는 병합의 의미로 '및'을 이용해 병렬한 어구를 다시 크게 병합할 필요가 있을 때 그 접속에 사용한다. 두 개의 용어를 연결할 때에 '및'을

사용하면 어색한 경우, 또는 용어의 연결에서 배치를 잘하고 싶은 경우에는 '와(과)'를 사용해도 좋다. 다만, 두 개의 용어가 밀접한 관계를 갖거나 직접적인 관련성이 있는 경우에 한하며, 용어의 단순한 나열인 경우에는 '와(과)'를 사용하지 않는다.

보기 용어와 정의

'또는' 및 '혹은'의 사용법은 다음에 따른다.
'또는'은 선택의 의미로 병렬하는 어구가 두 개일 때 그 접속에 사용하고 세 개 이상일 때는 처음에 있는 것을 쉼표로 구분하고 마지막 어구를 연결하는 데 사용한다. 애매함을 피하기 위해 '(이)나'를 사용하지 않는다. 병렬하는 어구의 관계가 복잡한 경우에 한해 '또는' 바로 앞에 쉼표를 삽입해도 좋다. '혹은'은 선택의 의미로 '또는'을 사용해 병렬한 어구를 다시 선택의 의미로 나눌 때 사용한다. '및/또는'은 병렬하는 두 개의 어구 양자를 병합한 것 및 어느 한 쪽씩의 3가지를 일괄해 엄밀하게 나타내는 데 이용한다. 혼동되는 경우에는 분리해 열거하면 된다.
'A법 및/또는 B법에 따라……' 대신에 다음과 같이 한다.
다음 중 어느 쪽에 따라…….
• A법 및 B법
• A법
• B법

'경우', '때' 및 '시'의 사용법은 다음에 따른다.

'경우' 및 '때'는 한정조건을 나타내는 데 사용한다. 다만, 한정조건이 이중으로 있는 경우에는 큰 쪽의 조건에 '경우'를 사용하고, 작은 쪽의 조건에 '때'를 사용한다. '시'는 시기 또는 시각을 명확히 할 필요가 있을 경우에 사용한다. '부터' 및 '까지'는 각각 때, 장소 등의 기점 및 종점을 나타내는 데 사용하고, 그 앞에 있는 수치 등을 포함시킨다.

'보다'는 비교를 나타내는 경우에만 사용하고, 그 앞에 있는 수치 등을 포함시키지 않는다. 문장의 처음에 접속사로 놓는 '또한'은 주로 본문 안에서 보충적 사항을 기재하는 데 사용한다. '다만'은 주로 본문 안에서 제외 보기 또는 예외적인사항을 기재하는 데 사용한다.

③ 서술 부호

문장의 서술에 사용하는 부호는 구두점, 인용부호, 연속부호, 생략부호, 괄호로 한다.

구두점에는 마침표 ' . ', 쉼표 ' , ', 중점 '·' 및 콜론 ' : '을 사용하고, 이것들의 사용법은 다음에 따른다. 또한 세미콜론 ' ; '은 사용하지 않는다.

마침표 ' . '는 문장의 끝에 붙인다. 또한 '...일 때', '...경우' 등으로 끝나는 항목의 병렬 등에 사용한다. 다만, 제명, 기타 간단한 어구를 예로 드는 경우, 사물의 명칭을 병렬하는 경우 등에는 사용하지 않는다.

쉼표 ' , '는 보통, 문장 중에서 어구의 끊김 또는 계속을 명확히 하기 위해 다음과 같은 경우에 붙인다.

- '(은)는', '도' 등을 수반한 주제가 되는 말의 뒤
- 조건 및 제한을 나타내는 구의 뒤
- 명사를 두 개 이상 병렬하고 뒤에 '및', '또는' 등을 붙이는 경우

- 대등 관계로 나열하는 두 개 이상의 같은 종류의 구를 '등', '기타' 등으로 받는 경우 및 이러한 구를 '및', '또는' 등의 접속사로 연결하는 경우
- 문장의 맨 앞부분에 부사 또는 접속사를 놓는 경우 그 부사 또는 접속사의 뒤
- 기타, 쉼표가 없으면 오해를 일으킬 우려가 있는 경우

가운뎃점(중점, '·')은 가능한 한 사용하지 않는 것이 좋다. 다만, 다음과 같은 경우에 한해 사용하는 것이 허용된다. 중점을 사용하는 경우에는 마지막 말을 '및', '또는' 등의 접속사로는 잇지 않는다.

- 명사를 병렬하는 경우 등, 쉼표로 구분하여 문장을 읽기 어려운 경우
- 조항 제목, 항목, 표 등에서 명사의 연결 등의 경우에 배치를 잘하고 싶은 경우
- 두 개 이상의 각 명사에 같은 수식어구 등이 걸리는 경우

보기1 재료·치수·질량

보기2 반복 부호·구두점 등

보기3 시정 조치·예방 조치(이 경우, '시정·예방 조치'라고 하지 않는다.)

쌍점(콜론, :)은 식 또는 문장 중에 사용한 용어·기호를 설명할 때에 그 용어·기호 다음에 붙인다.

인용부호(' ')는 어구를 인용하는 경우 또는 문자, 기호, 용어 등을 특히 명확히 할 필요가 있는 경우에 사용한다. '「 」'는 사용하지 않는다.

연속부호 (~)는 '…부터 …까지'의 의미를 부호로 나타내는 경우에 사용한다. 연속부호로 나타내는 범위에는 앞뒤의 수치 등을 포함시킨다. 그리고 이 경우에 단위를 나타낼 필요가 있을 때에는 보통 오른쪽에 오는 숫자의 뒤에만 단위 기호(문장 중의 각도·시간의 경우는 단위를 나타내는 문자이어도 좋다)를 붙인다.

생략부호 (…)는 어구를 생략하는 경우에 사용한다.

괄호는 소괄호 '( )' 및 대괄호 '[ ]'로 하고 보충, 주해 등에 사용하며, 그 사용법은 다음에 따른다. 일반적으로 소괄호를 사용하고, 대괄호는 사용하지 않는다. 대괄호는 이미 소괄호를 사용하고 있는 부분을 다시 괄호로 싸야할 경우에 사용한다. 또한 다른 단위계에 의한 수치를 병기하는 경우에 한해 중괄호 '{}'를 사용한다.

2) 문장 말미의 표현

① 요구 사항

요구 사항을 다루는 문장 말미의 형태는 표준에 적합하기 위해서, 그리고 벗어남을 허용하지 않게 하기 위해서 엄격하게 요구 사항들을 지시해서 사용해야 한다. 〈표 10〉은 요구 사항에 대한 문장 말미의 표현 형태이다.

표 10 – 요구 사항에 대한 문장 말미의 형태

문장 말미의 형태	예외적인 경우에 사용하기 위한 대등한 표현법
~하여야 한다. (shall)	~한다(is to). ~이 요구된다(is required to). ~할 것이 요구된다(it is required that). ~이어야 한다(has to). ~오직 …만이 허용된다(only … is permitted). ~이 필요하다(it is necessary).
~하여서는 안 된다. (shall not)	~은 허가[허용][수용][인정]되지 않는다. [is not allowed(permitted) (acceptable) (permissible)] ~하지 않을 것이 요구된다(is required to be not). ~이지 않아야 한다(is required that … be not). ~이어서는 안 된다(is not to be).

표 10 – 요구사항에 대한 문장 말미의 형태(계속)

문장 말미의 형태	예외적인 경우에 사용하기 위한 대등한 표현법
'~하여서는 안된다(shall not)'는 표현 대신에 '반드시 ~하여야 한다(must)'의 표현을 사용하지 않는다. 이것은 외부 법률규정과 표준의 요구사항 사이에서 어떠한 혼동도 피하기 위한 것이다. 금지사항을 표현하기 위해서 '~하여서는 안 된다(shall not)' 대신에 '~하지 않는 것이 좋다(may not)'를 사용하지 않는다. 직접적인 지시사항을 표현하기 위해서는 보기를 들면 시험방법에서 채택된 단계에 관련하여 명령법을 사용한다. 보기 "녹음기를 켤 것"	

② 권장사항

권장사항을 다루는 문장 말미의 형태는, '하는 것이 좋다' 또는 '하지 않는 것이 좋다'처럼 기술한다. 권장사항은 다음과 같은 경우에 사용한다. 여러 가능성이 있는 대상 중에서 다른 것을 언급하거나 배제하지 않고 특별히 적합한 하나의 대상을 지정할 경우, 어떤 시행요령이 필수적으로 필요한 것은 아니지만 선호될 경우, (부정적 형식으로 보면)특정한 가능성이나 시행 요령이 금지된 것은 아니지만 피하는 것이 좋을 경우에 사용해야 한다. 〈표 11〉은 권장사항에 대한 문장 말미의 형태이다.

표 11 – 권장사항에 대한 문장 말미의 형태

문장 말미의 형태	예외적인 경우에 사용하기 위한 대등한 표현법
~하는 것이 좋다. (should)	~하는 것이 권장된다(it is recommended that). ~하는 것이 바람직하다(ought to).
~하지 않는 것이 좋다. (should not)	~하지 않을 것이 권장된다(it is not recommended that). ~하지 않는 것이 바람직하다(ought not to).

③ 허용

허용을 다루는 문장 말미의 형태는 해당 표준의 한계 내에서 허용되는 시행요령을 지시하는 데 사용해야 한다. 〈표 12〉는 허용에 대한 문장 말미의 형태이다.

표 12 – 허용에 대한 문장 말미의 형태

문장 말미의 형태	예외적인 경우에 사용하기 위한 대등한 표현법
~해도 된다. (may)	~가 용인된다(is permitted). ~가 허용된다(is allowed). ~해도 무방하다(is permissible).
~할 필요가 없다. (need not)	~하지 않아도 좋다(it is not required that). ~하지 않아도 된다(no ··· is required).

비고 위 문맥에서는 '가능하다(possible)' 또는 '불가능하다(impossible)'를 사용하지 않는다.
위 문맥에서 '~해도 된다(may)' 대신에 '~할 수 있다(can)'를 사용하지 않는다.
'~해도 된다(may)'는 해당 표준에서 표현된 허용을 의미하는 반면, '~할 수 있다(can)' 는 해당 표준에서 사용자의 능력, 또는 해당자에게 가능성의 개방을 의미한다.

④ 실현성 및 가능성

실현성 및 가능성을 다루는 문장 말미의 형태는 물질적, 물리적 또는 인과적 사항을 불문하고 실현성과 가능성을 설명하는 데 사용해야 한다. 〈표 13〉은 실현성 및 가능성에 대한 문장 말미의 형태이다.

표 13 - 실현성 및 가능성에 대한 문장 말미의 형태

문장 말미의 형태	예외적인 경우에 사용하기 위한 대등한 표현법
~할 수 있다. (can)	~할 능력이 있다(be able to). ~할 가능성이 있다(there is a possibility of). ~가 가능하다(it is possible to).
~할 수 없다. (can not)	~할 능력이 없다(be unable to). ~할 가능성이 없다(there is no possibility of). ~가 불가능하다(it is not possible to).

비고 허용에 대한 비고를 참조한다.

3) 양 및 단위

단위는 국제단위계(SI)를 활용한다. 즉, 길이, 질량, 시간, 전류, 열역학적 온도, 물질량, 광도 등의 단위는 국제단위계(International System of Units)를 활용한다. 국제단위계는 세계 대부분 국가에서 채택해 사용하고 있는 단위계이며, 다음과 같이 7개의 기본단위가 그 바탕을 이루고 있다.

① 길이: 미터(meter)

미터는 빛이 진공해서 1/2억 9,979만 2,458초 동안 진행한 경로의 길이다. 반드시 소문자 'm'을 사용해야 한다.

② 시간: 초(second)

초는 세슘-133원자(133Cs)의 바닥상태에 있는 두 초미세 준위 간의 전이

에 대응하는 복사선의 91억 9,263만 1,770주기의 지속시간이다. 반드시 소문자 's'를 사용해야 한다.

③ 온도: 켈빈(kelvin)

켈빈은 열역학적 온도의 단위로 물의 삼중점의 열역학적 온도의 1/273.16이다. 섭씨온도 0℃는 273.15K이며, 온도 차이를 나타낼 때는 1℃와 1K는 같다. 반드시 대문자 'K'를 사용해야 한다.

④ 전류: 암페어(ampere)

암페어는 무한히 길고 무시할 수 있을 만큼 작은 원형 단면적을 가진 두개의 평행한 직선 도체가 진공 중에서 1미터의 간격으로 유지될 때, 두 도체 사이에 미터당 2×10^{-7} 뉴턴(N)의 힘을 생기게 하는 일정한 전류이다. 반드시 대문자 'A'를 사용해야 한다.

⑤ 질량: 킬로그램(kilogram)

킬로그램은 질량의 단위이며, 국제킬로그램원기(international kilogram prototype)의 질량과 같다. 반드시 소문자 kg을 사용해야 한다.

⑥ 광도: 칸델라(candela)

칸델라는 진동수 540×1012 헤르츠(Hz)인 단색광을 방출하는 광원의 복사도가 어떤 주어진 방향으로 매 스테라디안(sr)당 683분의 1 와트(W)일때 이 방향에 대한 광도이다. 반드시 소문자 cd를 사용해야 한다.

⑦ 물질량: 몰(mole, mol)

몰은 원자량의 기준에 따라 탄소의 질량수 12인 동위원소C(탄소-12)의 0.012킬로그램에 있는 원자의 수와 같은 수의 구성 요소를 포함한 어떤 계의 물질량이다. 몰을 사용할 때에는 구성 요소를 반드시 명시해야 하며, 이 구성 요소는 원자, 분자, 이온, 전자, 기타 입자들의 특정한 집합체가 될 수 있다.

국제단위계(SI) 단위와 공동으로 추가적인 몇 가지 단위가 사용된다. 즉, 분(min), 시간(h), 일(d), 도(°), 분(′), 초(″), 리터(ℓ, L), 톤(t), 전자볼트(eV), 단일 원자질량단위(amu, U)가 있다. 네퍼(Np), 벨(B), 손(sone), 폰(phon), 옥타브(octave) 등의 단위도 있다. 보드(Bd), 비트(bit), 옥텟(o), 바이트(byte), 얼랑(E), 하틀리(Hart), 정보측정량의 자연 단위(nat), 섀넌(Sh), 바(var)는 전기기술 및 정보기술 용도로 KS C IEC 60027에 제시되어 있다. 지명, 도로명, 이름 등의 한글을 영문으로 표기할 때에는 로마자표기법에 따른다.

단위의 기호와 단위명은 결합시키지 않는다. 예를 들면, '시간당 킬로미터'나 'km/h'를 사용하고 '시간당 km'나 '킬로미터/시간'을 사용하지 않는다.

'5m'와 같이 숫자로 기록된 수치와 단위 기호를 조합한다. '오 m' 및 '5미터' 등으로 조합하는 것을 피한다. 평면각에 사용되는 위 첨자형 단위 기호(보기: 5°6′7″)의 경우를 제외하면, 수치와 단위 기호 사이에는 공간을 두어야 한다. 그러나 각도(수치)는 십진법으로 세분되는 것이 좋다.

초의 단위로 's'를 사용하는 대신 'sec'를 사용하거나 분의 단위로 'min' 대신에 'mins'를, 시간의 단위로 'h' 대신에 'hrs'를, 세제곱센티미터(cubiccentimetre)의 단위로 'cm³' 대신에 'cc'를, 리터단위로 ' ℓ ' 대신에 'lit'를, 암페어의 단위로 'A' 대신에 'amps'를, 분당 회전수 'r/min' 대신에 'rpm'을 사용하는 등의 비표준화된 약어를 단위로 사용하지 않는다.

국제적으로 표준화된 단위 기호는 아래 첨자나 다른 정보를 첨가해 수정되지 않아야 한다. 보기를 들면, 아래와 같이 쓴다.

맞는 표현	틀린 표현
U max = 500V 질량분율 5% 부피분율 7%	U = 500Vmax 5%(m/m) 7%(V/V)

※ % = 0.01 및 ‰ = 0.001은 순수한 숫자(pure number)라는 점에 주의할 것

단위 기호와 정보 사항을 결합하지 않는다.

맞는 표현	틀린 표현
수분함량은 20mL/kg	20mL H_2O/kg, 20mL의 수분/kg

‘ppm’, ‘pphm’, ‘ppb’ 등의 약어는 사용되어서는 안 된다. 이것은 언어에 좌우되기 때문에 모호하고, 단지 숫자를 나타내며 언제나 숫자로 표현하는 것이 더 명확하므로 실제적으로는 사용하지 않는다.

맞는 표현	틀린 표현
질량분율은 4.2 mg/g 상대불확도는 6.710^{-12}	질량분율은 4.2×10^{-6}, 질량분율은 4.2ppm 상대불확도는 6.7ppb

단위 기호는 항상 정자체이고, 양(量)기호는 항상 기울임체이다. 수치를 나타내는 기호는 그에 따른 양을 나타내는 기호와 구분해야 한다. 양 사이의

공식이 수치 사이의 공식보다 우선된다. '무게(weight)'의 양은 힘(중력)이며 뉴턴(N)으로 측정된다. '질량(mass)'값은 킬로그램(kg)으로 측정된다.

몫 값은 해당 분모에 '단위'라는 단어가 포함되어서는 안 된다. 예를 들면 '길이당 질량' 또는 '선형 질량'이지 '단위 길이당 질량'이 아니다.

'표면'과 '면적', '물체'와 '질량', '저항기'와 '저항', '도선'과 '유도전류' 등과 같이 대상과 해당 대상을 묘사하는 모든 양을 구분한다.

맞는 표현	틀린 표현
10mm에서 20mm	10에서 20mm, 10 - 20mm
0℃에서 10℃	0에서 10℃, 0 - 10℃
24mm×36mm	24×36mm, (24×36)mm
23℃ ± 2℃	(23 ± 2)℃, 23 ± 2℃
(60 ± 3)%	60 ± 3%, 60% ± 3%

둘 이상의 물리량은 상호 비교 가능한 양의 범주에 속하지 않으면 더해지거나 빼질 수 없다. 따라서, 230V ± 5% 등의 상대 허용오차의 표현방법은 대수 기본법칙에 일치하지 않는다. 그 대신에 다음의 표현방법을 이용한다.

$$(230 \pm 11.5)V$$

230V, 상대허용오차는 ± 5%

올바른 형식은 아니지만 다음의 형식도 자주 이용된다.

$$(230 \pm 5\%)V$$

기수(base)가 명시될 필요가 있다면 공식에서 'log'를 쓰지 않는다. 대신 'lg', 'ln', 'lb', 또는 'loga'로 쓴다.

KS에서 권장하는 수학기호 및 부호를 사용한다. 예를 들면, 'tan'으로 쓰며 'tg'로 쓰지 않는다.

4) 그림과 표

① 그림

그림은 선화(line drawing) 형태이어야 한다. 사진은 선화로 변형하는 것이 불가능할 때에만 사용한다. 그림은 컴퓨터로 생성한 삽화로 제공하는 것이 바람직하다. 사진을 복사한 것을 사용할 수는 없다. 그림은 '그림'으로 호칭해야 하고, 아라비아 숫자로 '1'부터 시작하는 번호를 부여해야 한다.

이때 부여된 번호는 그 절과 모든 표에 중복되지 않아야 한다. 그림이 하나만 있을 때에도 '그림 1'로 호칭해야 한다. 그림의 호칭 및 제목(존재할 때)은 그림 아래에 중앙에 위치시키고 다음과 같이 배치해야 한다.

그림 # – 장치의 상세

그림의 호칭과 제목은 대시(-)로 분리해야 한다.

그림이 몇 장에 걸쳐 연속될 때에는 다음과 같이 그림의 호칭을 반복하고 뒤에 제목(선택적임)과 '(계속)'을 이어 붙이는 것이 유용하다.

그림 # (계속)

그림의 비고는 본문의 비고와 독립적으로 취급되어야 한다. 그림의 비고는 관련된 그림의 호칭 위에 배치되어야 하고 그림 각주의 앞에 위치되어야 한다. 그림에 하나의 비고만이 존재할 때는 비고 문장의 첫 번째 행의 도입부에 '비고'를 선행하여 배치시켜야 한다. 같은 그림에 여러 개의 비고가 있을 경우

에는 '비고 1', '비고 2', '비고 3' 등으로 나타내어야 한다. 각각의 그림에서는
분리된 번호부여 체계가 사용되어야 한다.

보기

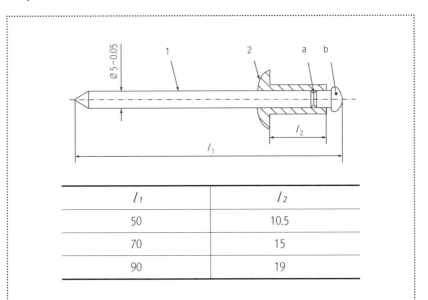

l_1	l_2
50	10.5
70	15
90	19

식별부호

1 : 맨드릴의 축부
2 : 블라인드 리벳의 머리부
맨드릴은 부착 중에 블라인드 리벳의 말단이 변형되어 축부가 팽창하도록 설계되어
야 한다.

비고 상기 그림은 A형의 리벳 머리부를 나타낸다.
[a] 파단 영역은 압연되어야 한다.
[b] 맨드릴 머리부는 일반적으로 크롬으로 도금된다.

그림 # – 블라인드 리벳

그림의 비고에는 요구 사항 또는 표준을 사용하는 데 필수적이라 생각되는 어떠한 정보도 포함되어서는 안 된다. 그림의 내용과 연관된 모든 요구 사항은 본문, 그림의 각주 또는 그림과 그림 제목 사이의 문단으로 제시되어야 한다. 그림에 비고가 참조될 필요는 없다.

그림의 각주는 본문의 각주와 독립적으로 취급되어야 한다. 그림의 각주는 해당 그림의 호칭 바로 위에 배치되어야 한다. 그림의 각주는 'a'부터 시작하는 위첨자 형태의 소문자로 표기 한다. 각주는 같은 위첨자 형태의 소문자를 삽입하여 그림에서 언급되어야 한다. 그림의 각주는 요구 사항을 포함하여도 된다. 그림의 각주를 작성할 때, 문장 말미의 형태를 사용하여 서로 다른 형식의 조항을 명확히 구별하는 것이 중요하다(보기 참조).

② 표

표는 가장 효율적인 형태로 정보를 표현하는 방법으로, 쉽게 이해하고자 할 때 사용하는 것이 좋다. 각 표는 본문 내에서 명확하게 참조할 수 있는 위치에 배치해야 한다. 표 안에 표를 삽입하는 것은 허용되지 않는다. 표를 하위 표로 세분하는 것도 허용되지 않는다. 표는 '표'라고 호칭해야 하고, 아라비아 숫자 '1'로 시작하는 번호를 부여해야 한다. 이때 부여되는 번호는 그림이나 절에 부여하는 번호와는 독립적이어야 한다. 단일의 표는 '표 1'로 호칭해야 한다. 표의 호칭 및 제목(있는 경우)은 표 위에 수평으로 중앙에 위치시키고, 다음과 같이 배치해야 한다.

표# - 기계적 특성

표의 호칭과 제목은 대시(-)로 구분해야 한다. 표의 머리부 단위가 동일하지 않을 때에는 보기 1과 같이 기술한다.

형식	선밀도 kg/m	안지름 mm	바깥지름 mm

이 규칙의 예외로서, 모든 단위가 동일한 경우에는 표의 오른쪽 상단에 적절한 설명(예를 들어, '단위: mm')을 배치해야 한다(보기 2 참조).

보기 2

(단위: mm)

형식	선밀도	안지름	바깥지름

보기 3과 같은 표현은 허용되지 않는다.

보기 3

치수 형식	A	B	C

보기 3은 보기 4와 같이 변경되어야 한다.

보기 4

치수	형식		
	A	B	C

표가 몇 장에 걸쳐 연속될 때에는 다음과 같이 표의 호칭을 반복하고 뒤에 표의 제목(선택적임)과 '(계속)'을 이어 붙이는 것이 유용하다.

표 # (계속)

표의 비고는 본문에서 통합된 비고와는 독립적으로 취급되어야 한다. 표의 비고는 관련 표의 틀 내부에 배치하고 표의 각주 앞에 위치하여야 한다. 표에 하나의 비고만 있을 때는 앞에 '비고'를 배치하며 비고 본문의 첫 번째 줄의 도입부에 놓는다. 동일 표에 여러 개의 비고가 있을 때에는 '비고 1', '비고 2', '비고 3' 등으로 나타낸다. 각 표마다 분리된 번호부여 방식이 적용되어야 한다(보기 5 참조).

　표의 비고에는 요구 사항이나 해당 표준을 사용하는 데 고려할 어떠한 정보도 포함시켜서는 안 된다. 표의 내용과 관련된 모든 요구 사항은 본문이나 표의 각주 또는 표 내부의 문단으로 제시되어야 한다. 표에 비고가 참조될 필요는 없다.

　표의 각주는 본문의 각주와는 독립적으로 관련된 표의 내부에 배치되어야 하고 표의 아랫부분에 표시되어야 한다. 표의 각주는 'a'부터 시작되는 위첨자 형태의 소문자로 구분되어야 한다. 각주는 동일한 위첨자 형태의 소문자를 사용하여 표에서 언급되어야 한다(보기 5 참조). 표의 각주에는 요구 사항을 포함하여도 된다. 표의 각주 문장을 작성할 때는 문장말미의 형태를 사용하여 서로 다른 형식의 규정을 명백하게 구별하는 것이 특히 중요하다.

보기 5

형식	길이	안지름	바깥지름
	l_1 [a]	d_1	
	l_2	d_2 [b,c]	
요구사항이 포함된 문단			
비고 1　표 비고 비고 2　표 비고			
[a] 표 각주 [b] 표 각주 [c] 표 각주			

5) 참조

일반적으로, 원래의 출처 자료를 반복하기보다는 본문의 특정한 부분에 대한 참조를 사용하여야 한다. 왜냐하면, 이와 같은 반복은 오류나 모순의 위험성을 내포하고 있으며 표준의 내용을 길게 만들 수 있기 때문이다. 그러나 해당 자료를 반복할 필요가 있다고 생각될 때에는 출처가 분명하게 식별되어야 한다.

표준, 기술시방서(TS), PAS, 기술보고서(TR) 또한 가이드와 같은 문서 형식처럼 어법이 변경되어야 하고, 각 문서에서는 '이 표준'이라는 표현이 사용되기도 한다.

분리된 부로 발행된 표준에서는 다음의 형식이 사용되어야 한다.

- 'KS X ISO/IEC 2382의 이번 부'(한 부만을 참조)
- 'KS C IEC 60335'(일련의 부 전체를 참조)

위의 참조는 일자가 기입되지 않았으므로, 해당 표준의 모든 추록과 개정판을 포함하는 것으로 취급된다.

본문에서 참조는 다음과 같이 사용한다.

- '3.과 일치되도록'
- '3.1에 따라서'
- '3.1 b)에 규정된 대로'
- '3.1.1에서 제시된 세부사항'
- '부속서 B 참조'

- '$B.2$에서 제시된 요구 사항'
- '표 2의 비고 참조'
- '부속서 J.3의 보기 2 참조'
- '3.1의 식(3) 참조'

'항'이라는 용어를 사용할 필요는 없다. 다른 표준에서 정렬되지 않은 항목을 언급할 필요가 있다면 다음의 어구가 사용되어야 한다.

'ISO/IEC 15888 : 2000,3.1,두 번째 항목에서 규정된 대로'

표준에 포함된 모든 그림 및 표는 일반적으로 본문 내에서 참조되어야 한다. 예를 들면, 다음의 형식을 사용할 수 있다.

- '그림 A.6에서 나타낸'
- '(그림 3 참조)'
- '표 2에서 주어진'
- '(표 B.2 참조)'

모든 인용표준은 일자가 '인용표준' 절에 명시되어야 한다. 일자가 명시되지 않은 인용은 전체 표준이나 그 표준의 한 부를 참조할 때에만 적용되고, 다음의 경우에만 가능하다.

a) 인용하는 표준의 목적을 위한, 참조문서의 모든 추후 변경사항까지 이용

할 수 있도록 허용된 경우

b) 참고인용의 경우

일자가 명시되지 않은 참조는 참조된 문서의 추록과 개정판까지 포함하는 것으로 간주되어야 한다.

다음의 형식을 사용한다.

- '...KS A ISO 128-21 및 KS A ISO 31...에서 규정된 대로 ...'
- '...KS C IEC 60027 참조...'

일자가 명시된 참조는 다음 사항의 참조를 의미한다.

a) 발행연도가 표시된 특정 발행본

b) 대시(-)에 의해 표시된 최종 KS안

보충적인 추록이나 개정본이 있는 경우, 일자가 명시된 참조는 그것에 관련하는 표준의 추록과 결합할 필요가 있다.

비고 이 문맥에서 한 부는 분리된 한 표준으로 간주된다.

특정 구분이나 세부 구분 인용에서 다른 표준의 표 나 그림에는 항상 일자가 명시되어 있어야 한다. 다음의 형식을 사용한다.

- '... KS C IEC 60068 - 1 : 2001에서 제시된 시험을 수행하여...'(발행된 표준의 일자가 기입된 인용)
- '... KS R ISO 12345 : - , 제3절에 따라...'(최종 KS안의 일자가 기입된 인용)
- '... KS R IEC 64321 - 4 : 2001, 표 1에서 서술된 대로...'(다른 발행 표준에 있는 특정 표의 일자가 기입된 인용)

6) 숫자 및 수치

모든 소수 부호는 그 선상에서 온점(.)을 사용해야 한다. 만약 '1'보다 작은 수를 소수의 형태로 나타낸다면, 온점 앞에는 '0'이 있어야 한다.

$$0.001$$

연도를 표기할 때를 제외하면, 온점의 왼쪽이나 오른쪽 에 있는 아라비아 숫자는 세 자리로 묶고 묶음마다 공백을 두어서 앞의 숫자 와 뒤의 숫자를 구분해야 한다.

$$23\ 456,\ 1\ 234,\ 2.345,\ 2.345\ 6,\ 2.345\ 67$$

그러나 '1997년'과 같은 연도 표기는 예외이다.

곱셈을 표시할 때에는 명확하게 나타내기 위해 , 점(point) 보다는 기호 '×'를 사용해야 한다.

1.8×10^{-3}로 쓴다($1.8\,.\,10^{-3}$ 또는 $1.8 \cdot 10^{-3}$가 아님).

물리적 양의 값을 단위로 표현할 때에는 국제기호를 사용해야 한다.

7) 수학적 공식

① 방정식의 종류

방정식은 수학적으로 정확한 형태로 표현해야 하고, 변수는 문자기호로 표시해야 한다. 그리고 '기호와 약어' 절에서 그 의미를 표시하지 않았다면 식과 연결해서 설명해야 한다.

보기 1과 같이, 표현된 형식을 따라야 한다.

보기 1

$$V = \frac{l}{t}$$

V : 등속운동 시의 속도(km/h)
l : 이동 거리(m)
t : 걸린 시간(s)

예외적으로, 숫자가 포함된 방정식은 보기 2와 같이 사용한다.

보기 2

$$V = 3.6 \times \frac{l}{t}$$

V : 등속운동 시의 속도(km/h)
l : 이동 거리(m)
t : 걸린 시간(s)

그러나 한 표준 내에서 양과 수치에 동일한 기호가 사용되어서는 안 된다. 예를 들어, 보기 1의 방정식과 보기 2의 방정식을 동일 문맥에서 사용하면 명백히 부정확한 결과인 1=3.6이라는 의미를 함축하게 된다.

양의 서술적 용어 또는 명칭은 방정식의 형태로 배열되어서는 안 된다. 예를 들어, 기울임체나 아래첨자로 표현된 양의 명칭 또는 복수문자로 이루어진 약어는 기호가 놓일 위치에 사용되어서는 안 된다.

보기 3

$$P = \frac{m}{V}$$

다음은 허용될 수 없다.

$$밀도 = \frac{질량}{부피}$$

보기 4 $\dim(E) = \dim(F)\,\dim(l)$

E : 에너지
F : 힘
l : 길이

다음은 허용될 수 없다.

$\dim(에너지) = \dim(힘) \times \dim(길이)$ 또는 $\dim(에너지)=\dim(힘) \times \dim(길이)$

보기 5

$$t_i = \frac{\sqrt{S_{ME,i}}}{\sqrt{S_{MR,i}}}$$

t_i : i 시스템의 통계치
$S_{ME,i}$: i 시스템의 오차평균 제곱
$S_{MR,i}$: i 시스템의 회귀에 의한 평균 제곱

다음은 허용될 수 없다.

$$t_i = \frac{\sqrt{MSE_i}}{\sqrt{MSR_i}}$$

t_i : i 시스템의 통계치

MSE_i : i 시스템의 오차평균 제곱

MSR_i : i 시스템의 회귀에 의한 평균 제곱

$\frac{V}{\text{km/h}}$, $\frac{\ell}{\text{m}}$ 및 $\frac{t}{\text{s}}$ 또는 $V/(\text{km/h})$, ℓ/m 및 t/s 등의 표기는 수치를 표현할 때 사용되며, 특히 그래프의 축에서와 표의 행 제목을 쓸 때 유용하다.

② 표현

수식의 표현에 대한 지침은 ISO eServies 지침서 및 IEC에서의 정보기술 수단의 사용에 대한 지침서 – IEC IT 사용지침서(IEC IT Tools Guides)에 제시되어 있다.

가능한 한, 1단계 이상의 아래첨자나 위첨자를 가지고 있는 기호(보기 1 참조)는 사용하지 않으며, 또한 2줄 이상의 형태(보기 3 참조)로 인쇄물에 포함된 모든 기호 및 식도 마찬가지이다.

보기 1 $D_{1,\ max}$ 보다는 $D_{1,max}$ 를 사용하는 것이 바람직하다.

보기 2 본문 내에서는 $\frac{a}{b}$ 보다는 a/b를 사용하는 것이 바람직하다.

보기 3 수식을 $\dfrac{\sin\left[\dfrac{(N+1)\varphi}{2}\right]\sin\left(\dfrac{N\varphi}{2}\right)}{\sin\left(\dfrac{\varphi}{2}\right)}$ 보다는 $\dfrac{\sin[(N+1)\varphi/2]\sin(N\varphi/2)}{\sin(\varphi/2)}$ 의 형식을 사용한다.

수식의 표현에 대한 추가적인 보기가 보기 4부터 보기 6까지 제시되어 있다.

보기 4

$$- \frac{\delta W}{\delta \chi} + \frac{d}{dt} \frac{\delta W}{\delta \dot{\chi}} = Q \left[\left(-gradV - \frac{\delta A}{\delta t} \right)_\chi + (\nu \times rotA)_\chi \right]$$

W : 역학 퍼텐셜

χ : χ 좌표

t : 시간

$\dot{\chi}$: χ의 시간에 대한 미분계수

Q : 전하

V : 전위

A : 자기벡터 퍼텐셜

ν : 속도

보기 5

$$\frac{\chi(t_1)}{\chi(t_1 + T/2)} = \frac{e^{-\delta(t_1)} \cos(\omega t_1 + \alpha)}{e^{-\delta(t_1 + T/2)} \cos(\omega t_1 + \alpha + \pi)} = -e^{-\delta T/2} \approx -1.39215$$

χ : χ 좌표

t_1 : 첫 번째 분기점에서의 시간

T : 주기

ω : 각진동수

α : 초기상

d : 감폭계수

π : 숫자 3.141 592 6…

보기 6 질량부분을 표현하기 위해서는 다음과 같이 사용한다.

$$W = \frac{m_D}{m_S}$$

다음의 표현도 가능하다.

$$W = \frac{m_D}{m_S} \times 100\ \%$$

'질량백분율' 등의 표현은 피하는 것이 좋다.

③ 번호부여

표준 내의 모든 공식 또는 일부에 대해 번호를 부여할 때는 '1'부터 시작되는 아라비아 숫자에 괄호를 붙여 사용하여야 한다.

$$x^2 \times y^2 < z^2 \tag{1}$$

번호 부여는 연속적이어야 하고 절, 표 및 그림의 번호부여 체계와 독립적이어야 한다((2a), (2b) 등). 수식의 세분은 허용되지 않는다.

④ 수치, 치수 및 공차

수치 및 치수는 최소치 또는 최대치로 표시되어야 하고, 공차가 명확한 방식으로 명시되어야 한다.

보기 1 $80\,\text{mm} \times 25\text{mm} \times 50\text{mm}(80 \times 25 \times 50\text{mm}$는 허용불가)

보기 2 $80\,\text{mF} \pm 2\,\text{mF}$ 또는 $(80 \pm 2)\,\text{mF}$

보기 3 $80\,^{+2}_{0}(80\,^{+2}_{-0}$은 허용불가)

보기 4 μm

보기 5 10 kPa에서 12 kPa까지(10에서 12 kPa까지, 또는 10 - 12 kPa은 허용불가)

보기 6 0℃에서 10℃까지(0에서 10℃까지, 또는 0 - 10℃는 허용불가)

　　오해를 방지하기 위해, 백분율로 표현된 수치에 대한 허용오차는 수학적으로 정확하게 표시되어야 한다.

보기 7 $80\,\text{mm}^{+50}_{-25}$ 범위를 나타내기 위해서는 '63 %부터 67 %까지'의 형태로 기록한다.

보기 8 공차값과 함께 중심치를 표현하고자 할 때에는 '(65±2) %'의 형태로 쓴다. '65±2 %'의 형태는 사용되어서는 안 된다.

　　정도(degree)는 소수점으로 구분되어도 좋다. 예를 들어, 17°15′ 보다는 17.25°로 기록한다. 단지 참고용으로 언급된 모든 수치나 치수는 요구사항과 명백하게 구분이 가능하여야 한다.

8) 본문에 통합된 비고 및 보기

　　비고 및 보기는 표준을 사용하고 이해하는 데 도움을 주기 위한 추가적인 정보를 제공하기 위해서만 사용되어야 한다. 비고 및 보기에는 요구사항이나 해당 표준을 사용하는 데 필수적이라고 생각되는 어떠한 정보도 포함되어서는 안 된다.

보기 다음의 비고는 요구 사항을 포함하고 있고, 명백히 '추가적인 정보'를 구성하고 있지 않기 때문에 부적절하게 작성된 비고의 보기이다.

비고 다른 방법으로, …하중에서 시험하라(명령적 어조를 사용하여 여기에서 표현된 지시문은 요구 사항이라고 할 수 있다.)

비고 및 보기는 되도록 언급된 절이나 항의 끝단 또는 문단 뒤에 위치하는 것이 좋다. 절이나 항에 하나의 비고만 존재한다면 비고 문장의 첫 번째 행의 맨 앞에 '비고'라는 단어를 우선적으로 배치하여야 한다. 동일한 절이나 항에 여러 개의 비고가 적용된 경우에는 '비고 1', '비고 2', '비고 3' 등으로 표시되어야 한다.

표준에서는 비고나 보기를 쉽게 알 수 있도록 비고와 보기는 굵은 활자체로 표시한다. 동일한 절 또는 항에 비고와 보기가 함께 기재되는 경우 보기가 우선한다.

9) 본문에 속한 각주

본문에서의 각주는 추가적인 정보를 위해 사용되며, 사용은 최소한도에 그쳐야 한다. 각주에는 요구 사항이나 그 표준을 사용하는 데 필수적이라고 생각되는 어떠한 정보도 포함시켜서는 안 된다.

본문에서의 각주는 관련 쪽의 하단부에 배치시키고 짧고 가는 수평선을 그어 본문과 분리시켜야 한다.

본문에서의 각주는 통상적으로 '1'부터 시작하여 뒤에 한쪽 괄호기호를 붙이고, 전 표준에서 연속적인 일련의 아라비아 숫자[즉, 1), 2), 3) 등]로 구별시켜야 한다. 각주는 해당 단어 혹은 문장 뒤에 위첨자로 표시된 동일 번호를 삽입하여 본문 내에서 참조하여야 한다(즉, [1], [2], [3] 등).

위첨자로 된 숫자와 혼동을 회피하여야 할 경우 등, 특정한 상황에서는 하나 혹은 그 이상의 별표 및 다른 적절한 기호를 대신 사용하여도 된다(즉, *, **, *** 등, 또는, ǂ 등).

각주의 내용이 많아 해당 쪽에 표기가 어려운 경우, 다음 쪽으로 분할하여 배치시켜도 된다.

10) 부속서

부속서는 본문 내에서 인용된 순서에 따라 배열되어야 한다. 각각의 부속서는 '부속서'라는 단어 뒤에 'A'로 시작되는 일련의 순서를 대문자를 사용하여 구성되어야 한다('부속서 A').

규정 부속서는 표준의 본서 내용에 추가되는 조항이며 이는 선택사항이다. 부속서의 규정적 지위는 본문 내에서 언급된 방법과 목차 및 부속서의 제목 아래에 표시된 대로 명시되어야 한다.

참고 부속서는 해당 표준을 이해하거나 사용할 때 도움을 주기 위해, 추가적인 정보를 제공한다. 참고 부속서는 선택적 요구 사항을 포함하여도 된다. 예를 들면, 선택적인 시험방법에 요구 사항이 포함되어도 되지만, 표준의 규정에 대한 요구 사항을 따를 필요는 없다.

부속서의 순서 다음 행에 '(규정)' 또는 '(참고)'의 표시를 하고 행을 바꾸어 제목을 위치시킨다.

보기 부속서 표기 배열방법

부속서 A (참고) 지속적인 모니터링

해당 부속서를 지시하는 문자 뒤에 마침표를 찍고 그 뒤에 부속서의 절과 항, 표, 그림, 수학적 공식에 부여된 숫자를 표기하여야 한다. 번호부여는 각 부속서마다 새로 시작하여야 한다. 단일 부속서는 '부속서 A'로 호칭되어야 한다.

보기 부속서 A에서의 절은 'A.1', 'A.2', 'A.3' 등으로 호칭된다.

11) 절(Clause), 항(Subclause), 문단(Paragraph), 목록(List)

① 절(Clause)
절은 표준 목차의 기본적인 구성요소이다(보기 참조).

보기 절(Clause)

```
① 자원 관리  ──────→ 절(Clause)
1.1 조직 내 인원
1.1.1 인원 관리
인원은 조직의 중대한 자원이고 그들의 전원 참여는 이해관계자들을 위해 가치를 만들어내기 위한 조직의 능력을 향상시킨
다. 최고 경영자는 리더십을 통하여 공유하는 비전 및 공유하는 가치 그리고 인원이 조직 목표를 달성하는 데 전원 참여할 수
있는 내부 환경을 만들고 유지하는 것이 좋다.
조직은 다음 사항에 대해 인원에게 권한을 위임하는 프로세스를 수립하는 것이 좋다.
─ 조직의 전략 및 프로세스 목표를 개인의 업무 목표로 전환하고 그것을 달성하기 위해 계획을 수립하는 것.
─ 실행상의 제약사항을 파악
─ 문제 해결에 대한 주인의식 및 책임감 소유
1.2 기반구조
조직은 조직의 기반구조를 효과적이고 효율적으로 계획하고, 제공하며 관리하는 것이 좋다. 조직의 목표를 충족시키기 위해
기반구조의 적절성을 주기적으로 평가하는 것이 좋다. 다음 사항이 적절히 고려되는 것이 좋다.
─ 기반구조의 신인성(가용성, 신뢰성, 보전성 및 유지보수 지원에 대한 고려 포함)
─ 안전 및 보안
─ 제품 및 프로세스에 관련된 기반구조 요소
비 고 환경 영향에 대한 추가 정보는 ISO/TC 207에서 제정한 ISO 14001 표준 참조
```

각 표준에서의 절은 '적용범위'의 절을 '1'로 놓고 아라비아 숫자로 번호를 부여하여야 한다.

번호부여는 연속적이어야 하고 부속서는 여기에서 제외한다. 각각의 절은 해당 번호 바로 뒤에 제목을 배치시키고 제목에 대한 본문내용과 구분된 행에 위치시켜야 한다.

② 항(Subclause)
항은 번호가 부여된 절의 세분화된 구분이다(보기 1 참조).

보기1   항(Subclause)

```
1 자원 관리
┌─────────────┐
│ 1.1 조직 내 인원 │ ─────→ 기본항
└─────────────┘
┌─────────────┐
│ 1.1.1 인원 관리 │ ─────────→ 파생항
└─────────────┘
인원은 조직의 중대한 자원이고 그들의 전원 참여는 이해관계자들을 위해 가치를 만들어내기 위한 조직의 능력을 향상시킨
다. 최고 경영자는 리더십을 통하여 공유하는 비전 및 공유하는 가치 그리고 인원이 조직 목표를 달성하는 데 전원 참여할 수
있는 내부 환경을 만들고 유지하는 것이 좋다.
조직은 다음 사항에 대해 인원에게 권한을 위임하는 프로세스를 수립하는 것이 좋다.
─ 조직의 전략 및 프로세스 목표를 개인의 업무 목표로 전환하고 그것을 달성하기 위해 계획을 수립하는 것.
─ 실행상의 제약사항을 파악
─ 문제 해결에 대한 주인의식 및 책임감 소유
1.2 기반구조
조직은 조직의 기반구조를 효과적이고 효율적으로 계획하고, 제공하며 관리하는 것이 좋다. 조직의 목표를 충족시키기 위해
기반구조의 적절성을 주기적으로 평가하는 것이 좋다. 다음 사항이 적절히 고려되는 것이 좋다.
─ 기반구조의 신인성(가용성, 신뢰성, 보전성 및 유지보수 지원에 대한 고려 포함)
─ 안전 및 보안
─ 제품 및 프로세스에 관련된 기반구조 요소
비 고 환경 영향에 대한 추가 정보는 ISO/TC 207에서 제정한 ISO 14001 표준 참조
```

기본 항(예를 들면, 5.1, 5.2등)은 파생 항(예를 들면, 5.1.1, 5.1.2등)으로 세분되어도 되고, 이 세분화 과정은 5단계까지 연속되어도 된다(예를 들면, 5.1.1.1.1.1, 5.1.1.1.1.2 등).

항은 보기와 같이 아라비아 숫자로 번호가 부여되어야 한다(보기 2 참조).

보기 2

절 번호	항 번호
1	12.1
2	12.2
3	12.2.1
4	12.2.1.1
5	12.2.1.1.1
.	12.2.1.1.1.1a
12	12.2.1.1.1.2 a

[a] 한 절과 다섯 단계의 항으로 최대 6단계까지 가능

항은 같은 단계에서 최소 두 개 이상의 항이 존재할 때에만 사용한다. 예를 들면, 10.의 본문에서 '10.2'가 지정되지 않으면 '10.1'이 지정되어서는 안 된다.

각각의 기본 항은 그 뒤에 오는 본문과 행을 바꾸어서, 그 항의 번호 바로 뒤에 제목을 붙이는 것이 좋다. 파생 항도 같은 방법으로 사용한다. 절 혹은 항 내에서 같은 단계에 있는 항의 제목 표기는 균일하여야 한다.

예를 들면, 10.1에 제목이 있다면 10.2에도 제목이 있어야 한다. 제목이 없을 때는 항 본문의 서두에 특유의 활자로 핵심 용어나 핵심 구절을 표기하는 것이 본문에서 다루어질 주제에 대해 주목하도록 할 수 있다. 위의 핵심용어나 핵심구절을 목차에 나열시켜서는 안 된다.

③ 문단(Paragraph)

문단은 절 또는 항의 번호가 부여되지 않은 세부구분이다(보기 1 참조).

보기 1 문단(Paragraph)

보기 2와 같은 '미결 문단(Hanging paragraph)'은 번호가 부여되지 않아 불분명해질 우려가 있으므로 피하여야 한다.

보기 2

올바르지 않음	올바름
5 지정 이 문장은 미결문단 설명을 위한 것입니다. 이 문장은 미결문단 설명을 위한 것입니다. 이 문장은 미결문단 설명을 위한 것입니다. 5.1 Xxxxxxxxxxx 이 문장은 미결문단 설명을 위한 것입니다. 5.2 Xxxxxxxxxxx 이 문장은 미결문단 설명을 위한 것입니다. 이 문장은 미결무단 설명을 위한 것입니다. 이 문장은 미결문단 설명을 위한 것입니다. 이 문장은 미결문단 설명을 위한 것입니다. 6 시험 성적서	5 지정 5.1 일반사항 이 문장은 미결문단 설명을 위한 것입니다. 이 문장은 미결문단 설명을 위한 것입니다 이 문장은 미결문단 설명을 위한 것입니다. 5.2 Xxxxxxxxxxx 이 문장은 미결문단 설명을 위한 것입니다. 5.3 Xxxxxxxxxxx 이 문장은 미결문단 설명을 위한 것입니다, 이 문장은 미결문단 설명을 위한 것입니다. 이 문장은 미결문단 설명을 위한 것입니다. 이 문장은 미결문단 설명을 위한 것입니다. 6 시험 성적서

미결 문단은 엄밀하게 말해 5.1과 5.2의 문단도 5.절에 포함되어 있기 때문에 '제5절'로 독자적으로 구분될 수 없다. 이런 문제점을 피하기 위해 번호가 부여되지 않은 문단을 항인 '5.1 일반사항' 또는 다른 적당한 제목으로 구별할 수 있게 한다. 다음에 나타낸 5.1과 5.2를 그에 따라 적절히 번호를 재부여해서 미결 문단을 다른 곳으로 이동시키거나, 또는 삭제할 필요가 있다.

④ 목록(List)

목록은 항목에 의해서 완성되는 문장이다(보기 1 참조).

보기 1 목록(List)

1 자원 관리
1.1 조직 내 인원
1.1.1 인원 관리
인원은 조직의 중대한 자원이고 그들의 전원 참여는 이해관계자들을 위해 가치를 만들어내기 위한 조직의 능력을 향상시킨다. 최고 경영자는 리더십을 통하여 공유하는 비전 및 공유하는 가치 그리고 인원이 조직 목표를 달성하는 데 전원 참여할 수 있는 내부 환경을 만들고 유지하는 것이 좋다.
조직은 다음 사항에 대해 인원에게 권한을 위임하는 프로세스를 수립하는 것이 좋다.
— 조직의 전략 및 프로세스 목표를 개인의 업무 목표로 전환하고 그것을 달성하기 위해 계획을 수립하는 것
— 실행상의 제약사항을 파악
— 문제 해결에 대한 주인의식 및 책임감 소유
1.2 기반구조
조직은 조직의 기반구조를 효과적이고 효율적으로 계획하고, 제공하여 관리하는 것이 좋다. 조직의 목표를 충족시키기 위해 기반구조의 적절성을 주기적으로 평가하는 것이 좋다. 다음 사항이 적절히 고려되는 것이 좋다.
— 기반구조의 신인성(가용성, 신뢰성, 보전성 및 유지보수 지원에 대한 고려 포함)
— 안전 및 보안
— 제품 및 프로세스에 관련된 기반구조 요소
비 고 환경 영향에 대한 추가 정보는 ISO/TC 207에서 제정한 ISO 14001 표준 참조

목록의 도입은 완성된 한 문장이거나(보기 2 참조), 쉼표로 연결되는 완전한 항목으로 도입되거나(보기 3 참조), 또는 항목(쉼표 없음 - 보기 4 참조)으로 도입되어도 된다.

목록 내에 각 항목은 대시(-) 또는 가운데 큰점(' · ', bullet), 닫는 괄호가 딸린 소문자(구별을 위해 필요한 경우)를 목록 문장의 앞에 놓아야 한다. 후자 형태의 목록에서 항목을 추가적으로 세분화할 필요가 있을 때에는 닫는 괄호가 딸린 아라비아 숫자를 사용한다(보기 2 참조).

보기 2 다음의 기본 원칙은 정의에 관한 표준을 작성할 때 적용되어야 한다.
　　a) 정의는 용어상으로 동일한 문법 형식을 사용하여야 한다.

1) 동사를 정의하기 위해서는 동사구를 사용하여야 한다.

2) 단수명사를 정의하기 위해서는 단수를 사용하여야 한다.

b) 정의에서 선호하는 구조(preferred structure)는 해당 개념이 속하는 단계에 관해 언급하는 기본 부와 해당단계에 있는 다른 부분과 개념을 구분하는 특성에 관해 열거하는 또 다른 부로 구성된다.

c) 양의 정의는 KS A ISO 31 - 0, 2.2에 따라 서술되어야 한다. 이는 계산된 양이 다른 양에 의해서만 정의될 수 있다는 것을 의미한다. 양의 정의에는 단위를 사용하지 않는다.

보기 3 다음 범주의 장치에는 스위치가 필요하지 않다.

- 정상 작동조건에서 전력소비량이 10 W를 넘지 않는 장치,
- 어떠한 누전조건에서도 적용 2분 후 측정된 전력소비량이 50 W이하인 장치,
- 계속적으로 작동되어야 하는 장치.

보기 4 장치에 있어서 진동이 발생할 수 있는 경우는 다음과 같다.

• 회전부품의 불균형
• 구조물의 미세한 변형
• 회전 베어링
• 공기역학적 하중

보기 4에 제시된 형식의 목록 다음에 이어서 문장을 연결하지 않아도 된다.

여리 목록 항목에서 다루는 주제에 관해 주목하도록 핵심용어 혹은 핵심문구를 독특한 형태로 작성하여도 된다(보기 2 참조). 이런 용어나 문구는 목차에 포함될 필요가 있는 경우, 목록 항목이 아닌 항 제목으로 표현되어야 한다.

12) 도해

사내표준은 여러 사람이 업무를 수행하는 근거가 되므로, 그 내용을 정확히 전달할 수 있어야 한다. 따라서 사내표준은 문장, 그림, 표, 도해 등을 활용한 성문화된 문장의 형태이어야 하며, 내용은 구체적이고 객관적이어야 한다.

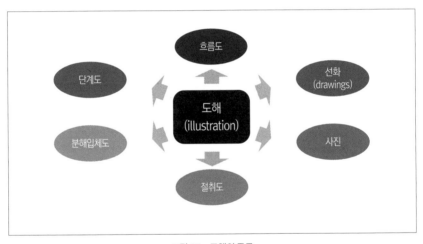

그림 17 – 도해의 종류

도해는 사내표준을 작성하는 사람에게 가장 유효한 수단이 될 수 있다. 도해를 활용할 때 사내표준의 본문과 도해는 서로 이해가 용이하도록 함께 사용하는 것이 바람직하다.

다음은 사내표준 작성에 활용할 수 있는 도해 활용 방법이다.

① 선화(線畵)

선화는 설명이 필요한 사항을 정확하게 보여주고자 할 때 활용한다(그림 18 참조).

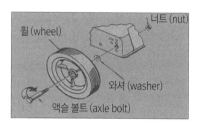

그림 18 - 선화

선화는 저렴하면서도 효과적이며 용도가 넓은 유형의 도해이다. 선화는 도표와 마찬가지로 즉시 작성할 수 있고, 고쳐 그리기도 쉬우며 필요한 만큼 상세하게 그릴 수도 있다. 또한 선화는 설명이 필요한 사항을 정확히 보여줄 수 있다. 예를 들어 볼트의 부착 방식을 보여주고 싶다면, 시계 방향으로 회전하는 화살표를 간단히 그려 넣으면 된다.

② 사진

사진은 실제 작업 방법을 쉽게 보여주고자 할 때 활용한다(그림 19 참조).

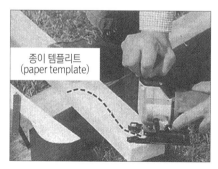

그림 19 - 사진

③ 절취도

절취도는 대상물의 구조를 쉽게 이해시키고자 할 때 활용한다(그림 20 참조).

절취도는 문자 그대로 대상물의 일부가 잘려나간 것처럼 표현하는 그림을 가리키는데, 부품이 중첩된 방식을 나타내 사용자가 대상물의 구조를 이해하도록 돕는다.

절취도는 분해되지 않는 부분의 내부를 보여주는 데 유용하며, 제품을 적절히 설치하거나 조작하기 위해 내부 구조를 이해할 필요가 있을 때 효과적이다.

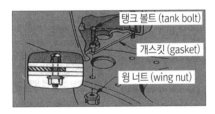

그림 20 – 절취도

④ 분해입체도

분해입체도는 특정 부품이 어떻게 조립되어 있는가를 이해하기 쉽게 보여주고자 할 때 활용한다(그림 21 참조).

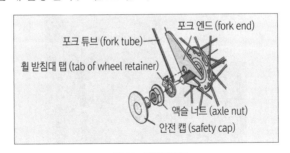

그림 21 – 분해입체도

⑤ 단계도

단계도는 사용법이 매우 복잡하고 어려운 제품 또는 서비스에 효과적이다(그림 22 참조).

그림 22 - 단계도

제품을 조립하거나 설치, 또는 사용할 때 채택해야 하는 다양한 단계를 연속되는 사진이나 선화로 보여준다. 이러한 단계도는 특히 사용법이 매우 복잡하고 어려운 제품이나 서비스에 효과적인데, 문장으로 설명을 보충하면 더욱 이해하기 쉬워진다.

⑥ 흐름도

제품을 안전하고 올바르게 사용하기 위해 운용 순서가 필요하다면, 흐름도가 사용자에게 도움을 줄 수 있다. 흐름도는 제품설명에 속한 본문 가까이에 배치해서 제시해야 한다.

3.8 사내표준안 심의·등록

사내표준 원안이 해당 부서로부터 제출되면 사내표준화 총괄 담당 부서는 이를 종합해 심의한다.

정기 또는 수시로 심의회를 개최하고 사내표준으로서 요건을 갖추었는지를 검토한다. 즉, 실행할 수 있는 내용인지, 충분한 협의를 거쳐 전향적인 내용으로 작성된 것인지를 검토한다. 또한 기술 내용이 구체적이고 객관적이며 알기 쉬운 내용으로 되어 있는 지를 확인한다. 특히 관련 표준들과의 연관성은 검토 과정에서 주의해야 할 사항이므로 상충되지 않도록 해야 한다.

심의 및 조정이 끝난 사내표준 원안은 내용별로 분류해 승인권자의 승인을 받음으로써 확정된다. 앞에서도 설명했듯이, 사내표준 원안에 대한 승인은 '조직 및 업무 분장 규정'처럼 그 적용 범위가 조직 전체와 모든 종업원에 관계되는 것이면 경영책임자가 사내표준의 승인권자가 되어야 한다. 그러나 고객 응대 지침, 작업표준, 지침서 등과 같이 적용 범위가 제한적이거나 다른 부서에 별다른 영향을 미치지 않는 사내표준이라면, 담당 부서장이나 임원이 승인권자가 되는 것이 효율적이다.

승인권자의 승인을 받아 사내표준 원안이 확정되면, 사내표준 관리규정에 따라 등록함으로써 구속력을 가진 정식 사내표준의 효력을 지니게 된다.

사내표준은 활용 방법에 따라 인쇄·복사 등 여러 가지 방법으로 제작할 수 있다. 또한 사내표준 전집을 조직 또는 외부에 배포할 때에는 반드시 일련번호와 관리번호를 부여해 배포처가 분명하게 파악되도록 해야 한다.

최근에는 사내표준을 하드카피 형태로 인쇄하고 배포하는 대신, 홈페이지 또는 인트라넷에 게시해 시간과 장소에 제한없이 사내표준을 열람하고 확인할 수 있도록 하고 있다.

3.9 실행·유지·관리

일단 사내표준이 제정되면 그 사내표준을 준수해야 한다. 그러나 사내표준이 상호 협의에 따라 제정되었다 하더라도 조직 구성원 모두가 항상 만족하는 것은 아니다. 따라서 사내표준이 더 발전된 내용으로 개정될 수 있도록 지속적인 개선과 노력이 필요하다. 사내표준은 서비스 제공조건의 변화 등에 대응하여 신속하게 개정을 실시하며, 항상 최신 상태로 유지 및 관리되어야 한다.

ISO/TC 176에서는 유지란 용어를 '정기적인 점검 또는 보수를 통하여 시스템, 건물, 기계 등을 좋은 상태로 유지하는 프로세스 또는 상태'로 정의하고 있다. 사내표준화 시스템 측면에서의 점검은 내부심사 및 경영검토 활동, 보수는 시정조치와 예방조치 활동을 의미하는 것으로 이해하면 된다.

참고적으로 품질경영시스템에서의 유지 및 개선 4대 요소는 〈표 14〉와 같다.

표 14 - 유지 및 개선 4대 요소

구분	내부심사	시정조치	예방조치	경영검토
목적	조직의 효과성 및 효율성 검증	부적합의 재발방지	부적합의 발생방지	조직의 성과 검토
대상	조직의 시스템	발생한 부적합	발생할 가능성이 있는 부적합 바람직하지 않은 잠재적 상황	· 품질방침, 품질목표 · 내외부심사결과 · 고객 피드백 · 성과지표 · 시정조치 결과 · 예방조치의 결과 · 기타
절차	심사계획 수립 및 통보, 심사실시, 심사결과 보고, 시정 및 예방 조치, 유효성 검증	부적합에 대한 원인조사, 재발방지 대책 수립 및 실시, 조치 결과 및 효과성 확인	해당부서, TFT, 소집단 활동 등에 의한 경향분석, 대상파악, 대책수립 및 실시, 조치결과 및 효과성 확인	자료준비, 검토 (회의, 서면 등)

또한 사내표준의 관리 부문이 사내표준 개정을 신속히 추진할 수 있고 사내표준의 형식 등도 유지 및 관리가 쉬운 시스템을 갖추어야 한다. 사내

표준의 유지 및 관리는 다음과 같은 사내표준화의 관리 사이클에 따라 하는 것이 효율적이다(그림 23 참조).

사내표준화 개선활동은 조직의 규모와 특성에 맞는 기법을 활용하여 지속적으로 해야 한다. 치밀하게 구성된 규칙 아래에서도 실패는 발생할 수 있다. 인간의 착오, 주변 조건을 고려하지 않은 변경 또는 규칙 그 자체에 문제가 있는 것이 요인일 수도 있다. 이 경우 실패의 원인을 사내표준으로 조명하고 탐색하며, 사내표준 자체에 오류가 있으면 고치고 결여된 점이 있으면 사내표준에 추가하여 같은 실패를 거듭하지 않도록 하는 것이 사내표준화 개선활동의 큰 역할이다.

현재 조직의 사내표준이 실제 업무와 상충된다면, 사내표준화 시스템 정비, 1매형 사내표준 방식 채택, BPM 솔루션 도입 등을 통해 재구축해야 할 것이다.

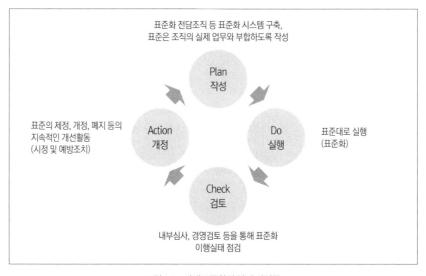

그림 23 – 사내표준화의 관리 사이클

제4장

관리표준 및 기술표준 작성방법

4.1 관리표준 작성방법

1) 개요

관리표준이란 경영목표 달성을 위하여 기업 활동을 조직화하고 구성원의 활동을 가장 능률적이고 합리적으로 관리하기 위한 내용과 절차 등을 규정한 표준이다. 즉, 조직의 모든 부문의 업무에 대한 조직과 업무분장을 정하고, 업무의 처리방법, 순서, 절차, 책임, 권한, 의무, 양식 등을 정한 표준을 말한다. 이러한 관리표준의 예로 규정, 규칙, 세칙, 예규, 요령, 지침 등이 있다.

관리표준은 품질경영시스템(KS, ISO 등) 요구사항, 고객 요구사항, 품질방침 등을 만족시킬 수 있어야 한다. 또한 요구사항에 대해 누가, 무엇을, 어떻게 확정하는지에 대해 간략하고 명확하게 기술하여야 한다. 또한 다른 사내표준과의 연계성(Interface)도 고려하여야 한다.

관리표준의 사용목적은 특정 업무를 효과적인 방법으로 요구사항에 맞게 수행하기 위한 것이다. 사용목적에 맞는 관리표준의 작성을 위하여 관리표준의 형식과 구성을 최우선적으로 고려하여야 한다.

관리표준의 구성은 규정이나 규칙에 포함되어야 할 항목과 항목별 구체적인 수행내용을 문서화하기 쉬운 형태로 표현한다. 〈표 15〉는 일반적인 관리표준 구성항목 및 번호부여 체계이다.

표 15 – 관리표준 구성항목 및 번호부여 체계

1 적용범위(Scope)

2 목적(Objective)*

3 인용표준(Normative references)*

4 용어와 정의(Terms and definitions)*

5 책임과 권한(Responsibility & Authority)

6 업무절차(Procedure detail)

7 기록(Record)

8 관련표준*

9 관련양식*

비고 1 * 표시는 해당 없는 경우 생략할 수 있다.

비고 2 절번호 뒤에 온점(.)점을 하지 않는다(KS A 0001 참조).

2) 작성방법

관리표준의 구성항목별 작성방법은 다음과 같다.

(1) 적용 범위

① 적용 범위는 해당 규정마다 제시되어야 하고, 적용 대상과 업무 영역을 기술하여야 한다.

② 해당 규정의 주제와 취급 대상을 명백하게 정의하고, 해당 표준의 적용 한계를 나타내어야 한다.

③ 적용 범위의 표현 형식은 다음과 같은 어법으로 도입한다.

'이 표준은 ....의 치수에 대하여 규정한다.'

'이 표준은 ...의 방법에 대하여 규정한다.'

'이 표준은 ...의 특성에 대하여 규정한다.'

'이 표준은 ...을 위한 체계를 수립한다.'

'이 표준은 ...을 위한 일반 원칙을 수립한다.'

'이 표준은 ...을 위한 지침을 제공한다.'

'이 표준은 ...을 위한 용어를 정의한다.'

표준의 적용성에 관한 설명은 다음과 같은 어법으로 도입되어야 한다.

'이 표준은 ...에 적용 가능하다.'

보기 적용 범위 기술방법

1 적용 범위

이 규정은 표준산업의 품질경영시스템에 대한 내부심사(이하 '심사'라 한다)의 계획, 실시 조치 등에 대하여 규정한다.
이 규정은 환경경영시스템 내부심사에 적용이 가능하다.

(2) 목적

① 해당 규정의 업무수행 목적 또는 규정 작성 의도를 간략하게 기술한다.

② 해당 규정을 제정하여 시행함으로써 얻고자 하는 효과, 추구하는 방향, 고유 필요성 등에 대하여 기술한다.

보기 목적 기술방법

2 목적

내부심사를 통하여 당사 품질경영시스템의 활동결과가 계획되고 수행되고 있는지의 여부와 유효성을 판단하는데 그 목적이 있다.

(3) 인용표준

① 해당 규정에 인용한 KS나 ISO 또는 IEC에서 발행한 표준번호와 표준명을 기술한다.

② 인용표준의 목록은 다음의 어법으로 도입한다.

'다음의 인용표준은 이 표준의 적용을 위해 필수적이다. 발행연도가 표기된 인용표준은 인용된 판만을 적용한다. 발행연도가 표기되지 않은 인용표준은 최신판(모든 추록을 포함)을 적용한다.'

보기 인용표준 기술방법

3 인용표준

다음의 인용표준은 이 표준의 적용을 위해 필수적이다. 발행연도가 표기된 인용표준은 인용된 판만을 적용한다. 발행연도가 표기되지 않은 인용표준은 최신판(모든 추록을 포함)을 적용한다.
KS Q ISO 19011(경영시스템 심사 가이드라인)

(4) 용어와 정의

① 해당 규정에 사용된 용어 중, 특정 용어를 설명하는 데 필요한 정의를 기술한다.

② 다음의 도입 어법을 해당 표준의 모든 용어와 정의가 표현된 곳에 사용하여야 한다.

'이 표준의 목적을 위하여 다음의 용어와 정의를 적용한다.'

③ 용어가 하나 혹은 그 이상의 표준에도 적용되는 경우(예를 들면, 일련의 연관된 표준의 제1부가 해당 표준의 일부분 혹은 전체에서 사용되는 용어와 정의를 규정하고 있을 경우), 다음의 도입 어법이 사용되어야 하고, 필요에 따라 변경이 가능하다.

'이 표준의 목적을 위하여 용어와 정의는 …에서 주어지고 다음을 적용한다.'

④ 용어와 정의의 배치는 참조번호 뒤에 행을 바꾸어 용어를 기술하고, 다시 행을 바꾸어 정의를 기술한다.

보기 용어와 정의 기술방법

> **4 용어와 정의**
> 이 표준의 목적을 위하여 다음의 용어와 정의를 적용한다.
>
> 4.1 내부심사
> 품질경영시스템이 방침 및 규정된 요구사항에 적합한지를 판단하기 위해 자체적으로 수행하는 체계적이고 독립적인 조사를 말한다.

(5) 책임과 권한

해당 규정에서 요구하는 업무의 수행과 관련된 인원의 책임과 권한을 기술한다.

보기 책임과 권한 기술방법

5 책임과 권한

　5.1 경영책임자
　　　1) 정기 및 특별 내부심사계획 결과보고서 승인
　　　2) 특별심사 요구
　5.2 품질경영부장
　　　1) 정기심사 및 특별심사 계획의 수립(심사반 편성, 일정 등)
　　　2) 내부심사 결과보고서의 작성 및 보고
　　　3) 내부심사 결과 부적합사항에 대한 시정 및 예방조치 요구
　5.3 심사반장
　　　1) 심사반 지휘 및 심사수행
　　　2) 심사반원 부적합사항 확인

(6) 업무절차

① 해당 규정의 업무를 달성하기 위하여 수행하는 행위를 단계적으로 기술한다.

② 다음과 같이 업무가 이루어지는 순서대로 간략, 명확하게 기술한다.

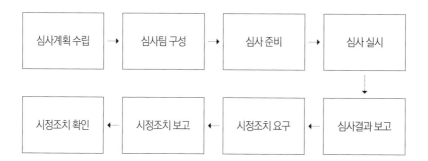

6 업무절차

6.1 심사계획 수립

    1) 품질관리담당자는 매년 정기내부심사를 위한 연간심사계획을 수립하여야 한다.

    2) 연간심사계획에는 심사반 편성, 심사일정, 심사범위 등을 포함하여야 한다. 단 심사반 편성 시에 심사의 공정성을 확보하기 위하여 본인의 직무와 관련이 있는 인원은 편성하지 않아야 한다.

6.2 심사팀 구성

    1) 심사팀을 구성할 때에는 심사의 공정성을 확보하기 위하여 본인의 직무와 관련이 있는 인원은 편성하지 않아야 한다.

    2) 심사팀은 자격 있는 심사반장 및 심사반원을 편성하여야 하며, 필요시 외부 전문가를 활용할 수 있다.

6.3 심사준비 및 실시

    1) 심사반은 내부심사를 실시하기 전에, 다음 각 호의 준비물을 준비하여 내부심사에 대비하여야 한다.

        (1) 해당 분야의 표준 및 인증심사기준, 사내표준, 관련표준 등

        (2) 내부심사계획서

        (3) 필요시 내부심사점검표

        (4) 관련양식(시정 및 예방조치요구서, 심사결과보고서 등)

    2) 심사반은 심사계획에 따라 심사를 실시하여야 한다.

    3) 심사반은 발견된 부적합사항에 대하여 시정 및 예방조치요구서를 작성하여야 한다.

(7) 관련표준

① 해당 규정의 본문에 인용된 관련 사내표준을 기술한다.

보기 관련표준 기술방법

7 관련표준

    1) 시정 및 예방조치 절차

    2) 개선활동절차

(8) 관련양식

해당 표준에서 사용되는 표준양식을 기술한다.

보기 관련양식 기술방법

<table>
<tr><td colspan="3">8. 관련양식</td><td></td><td></td><td></td></tr>
<tr><td colspan="6">내부심사결과보고서.</td></tr>
</table>

<table>
<tr><td rowspan="2">표준산업</td><td rowspan="2" colspan="2">내부심사결과보고서</td><td>작성</td><td>검토</td><td>승인</td></tr>
<tr><td></td><td></td><td></td></tr>
<tr><td rowspan="2">심사반</td><td>심사반장</td><td colspan="4"></td></tr>
<tr><td>심사반원</td><td colspan="4"></td></tr>
<tr><td>심사 일자</td><td colspan="5"></td></tr>
<tr><td>심사 범위</td><td colspan="5"></td></tr>
<tr><td>심사 종류</td><td colspan="5">□ 정기심사 □ 특별심사</td></tr>
<tr><td>심사결과 요약</td><td colspan="5"></td></tr>
<tr><td colspan="6">붙임서류 : □ 시정 및 예방조치 요구서(부) □ 기타 :</td></tr>
<tr><td colspan="6">검토 및 지시사항</td></tr>
<tr><td>비 고</td><td colspan="5"></td></tr>
</table>

4.2 기술표준 작성방법

기술표준은 회사에서 생산하는 제품과 직접 또는 간접적으로 관계되는 제품의 종류, 성능, 단위, 용어, 기호, 특성, 형식, 구조 등급, 상태 등의 기술적인 사항을 표준화한 것이다. 작업표준, 설비표준, 검사표준, 제품표준, 자재표준, 기술기준, 공정도 등으로 구분된다.

제품표준은 일반적으로 완제품과 원자재 등에 대해 작성한다. 검사표준은 자재, 재료 등에 대한 인수검사표준, 공정별 반제품에 대한 중간검사표준, 최종제품에 대한 최종검사표준으로 구분하여 작성하는 것이 일반적이다.

4.2.1 제품표준 작성방법

1) 개요

제품표준을 작성할 때, 제품표준의 요구사항은 설계 또는 외형적 특성보다는 품질특성에 대한 성능의 관점에서 정량화할 수 있는 특성에 대해 요구되는 한계수치[2]로 표현되어야 한다.

또한 제품표준의요구사항은 검증될 수 있는 사항만을 포함하여야 한다. 여기서 중요한 점은 각 요구사항에서 특성에 대한 수치를 결정하거나 검증하기 위한 시험방법은 단기간에 검증할 수 없다면 규정하여서는 안 된다는 것이다.

제품표준과 검사표준은 각각 작성할 수 있고, 제품.검사표준으로 통합하여 작성할 수도 있다. 전형적인 제품표준의 구성항목 및 번호부여 체계는 〈표 16〉과 같다.

---

2) 어떤 목적에 있어서 한계수치(최대 혹은 최소)를 규정하는 것이 필요하다. 일반적으로 하나의 한계수치가 각 특성마다 규정되어 있다. 광범위하게 사용되는 범주나 레벨의 경우, 여러 개의 한계수치가 필요하다. 중요성이 없는 한계수치가 표준에 포함되어서는 안 된다.

표 16 – 제품표준 구성항목 및 번호부여 체계

1 적용범위

2 인용표준*

3 용어와 정의*

4 종류, 등급 및 호칭*

5 품질기준

6 시험 및 검사

   6.1 검사로트(LOT) 구성 및 검사단위체

   6.2 검사항목, 방식 및 조건, 주기

   6.3 시료채취방법

   6.4 시험방법

   6.5 판정기준

7 부적합 로트(LOT)의 처리

8 포장 및 표시

   비고 1. * 표시는 해당 없는 경우 생략할 수 있다.

   비고 2. 절번호 뒤에 온점(.)점을 하지 않는다(KS A 0001 참조).

9 검사결과의 활용

2) 작성방법

제품표준의 구성항목별 작성방법은 다음과 같다.

(1) 적용 범위

관리표준 '2) 작성방법(119페이지)'을 참조한다.

(2) 인용표준

관리표준 '2) 작성방법(121페이지)'을 참조한다.

(3) 용어와 정의

관리표준 '2) 작성방법(121페이지)'을 참조한다.

(4) 종류, 등급 및 호칭

적용되는 대상의 종류, 등급 및 호칭에 대하여 기술한다.

4 종류, 등급 및 호칭

합성수지의 종류는 다음 표 #와 같이 구분한다.

표 # - 합성수지 종류

종류	주용도(참고)
ABS수지	난연성, 내충격성, 광택
PC/ABS 수지	난연성, 고내충격성(고강도), 고광택

(5) 품질기준

제품의 요구사항은 시험을 통하여 단기간에 검증할 수 있는 품질특성을 성능의 관점에서 한계수치를 포함하여 기술하여야 한다. 그러므로 제품의 요구사항은 정의된 기준으로 명시되어야 한다. '충분히 강한' 또는 '적당한 강도'와 같은 문구는 사용될 수 없다.

① 겉모양

제품, 재료의 외관성 결점 가운데 중결점 위주로 구체적으로 기술한다.

② 모양 및 치수

기계부품이나 조립품 같은 것은 모양 및 치수가 매우 중요한 품질이다. 치수는 한계수치를 설정하여 구체적으로 기술한다.

③ 기계적 성질

인장강도, 연신율 등과 같은 기계적 성질과 사용목적을 위한 성능을 명확하게 규정하고 한계수치를 설정하여 기술한다.

④ 물리적 성질

수분, 비중, 입도 등과 같은 물리적 성질을 명확하게 규정하고 한계수치를 설정하여 기술한다.

⑤ 화학적 성질

화학적 성분을 원자·분자별로 한계수치를 설정하여 기술한다.

⑥ 기타

상기 이외의 품질특성이 있을 경우에는 별도 항을 설정하여 기술한다.

보기 품질기준 기술방법

5 품질기준

합성수지의 종류별 품질기준은 표 #에 적합하여야 한다.

표 # – 합성수지 품질기준

품질특성	성능 요구사항	
	ABS 수지	PC/ABS 수지
1. 겉모양	타원형으로 입자가 균일하고 고유의 광택을 지니고 있어야 하며, 불순물 혼입 등 사용상 해로운 결함이 없어야 한다.	
2. 입도	타원형, 직경 5 mm	타원형, 직경 5 mm
3. 비중	1.18 ± 10	1.20 ± 10
4. 충격강도(중합도)	15 이상	45 이상
5. 난연성(휘발분)	V1–V0	V1–V0
6. 인장강도	380 이상	450 이상

(6) 시험 및 검사

시험 및 검사에 대한 사항을 기술한다. 시험방법 및 검사방법은 국제표준, KS, 단체표준 등 알려진 시험방법 또는 제품의 특성에 맞는 관련시험에 대한 문서를 참고하여 작성한다. 같은 신뢰수준으로 파괴 시험방법을 비파괴 시험방법으로 교체가 가능한 때에는 비파괴 시험방법을 선택한다.

비고1 시험이란 시료 또는 시험편에 대하여, 그 특성을 조사하는 행위
를 말한다.

비고2 검사란 시료를 규정된 방법에 따라 시험하고 그 결과를 판정기준
과 비교하여 각각의 제품에 대해서는 적합, 부적합으로, 로트에 대
해서는 합격, 불합격으로 판정하는 행위를 말한다.

시험 및 검사에 대한 사항은 다음과 같이 구성항목을 세분화하여 기술한다.
- 검사 로트(LOT) 구성 및 검사단위체
- 검사항목, 방식 및 조건, 주기
- 시료채취방법
- 시험방법
- 판정기준
① 검사 로트(LOT) 구성 및 검사단위체
검사 로트(LOT) 구성은 같은 조건하에 제조된 제품으로 로트(LOT)를 구성
하는 것이 좋으며, 제품 품질이 안정되어 있으면 로트(LOT)의 크기를 크게
하고 반대의 경우는 작게 한다.

보기 제품 : 품목별, 표준별, 종류별, 1일 생산량
재료 : 납품자별, 표준별, 종류별 1회 입하량

검사단위체란 제품을 적합품, 부적합품으로 구분할 수 있는 최소 단위를

말한다. 연속체, 분체, 액체의 검사단위체는 일정한 길이, 양, 용적을 검사단위체로 한다. 검사를 실시하기 위해 채취하는 검사단위체에 대하여 명확하게 기술한다.

비고 1 이산형 제품은 1개의 나사, 1자루의 연필, 1개의 전구 등이 검사단위체가 된다.

비고 2 벌크(Bulk) 제품은 1코일의 전선, 50kg 포장의 시멘트, 1통의 기름 등이 검사단위체이다.

보기 검사 로트(LOT) 구성 및 검사단위체 기술방법

---

6 시험 및 검사

6.1 검사 로트(LOT) 구성 및 검사단위체

합성수지 종류별, 납품업체별 1일 입고량을 검사 로트(LOT)로 하고, 1포장 단위체를 검사단위체로 한다.

---

② 검사항목, 방식 및 조건, 주기
- 검사항목 : 제품표준이나 재료표준에 규정한 품질특성을 검사항목으로 정한다.
- 검사방식 및 조건, 주기
검사방법에는 전수검사와 샘플링검사가 있다. 샘플링검사는 검사의 타당성 검토, 즉 좋은 품질의 로트(LOT)가 불합격되는 확률과 나쁜 품질의 로트(LOT)가 합격될 확률을 검사특성곡선으로 검토하여 확정한다. 검사방식 및 조건을 설정하기 위한 샘플링검사는 일반적으로

합격품질수준(AQL) 지표형 샘플링검사(KS Q ISO 2859-1)를 활용한다(검사업무절차 참조). 검사 주기는 직접 검사하는 경우와 외부기관(업체포함)과의 사용계약 또는 외부 공인시험기관성적서를 활용하는 경우로 나누어 결정한다.

• 외부기관(업체포함)과의 사용계약 또는 외부 공인시험기관성적서 활용여부 결정

외부기관(업체포함)과의 사용계약 또는 외부 공인시험기관성적서 활용이 허용된 검사설비에 대하여 시험검사 의뢰기관, 시험검사 의뢰내용, 시험검사 주기 등을 결정한다.

• 외부 공인시험기관성적서를 활용하는 경우, 다음과 같은 사항을 결정한다.

- 시험의뢰기관의 자격조건

- 시험의뢰 대상 제품의 로트(LOT) 구성방법과 시료채취 방법

- 통상적인 시험인 경우 최소 1주일 주기마다 시험하되, 해당 심사기준에서 시험주기를 정한 경우에는 해당 시험주기를 적용한다. 해당 심사기준에서 시험주기를 규정하지 않는 경우에는 해당 시험에 소요되는 기간 및 성적서 발행기간 등을 감안하여 시험주기 설정

- 시료채취자, 시료채취 보고서, 공시체 제작보고서 작성방법

- 시험의뢰 시 시험방법, 불확도 표현여부 등 시험의뢰 내용

- 시험결과의 분석과 활용 방법

보기 검사항목, 방식 및 조건, 주기 기술 방법

6.2 검사항목, 방식 및 조건, 주기

1) 검사항목, 방식 및 조건, 주기는 표 #와 같다.

2) 샘플링, 로트(LOT)의 합격, 불합격 판정을 위한 검사방식 및 조건의 설계는 다음과 같은 순서로 하여야 한다.

① KS Q ISO 2859-1의 샘플링 문자표에서 지정된 로트의 크기(N)를 포함하는 행과 지정된 검사수준이 있는 열이 교차되는 지점의 샘플문자를 확인한다.

② 해당하는 샘플링 형식(주 샘플링표)에서 해당 샘플문자 열로부터 샘플의 크기 (n)를 읽고, 샘플문자 행과 합격품질수준(AQL) 열이 교차되는 지점에서 합격 판정개수(Ac)와 불합격판정개수(Re)를 읽는다.

③ 샘플링 검사방식 및 조건에 대한 설계 결과를 정리한다(표 # 참조).

표 # - 검사 항목, 방식, 조건, 주기

NO	검사 항목	검사 방식 및 조건	주기
1	겉모양	• 검사 방식 : KS Q ISO 2859-1 (계수값에 의한 샘플링검사)	
2	입도	• 검사 수준 : G-Ⅱ(통상검사수준Ⅱ) • 검사의 엄격도 : 보통검사	1회/lot
3	함수율	• 샘플링 형식 : 1회 • 합격품질수준(AQL) =1.0%	
4	소성수축률	납품업체의 외부 공인시험성적서로 대체한다.	1회/lot
5	화학성분		

표 # - 샘플링 검사방식 및 조건 설계결과표

로트 크기 (N)	샘플의 크기 (n)	합격판정개수 (Ac)	불합격판정개수 (Re)

③ 시료채취방법

- 전수검사인 경우, 시료채취방법은 기술하지 않는다.
- 샘플링검사인 경우, 검사방식 및 조건에 규정된 시료로 로트(LOT) 전체를 대표할 수 있도록 랜덤하게 채취할 수 있는 시료채취방법을 설정하여야 한다.
- 시료채취방법의 종류에는 랜덤샘플링, 2단계샘플링, 층별샘플링, 취락샘플링 등이 있다(검사업무절차 참조).
- 시료채취방법은 해당 제품표준에 규정된 방법으로 하고, 규정이 없을 경우에는 다음 방법을 적용한다.
  - 개개 제품을 식별할 수 있는 이산형 제품은 KS Q ISO 24153(랜덤 샘플링 및 랜덤화 절차)을 적용한다.
  - 아스팔트, 기름, 석탄, 모래 등 벌크상태 제품은 KS Q ISO 11648 (집합체 샘플링의 통계적 측면)을 적용한다.

보기 시료채취방법 기술

> **6.3 시료채취방법**
> 6.2 검사방식 및 조건에 맞게 KS Q ISO 2859-1의 시료문자표 및 주샘플링표를 활용하여 구한 샘플의 크기(n)를 KS Q ISO 24153(랜덤샘플링 및 랜덤화 절차)에 의거 1차로 1포장 단위체를 선택한 후, 선택된 포장 단위체에서 20kg을 랜덤하게 채취한다.

④ 시험방법

- 채취한 시료로부터 요구하는 데이터를 얻기 위한 조사, 측정, 분석 등의 시험방법을 기술한다.

- 시험항목별로 기술한다.
- 자체 시험표준이나 KS 등 관련표준이 있으면 이를 인용한다.
- 해당되는 경우, 시험방법은 다음의 순서로 세분되어도 된다.
  - 시험원리
  - 시약 및 재료
  - 시험장치
  - 시험시료 및 시편의 준비와 보존
  - 시험절차
  - 계산방법과 시험방법의 정밀도를 포함한 시험결과의 표시
  - 시험성적서

보기 시험방법 기술방법

6.4 시험방법

시험방법은 다음의 표 #와 같다.

표 # – 시험방법

NO	시험항목	시험방법
1	겉모양	육안으로 확인한다.
2	입도	ASTM D123에 따른다.
3	함수율	ASTM D234에 따른다.
4	소성수축률	ASTM D456에 따른다.
5	화학성분	ASTM D678에 따른다.

⑤ 판정기준

검사단위체 및 로트(LOT)의 판정기준에 대하여 기술한다.

보기 판정기준 기술방법

> ### 6.5 판정기준
>
> 6.5.1 검사단위체 판정
> 검사단위체 시험결과가 '5 품질기준'에 적합하면 적합품, 적합하지 않으면 부적합품
> 으로 판정한다.
>
> 6.5.2 검사 로트(LOT)의 판정
> 검사단위체 판정결과가 3.2항의 검사방식 및 조건에 의해 설계된 합격판정개수(Ac)
> 조건에 해당되면 합격, 불합격판정개수(Re) 조건에 해당하면 불합격으로 판정한다.

(7) 불합격 로트(LOT)의 처리

검사결과 불합격인 경우, 부적합 로트(LOT)의 조치방법에 대하여 기술한다.

보기 불합격 로트(LOT)의 처리 기술방법

> ### 7 불합격 로트(LOT)의 처리
> 합성수지 검사결과 불합격 로트(LOT)는 부적합품관리규정에 따라 처리하여야 한다.

(8) 표기, 라벨링 및 포장

해당되는 경우 표시는 다음 사항을 포함하여 기술한다.

① 적용할 수 있는 경우, 제조자(상호 및 주소) 또는 판매자(상호, 상표 또는
  식별표시), 또는 제품 그 자체에 대한 마크(즉, 제조자 또는 판매자의 상표,
  모델 또는 형식번호, 호칭), 혹은 서로 다른 크기, 종류, 형식 및 등급의
  식별표시를 포함하여 제품의 식별에 사용되는 표기에 대한 내용

② 예를 들면 팻말(때로는 '명판'이라고 함), 라벨, 날인, 색채, 실(케이블
  에서의)을 사용하여 제품의 마크를 표현하는 방법

③ 제품 또는 포장에 해당 마크가 부착되어야 할 위치

④ 제품의 라벨링 및 포장에 대한 요구사항(즉, 취급 설명서, 위험 경고사항, 제조일자)

⑤ 요구될 수 있는 그 외의 정보

보기 표기, 라벨링 및 포장 기술방법

8 표기, 라벨링 및 포장

8.1 포장

운반 및 보관이 용이하도록 25kg 크라프트지대 또는 500kg Sealing Bag으로 포장한다.

8.2 표시

합성수지 매포장 단위체마다 다음 사항을 표시하여야 한다.

1) 품명, 2) 등급(Grade), 3) 색깔(Color), 4) 로트(LOT) 번호(NO) 또는 제조연월일, 5) 중량

(9) 검사결과의 활용

검사결과의 활용방법에 대하여 기술한다.

보기 검사결과의 활용방법 기술

9 검사결과의 활용

1) 인수검사의 중요한 품질특성에 대하여 3개월 주기로 ez spc 2.0 소프트웨어를 활용하여 해석용 관리도를 작성하고, 그 결과를 공정 및 품질개선 활동에 반영하여야 한다.

2) 3개월 주기로 합격률, 부적합(품)률, 공정능력지수를 분석하고 그 결과를 토대로 자재 공 급업체의 변경 또는 제조공정, 제품설계, 작업방법 변경 등에 활용하여야 한다.

3) 분석결과에 대한 개선의 필요한 경우, 시정 및 예방조치절차에 따라 조치하여야 한다.

4.2.2 QC공정도 작성방법

1) 개요

품질은 공정에서 만들어 진다. 따라서 4M(재료, 기계, 작업자, 방법) 등 공정의 조건과 결과로서의 품질특성을 어떻게 관리하면 되는가를 명확하게 하는 것이 중요하며, 이와 같은 목적을 위하여 QC공정도를 활용한다.

QC공정도란 규정된 요구사항에 적합한 제품을 생산하기 위하여, Sub단위 공정별로 어떤 특성을 관리하고, 검사해야 하는가를 기술한 표준이다. 즉 자재 투입에서 최종 제품까지 공정흐름과 Sub단위 공정별로 어떤 특성을 누가, 어떻게 관리·검사하는지를 구체적으로 정하고, 요점을 공정의 흐름에 따라서 정리하고 도표로 나타낸 표준을 말한다.

QC공정도는 회사별, 생산제품에 따라 양식이 상이하나, 다음의 〈표 17〉은 일반적인 QC공정도 구성항목이다.

표 17 – QC공정도 구성항목

```
1 공정명
2 도시기호*
3 사용설비·재료*
4 관리항목·기준·주기
5 검사항목·기준·방법
6 책임*
7 기록*
8 관련표준
비고  *표시는 해당 없는 경우 생략할 수 있다.
```

2) 작성방법

QC공정도의 작성방법은 다음과 같다. 표 12 양식에 의거하여 다음과 같은 순서로 작성한다.

표 12 - QC공정도 양식

NO	공정명	도시기호	설비	구분		관리·검사			책임	관련표준/기록
				관리	검사	항목	기준	주기		

(1) 공정명 : 작업 공정별 공정명을 기술한다.

보기 공정명 기술방법

NO	공정명	도시기호	설비	구분		관리·검사			책임	관련표준/기록
				관리	검사	항목	기준	주기		
1	성형공정									

(2) 도시기호 : 표 13의 공정도시 기호(KS A 3002 - 공정도시 기호 참조)를 기술한다.

표 13 - 공정도시 기호

가공	검사		운반	저장
	품질검사	수량검사		
○	◇	□	⇨또는○	▽

보기 공정도시 기호 기술방법

NO	공정명	도시기호	설비	구분		관리·검사			책임	관련표준/기록
				관리	검사	항목	기준	주기		
1	성형공정	○								

(3) 사용 설비·재료 : 해당 공정의 작업을 위해 사용되는 설비 및 투입 재료를 기술한다.

보기 사용 설비·재료 기술방법

NO	공정명	도시기호	설비	구분		관리·검사			책임	관련표준/기록
				관리	검사	항목	기준	주기		
1	성형공정	○	경화로 (1,2,3로기)							

(4) 관리항목·기준·주기

① 공정변수 및 원인(작업결과의 원인이 되는 항목, 예 : 온도, 시간 등)을 기술한다.

② 공정별 관리항목에 대한 제조 및 가공조건 등의 관리조건을 기술한다.

③ 공정별 관리항목에 대한 관리주기를 기술한다.

보기 관리항목·기준·주기 기술방법

NO	공정명	도시기호	설비	구분		관리·검사			책임	관련표준/기록
				관리	검사	항목	기준	주기		
1	성형공정	○	경화로 (1,2,3로기)	●		온도	1번로 80±5℃ 2번로 180±5℃ 3번로 50±5℃			

(5) 검사항목·기준·주기

① 제품특성 및 결과(작업시행 후 품질상태, 예, 강도, 치수 등)를 기술한다.

② 공정별 검사항목에 대한 표준 등 기술문서에 정해진 사양 및 공차를 기술한다.

③ 검사방식, 검사주기, 검사조건 등을 기술한다.

보기 검사항목·기준·주기 기술방법

NO	공정명	도시기호	설비	구분		관리·검사			책임	관련표준/기록
				관리	검사	항목	기준	주기		
1	성형공정 중간검사	◇	한도견본 줄자		●	겉모양	흠, 얼룩이 없어야 한다.			
						치수	길이 $+2$ -0.5 cm			
							나비 $+2$ -1 cm			
							두께 ±0.2 cm			

(6) 책임

관리항목 및 검사항목에 대한 관리책임을 결정하고 기술한다.

보기 책임 기술방법

NO	공정명	도시기호	설비	구분		관리·검사			책임	관련표준/기록
				관리	검사	항목	기준	주기		
1	성형공정 중간검사	◇	한도견본 줄자		●	겉모양	흠, 얼룩이 없어야 한다.		생산팀	
						치수	길이 $+2$ -0.5 cm			
							나비 $+2$ -1 cm			
							두께 ±0.2 cm			

(7) 관련표준 기록

① 관련표준을 기술한다.

② 관리항목과 검사항목의 모니터링 및 측정한 실적에 대한 기록명을 기술한다.

보기 관련표준 기록 기술방법

NO	공정명	도시기호	설비	구분		관리·검사			책임	관련표준/기록
				관리	검사	항목	기준	주기		
1	성형공정 중간검사	◇	한도견본 줄자		●	겉모양	흠, 얼룩이 없어야 한다.		생산팀	공정관리 절차 작업표준
						치수	길이 +2 −0.5 cm			
							나비 +2 −1 cm			
							두께 ±0.2 cm			

4.2.3 작업표준 작성방법

1) 개요

작업표준은 해당 공정의 작업자가 작업을 효율적으로 수행할 수 있도록 사용자재, 사용설비, 작업순서, 작업방법, 작업조건 및 작업 시 주의사항 등을 구체적으로 정한 표준을 말한다.

조직의 특성에 따라 인쇄본, 도해, 사진 등 다양한 형태로 작성될 수 있으며, 인쇄본은 서술형(작업표준) 또는 요약형(작업표준서, 작업지도서)으로 작성할 수 있다. KS인증심사기준에는 외국인이 있는 조직의 경우 사진, 도해 등을 활용하여 작업표준을 작성하도록 요구하고 있다.

다음의 〈표 18〉은 일반적인 작업표준 구성항목을 보여준다.

표 18 - 작업표준 구성항목 및 번호부여 체계

1 적용범위

2 목표품질*

3 사용자재*

4 사용장비 및 계측기*

5 작업순서, 방법 및 조건

6 공정관리*

7 작업자의 자격요건*

8 작업 시 주의사항

9 이상발생 시 처리

10 인계 및 인수사항*

비고 1. * 표시는 해당 없는 경우 생략할 수 있다.
비고 2. 절번호 뒤에 온점(.)점을 하지 않는다(KS A 0001 참조).

2) 작성방법

작업표준의 구성항목별 작성방법은 다음과 같다.

(1) 적용 범위

관리표준 '2) 작성방법(119페이지)'을 참조한다.

(2) 목표 품질

규정한 작업에서 요구되는 목표 품질을 기술한다.

보기 목표품질 기술방법

2 목표 품질

절단작업의 목표 품질은 다음과 같다.
- 겉모양: 절단면이 바르고 깨끗해야 한다.
- 절단지수: 100±2mm

(3) 사용자재

공정의 작업에서 사용되는 자재, 부품 등에 대하여 기술한다.

보기 사용자재 기술방법

---

3 사용자재

본 공정의 사용자재는 다음과 같다.
- 탄소강 강대 및 용융아연도금 강대
- 5mm 볼트 및 너트

---

(4) 사용장비 및 계측기

공정에서 작업을 수행하는데 필요한 설비와 품질특성을 측정하기 위한 계측기, 시험기구 등에 대하여 기술한다.

보기 사용장비 및 계측기 기술방법

---

4 사용장비 및 계측기

본 공정의 사용장비 및 계측기는 다음의 표 #와 같다.

표 # - 사용장비 및 계측기

설비번호	설비명	대수	용량	비고
W-01	전기로	1	500ton	납지금 용해
M-01	판수동저울	1	500kg(0.5kg)	중량 측정

---

(5) 작업순서, 방법 및 조건

① 작업순서, 방법 및 조건의 설정은 숙련된 작업자의 지식, 기술, 경험을

토대로 표준화한다.

② 작업은 준비작업, 본작업, 종료작업으로 구분하여 기술한다.

③ 작업방법은 간단, 명료하게 기술한다.

④ 작업조건은 가능한 수치로 표현한다.

보기 작업순서, 방법 및 조건 기술방법

---

5 작업순서, 방법 및 조건

5.1 준비작업

순서	작업방법	작업조건
1	KNIFE의 이상 유무를 확인한 뒤 조립한다.	칼날의 마모 유무 칼날폭 선택
2	전원스위치를 넣는다.	유압상태를 확인한다.
5	코일을 DRUM 정중앙에 맞춘다.	코일의 좌우가 대칭되게 한다.

5.2 본작업

1) 코일드럼을 작동시켜 KNIFE에 장입시킨다.

2) 빠져 나온 SKELP를 리코일러 드럼에 장입시킨다.

3) 속도를 올려 코일을 절단하다

5.3 종료작업

1) KNIFE 틀을 개방한 후, 방청제를 도포하고, KNIFE 틀을 닫는다.

2) 제품생산이 종료 되었을 경우, 전원을 OFF하고 기계주변을 청소한다.

---

(6) 공정관리

① 공정에서 관리가 필요한 항목에 대해 기술한다. 관리항목은 계획된 설계품질에 적합한 제품을 생산하기 위한 품질특성에 영향을 주는 원인계 항목으로, 주로 작업자 또는 감독자에 의해 관리되어야 할 사항이다.

② 규정된 공정관리 항목은 통계적기법을 활용한다.

보기 공정관리 기술방법

6 공정관리

본 공정의 관리항목, 관리주기, 관리기준, 관리기록은 다음의 표 #와 같다.

표 # - 관리항목, 관리주기, 관리기준, 관리기록

NO	관리항목	관리주기	관리기준	관리기록
1	소성온도	1회/시간	800±20	저동온도 기록계
2	소성시간	1회/시간	60±5분	

(7) 작업자의 자격요건

용해, 주조, 도금, 염색, 도장, 용접, 납땜 등 공정결함이 제품 사용 후에 나타나는 특별공정인 경우, 작업자의 자격요건을 기술한다.

보기 작업자의 자격요건 기술방법

7 작업자의 자격요건

용접은 유자격자에 의해 수행되어야 한다.

(8) 작업 시 주의사항

작업 시 안전이나 품질을 유지하기 위하여, 주의하여야 할 사항 위주로 금지할 사항과 추천할 사항에 대하여 기술한다.

보기 작업 시 주의사항 기술방법

(9) 이상발생 시 처리

작업 시 품질, 장비, 안전 등에 대해 이상 발생 시 어떻게 처리해야 하는지에 대해 기술한다.

보기 이상발생 시 처리 기술방법

(10) 인수 및 인계사항

① 인수 및 인계사항은 교대작업과 교대작업이 아닌 경우를 구분하여 기술한다.

② 작업완료 후 인수·인계와 보고사항에 대하여 기술한다.

보기 인수 및 인계사항 기술방법

4.2.4 시험표준 작성방법

1) 개요

일반적인 시험표준은 〈표 19〉와 같은 구성항목으로 작성할 수 있다. 화학 제품을 위한 제품시험에는 KS M ISO 78-2(화학표준을 위한 체계-화학분석법)를 적용하여 작성한다.

표 19 – 시험표준 구성항목 및 번호부여 체계

```
1 적용범위
2 인용표준*
3 용어와 정의*
4 시험요원 자격*
5 시험원리
6 시약 및 재료
7 시험 장치
8 시험시료 및 시편의 준비와 보존
9 시험절차
10 시험 시 주의사항*
11 계산방법과 시험결과의 표시
12 관련 표준*
   비고 1  * 표시는 해당 없는 경우 생략할 수 있다.
   비고 2  절번호 뒤에 온점(.)점을 하지 않는다(KS A 0001 참조).
```

2) 작성방법

시험표준은 다음과 같이 작성한다.

(1) 적용 범위

관리표준 '2) 작성방법(119페이지)'을 참조한다.

(2) 인용표준

관리표준 '2) 작성방법(121페이지)'을 참조한다.

(3) 용어와 정의

관리표준 '2) 작성방법(121페이지)'을 참조한다.

(4) 시험요원 자격

시험요원의 자격부여가 필요한 경우, 자격기준에 대하여 기술한다.

(5) 시험원리

시험에 대한 기본적인 개념과 원리에 대하여 기술한다.

보기 시험원리 기술방법

> **5 시험원리**
>
> 다양한 종류의 안정화제와 혼합비로 첨가된 각각의 시험구 및 안정화제를 첨가하지 않는 대조구의 용질(중금속 오염토양, 안정화제 등)이 플라스크로 주입한 용출용매와 반응하여 용해되는 무기성분의 함량을 서로 비교하여 상대적인 안정화 효율 정도를 평가한다.

(6) 시약 및 재료

시험에 사용되는 시약 및 재료 목록을 기술한다. 시약 및 재료의 기재사항은 상호 참조를 위해, 오직 하나만 존재할지라도 번호를 부여한다. 절 또는 항의 제목과 번호는 같은 행에 표기하여야 하지만 활자표현방식(typographic presentation)은 '그 뒤에 있는 본문과는 행을 바꾸어' 보기와 같이 표기한다.

보기

> **3 시약**
>
> 오직 승인된 분석등급의 시약과 증류수 또는 이와 동등한 순도를 가진 물만 사용한다.
>
> 3.1 세척제, 세척제, 예를 들면 메탄올 또는 수용 세제 몇 방울이 첨가된 물

보기 시약 및 재료 기술방법

> **6 시약 및 재료**
>
> 6.1 일반 시험에서는 인증된 분석등급 시약과 증류수를 사용한다.
>
> 6.2 산세척 용액 물 210 mL에 황산p(1.84g/mL) 75mL를 교반하면서 조심스럽게 혼합한다. 냉각한 후 질산p(1.42g/mL)를 첨가하여 용액을 완전히 혼합시킨다.
>
> 6.3 용매 플럭스 잔사의 제거를 위해 플럭스 제조자 또는 공급자가 추천하는 용매이다.

(7) 시험장치

시험을 수행하는데 필요한 장비 및 기구에 대하여 기술한다.

보기 시험장치 기술방법

> **7 장치**
>
> 7.1 솔더조(solder bath) 솔더 합금을 4kg 이상 넣을 수 있고, 용융 시 25mm 이상 깊이를 가지며 온도를 300±10℃로 유지할 수 있는 것
>
> 7.2 온도/습도 오븐 23±2℃의 온도와 (50±5)%의 습도를 유지할 수 있는 오븐

(8) 시험시료 및 시편의 준비와 보존

① 시험 전에 시편의 준비와 품질 보존 등의 사전에 준비해야 할 사항을 기술한다.

② 시험할 때의 조건, 즉 온도, 습도, 시간 등은 수치로 표시하는 것이 좋다.

보기 시험시료 및 시편의 준비와 보존 기술방법

> **8 시험시료 및 시편의 준비와 보존**
> 1) 시험편의 마찰면은 손접촉, 더러움, 먼지, 이물 등이 부착되지않도록 취급에 주의하여야 한다.
> 2) 시험편의 두께는 균일하고, 또한 마찰면에는 접은 곳 및 주름이 없어야 한다.

(9) 시험절차

① 시험순서가 시험결과에 영향을 미칠 수 있다면 시험순서, 방법 및 조건을 명확히 기술한다.

② 시험순서, 방법 및 조건의 설정은 관련 국제표준, KS표준, 단체표준 등을 참고하여 기술하거나, 시험요원 개개인이 갖고 있는 지식, 기술, 경험을 근거로 기술한다.

③ 시험방법은 간단, 명료하게 기술한다.

④ 시험조건은 수치로 표시한다.

보기 시험절차 기술방법

> **9 시험절차**
> 1) 상대 재료의 마찰면을 위로 하고 신장, 휨, 주름 등이 없도록 시험테이블에 고정한다.
> 2) 미끄럼편에 시험편을 고정한다.

(10) 시험 시 주의사항

시험 시, 안전이나 주의사항에 대하여 기술한다.

보기 시험 시 주의사항 기술방법

> **10 시험 시 주의사항**
> 1) 지정된 시료와 재료를 사용해야 한다.
> 2) 액체 시료는 피부에 닿지 않도록 주의해야 한다.

(11) 계산방법과 시험결과의 표시

시험에서 사용되는 계산방식과 시험결과의 표시방법에 대하여 기술한다.

보기 계산방법과 시험결과의 표시방법

> **11 계산방법과 시험결과의 표시**
> 정마찰 계수 μs의 계산은 아래 식에 의한다.
> $$\mu s = A/B$$
> 여기에서
> μs : 정마찰 계수
>   A : 초기운동 눈금(gr)
>   B : 미끄럼편의 무게(gr)
> 시험결과보고서에는 다음 사항을 포함하여야 한다.
> · 시험일자, 시험장소, 시험항목, 계산식($\mu s = A/B$) 등

(12) 관련표준

해당 시험표준에 인용 또는 참고된 관련문서(외부 출처문서 포함)를 기술한다.

보기 관련표준 기술방법

> **12 관련표준**
> 1) 시험표준(SD-1234)
> 2) ASTM D789

제5장 **사내표준모델**

사내표준모델

5.1 사내표준 목록별 규정내용

KS인증심사기준은 일반 인증심사기준과 품목별 인증심사기준으로 구분하여 규정하고 있다(그림 24 참조). KS인증을 위한 사내표준화 요구사항은 일반 인증심사기준과 품목별 인증심사기준에서 구체적으로 요구하고 있다.

일반 인증심사기준은 심사원이 최초 인증 및 인증 후 주기적으로 실시하는 정기심사에서 평가하는 인증심사기준으로, KS Q 8001(KS인증제도-제품인증에 대한 일반요구사항)에 규정되어 있다. 품목별 인증심사기준은 KS인증 품목으로 지정된 품목별로 규정된 인증심사기준이다. 일반 인증심사기준에서 규정한 사항과 제품시험을 위한 샘플링 방식, 제품시험 결과에 따른 결함(경결함, 중결함, 치명결함) 구분, 제품인증 표시방법, 제품의 인증구분에 대한 사항을 규정하고 있다. 품목별 인증심사기준은 한국표준정보망에서 무료로 내려 받을 수 있다.

〈표 20〉은 일반 인증심사기준과 품목별 인증심사기준의 사내표준화 요구사항을 분석하여, 반드시 규정해야 할 사내표준화 대상과 효율적인 시스템 관리를 위해 필요한 사내표준화 대상을 결정하여 정리한 것으로, 사내표준 목록별 규정 내용을 제시한 것이다.

일반 인증심사기준	품목별 인증심사기준	
가. 품질경영 관리	가. 품질경영 관리	공통
나. 자재 관리	나. 자재 관리	공통
다. 공정·제조설비 관리	다. 공정·제조설비 관리	공통
라. 제품 관리	라. 제품 관리	공통
마. 시험·검사설비의 관리	마. 시험·검사설비의 관리	품목별
바. 소비자보호 및 환경·자원관리	바. 소비자보호 및 환경·자원 관리	공통
	사. 제품시험을 위한 샘플링방식	품목별
	아. 제품시험 결과에 따른 결함 구분	품목별
	자. 제품인증 표시방법	품목별
	차. 제품의 인증구분	품목별

그림 24 – 인증심사기준의 구분

표 20 – 사내표준목록별 규정해야 할 내용

심사사항	사내표준목록	규정내용 및 반영해야 할 한국산업표준(KS)
1.품질경영	품질매뉴얼	표지 및 목차, 품질매뉴얼 소개(적용범위, 적용 제외 요구사항 포함), 품질방침, 프로세스 맵(개요도 및 연관도), 품질경영시스템 요소(품질경영시스템, 경영자 책임, 자원관리, 제품실현, 측정, 분석 및 개선), QMS 표준화 요구사항 관련 표준 또는 조항 대비표(필요시), 용어 및 약어, 개정 이력 등을 조직의 규모와 특성에 맞게 KS Q ISO 9000(품질경영시스템-기본사항 및 용어), KS Q ISO 9001(품질경영시스템-요구사항), KS Q ISO 9004(품질경영시스템-성과개선 지침) 참고하여 규정

표 20 – 사내표준목록별 규정해야 할 내용(계속)

심사사항	사내표준목록	규정내용 및 반영해야 할 한국산업표준(KS)
1.품질경영	사내표준 관리 절차	사내표준의 작성, 변경, 검토, 승인, 배부, 회수 및 폐기 절차 등에 대하여 규정
	기록관리 절차	기록의 관리, 보관, 보존, 열람, 폐기, 수정 등의 절차 등에 대하여 KS A 0001(표준서의 서식 및 작성방법), KS Q ISO TR 10013(품질경영시스템 문서화지침)을 참고하여 규정
	조직 및 업무분장 절차	조직의 구성 및 운영, 부서별 직제 규정, 책임과 권한 등을 규정
	품질경영추진 절차	품질경영추진활동 방법 및 절차 등에 대하여 규정
	내부심사 절차	내부심사의 목적, 내부심사 대상과 범위, 내부심사 프로그램 수행 책임, 자원 및 절차, 심사원의 자격과 구성, 심사수행 방법, 심사결과의 기록, 심사보고서 작성, 승인 배포, 부적합사항 이행 확인 방법과 절차 등을 KS Q ISO 19011(경영시스템 심사 가이드라인)을 참고하여 규정
	개선활동 절차	소집단 활동, 제안제도 등 개선활동 방법 및 절차 등에 대하여 규정
	로트관리 절차	제품의 로트 추적 방법 및 절차 등에 대하여 규정
	시정 및 예방조치 절차	시정 및 예방조치의 대상, 시정 및 예방조치 방법, 시정 및 예방 조치 실시, 시정 및 예방조치의 효과성 확인 등에 대하여 규정
	통계적 품질관리 절차	관리도, 공정능력지수 등 통계적 품질관리 방법 및절차 등에 대하여 규정
	시험검사업무 절차	검사일반, 검사원의 자격, 검사방법 및 절차 등에 대하여 규정
	협력업체 관리 절차	협력업체의 평가, 등록 및 관리방법 및 절차 등에 대하여 규정
	경영검토 절차	경영검토 계획 수립 및 실시, 경영검토 주기, 경영검토사항, 경영 검토 방법 등에 대하여 규정

표 20 – 사내표준목록별 규정해야 할 내용(계속)

심사사항	사내표준목록	규정내용 및 반영해야 할 한국산업표준(KS)
2. 자재관리	자재관리절차	자재관리의 일반적인 절차와 방법에 대하여 규정
	자재표준 및 인수검사지침	해당 제품의 제조에 사용되는 모든 자재(개별인증심사기준- 자재의 관리 참조)별 품질기준, 로트의 크기, 시료채취방법, 샘플링검사 방식 및 조건, 시료 및 원부자재의 합격 및 불합격 판정기준, 불합격로트의 처리방법 및 품질 항목별 시험방법, 외부공인시험기관에 시험의뢰를 할 경우, 시험 의뢰 주기, 시험 의뢰 내용 및 시험기관의 종류에 대하여 KS Q ISO 2859-1(로트 별 합격품질한계 AQL 지표형 샘플링검사 방안), KS Q ISO 24153(랜덤샘플링 및 랜덤화 절차), KS Q ISO 11648(집합 체 샘플링의 통계적 측면) 등을 참고하여 규정
	자재별 시험지침	해당 제품의 원자재에 대하여 시험항목별로 시험요원 자격, 시험원리, 시약 및 재료, 시험 장치, 시험 시료 및 시편의 준비와 보존, 시험절차, 계산방법과 시험결과의 표시, 시험 시 주의사항 등을 규정
3. 공정·제조 설비관리	공정관리 절차	각 공정별 공정관리방법, 관리주기, 관리기준, 관리결과의 해석, 관리데이터의 활용방법, 외주공정이 있는 경우 외주공정 선정 기준, 관리방법 등에 대하여 KS A 3002(공정도시 기호)등을 참고하여 규정
	중간검사지침	해당 제품의 제조공정(개별 인증심사기준 공정관리 참조) 중 중간검사를 해야 하는 공정의 품질기준, 공정제품의 로트 크기, 시료채취방법, 샘플링검사방식 및 조건, 시료 및 공정제품의 합격 및 불합격 판정기준, 불합격로트의 처리방법 및 품질 항목별 시험방법 등에 대하여 KS Q ISO 2859-1(로트별 합격품질한계 AQL 지표형 샘플링검사 방안), KS Q ISO 24153(랜덤샘플링 및 랜덤화 절차), KS Q ISO 11648(집합체 샘플링의 통계적 측면) 등을 참고하여 규정

표 20 – 사내표준목록별 규정해야 할 내용(계속)

심사사항	사내표준목록	규정내용 및 반영해야 할 한국산업표준(KS)
3. 공정·제조 설비관리	공정제품 시험지침	해당 공정제품의 시험항목별로 시험요원 자격, 시험원리, 시약 및 재료, 시험 장치, 시험시료 및 시편의 준비와 보존, 시험절차, 계산방법과 시험결과의 표시, 시험 시 주의사항 등을 규정
	작업표준	해당 제품의 모든 제조공정(개별 인증심사기준 공정관리 참조)별로 실제 작업의 내용과 일치하도록 작업내용, 작업방법, 이상 발생 시 조치사항, 작업 교대 시 인수인계 사항, 외국인 노동자가 작업을 할 경우 외국인 노동자가 작업표준을 이해할 수 있도록 사진, 그림 등을 활용하여 규정
	제조설비관리 절차	설비 운전과 관리, 예방보전을 위한 일상점검 및 정기점검 방법 등에 대하여 규정
	설비윤활 관리지침	각 설비별, 부위별로 적정 윤활유의 선택기준, 윤활유의 양, 윤활 주기, 폐윤활유 처리방법 등에 대하여 규정
4. 제품관리	설계 및 개발 절차	설계 및 개발 입력, 설계 및 개발 출력, 설계 및 개발 검토, 설계 및 개발 검증, 설계 및 타당성확인 방법과 절차 등에 대하여 규정
	제품의 품질관리 절차	제품의 품질관리 방법 및 절차 등에 대하여 규정
	제품표준 및 최종검사 지침	완제품의 품질기준, 로트의 구성 및 크기, 시료 채취방법, 샘플링 검사방식 및 조건, 시료 및 로트의 합격 및 불합격 판정기준, 불합격로트의 처리방법, 외부공인시험기관에 시험의뢰를 할 경우 시험의뢰 주기, 시험의뢰 내용 및 시험 기관의 종류에 대하여 KS Q ISO 2859-1(로트별 합격품질한계 AQL 지표형 샘플링 검사 방안), KS Q ISO 24153(랜덤샘플링 및 랜덤화 절차), KS Q ISO 11648(집합체 샘플링의 통계적 측면) 등을 참고하여 규정

표 20 - 사내표준목록별 규정해야 할 내용(계속)

심사사항	사내표준목록	규정내용 및 반영해야 할 한국산업표준(KS)
4. 제품관리	완제품 시험지침	해당 완제품의 시험항목별로 시험요원 자격, 시험원리, 시약 및 재료, 시험 장치, 시험시료 및 시편의 준비와 보존, 시험절차, 계산방법과 시험결과의 표시, 시험 시 주의사항 등을 규정
	부적합 제품 관리 절차	부적합제품의 처리방법 및 절차 등에 대하여 규정
5. 시험·검사 설비관리	시험·검사설비 관리 절차	각 시험·검사설비의 점검항목·점검주기·점검방법, 외부기관(업체 포함)과의 사용계약 또는 외부공인 시험성적서가 활용된 설비에 대하여 시험검사 의뢰기관, 시험검사 의뢰 내용, 시험검사 주기 등 외부설비 이용 등에 대하여 구체적으로 규정
	한도 견본관리 절차	한도 견본 점검과 관리방법, 판정기준 등에 대하여 규정
6. 소비자보호 및 환경·자원 관리	고객불만 처리 절차	소비자 불만해소를 위해 의사소통, 불만접수, 불만처리 과정의 확인, 불만에 대한 최초 평가, 불만조사, 불만에 대한 대응, 원인 분석 등을 KS Q ISO 10001(품질경영-고객만족-조직의 실행 규범에 대한 지침), KS Q ISO 10002(품질경영-고객만족-조직의 불만처리에 대한 지침), KS Q ISO 10003(품질경영-고객만족-조직의 외부분쟁 해결지침)을 토대로 사내표준에 규정
	환경 및 안전 관리 절차	청정활동(5S)의 내용, 주기, 방법, 친환경 경영활동(대기, 수질, 토양, 진동, 소음, 폐기물 등) 방법 및 절차, 안전·보건, 전기·기계안전, 안전요건, 종업원의 안전 장비보급, 안전관리교육, 작업장 환경관리 등에 대하여 KS I ISO 14001(환경경영시스템-요구사항 및 사용지침), KS Q ISO 14031, (환경경영-환경성과 평가-지침)을 참고하여 규정

표 20 – 사내표준목록별 규정해야 할 내용(계속)

심사사항	사내표준목록	규정내용 및 반영해야 할 한국산업표준(KS)
6. 소비자보호 및 환경·자원 관리	제품구매정보 관리 절차	제품을 구매하기 전에 소비자에게 제공하는 구매정보와 제품을 구매한 후에 제공하는 정보 즉, 제품의 성능, 사용 및 활용, 취급 시 주의사항 등을 KS A ISO/IEC GUIDE 14(소비자를 위한 상품 및 서비스의 구매정보에 대한 지침), KS A ISO/IEC Guide 37 (소비자 제품의 사용설명서에 대한 지침), KS S ISO 7010 (그래픽 심볼–안전색과 안전표지–등록된 안전표지), KS S ISO 3864 – 1(그림표지–안전색 및 안전지지-제1부: 안전표지 및 안전표시의 도안 원칙), KS S ISO 3864 – 2(그래픽 심벌–안전색 및 안전표지-제2부: 제품안전라벨의 디자인 원칙), KS S ISO 3864 – 3(제품안전라벨과 디자인 원칙, 그래픽 심벌 –안전색 및 안전표지 – 제3부: 안전표지용 그래픽 심벌 디자인 원칙), KS S ISO 7001 (그래픽 심볼–공공 안내 심볼), KS T 0008(위험물취급 주의표지), KS A ISO/IEC Guide 50 : 2003(안전측면–어린이 안전을 위한 지침), KS A 5561-2 (고령자 및 장애인 배려 설계지침– 제2부: 소비생활제품의 조작성), KS A ISO 26000(사회적책임에 대한 지침)등을 토대로 규정
	교육훈련 절차	전 임직원에 대한 교육훈련의 필요성, 교육훈련 설계 및 기획, 교육훈련의 제공, 교육훈련의 결과 평가 등에 대하여 KS Q 10015(교육훈련지침의 주요 내용)를 토대로 규정

5.2 사내표준모델 목록

여기서 제시하는 사내표준모델 목록은 〈표 21〉과 같다. 밑줄 친 사내표준 목록은 개정된 공통인증심사기준에서 요구하는 필수 사내표준으로 반드시 규정하여야 한다.

표 21 - 사내표준모델 목록

구분	사내표준목록
1. 품질경영	1. 품질매뉴얼 2. 사내표준관리 절차 3. 기록관리 절차 4. 조직 및 업무분장 절차 5. 품질경영추진 절차 6. 내부심사 절차 7. 개선활동 절차 8. 로트관리 절차 9. 시정 및 예방조치 절차 10. 통계적 품질관리 절차 11. 시험검사업무 절차 12. 협력업체관리 절차 13. 경영검토 절차
2. 자재관리	14. 자재관리 절차(자재목록 포함) 15. 자재품질 및 인수검사지침 16. 시험지침
3. 공정·제조설비관리	17. 공정관리 절차(공정관리 항목 포함) 18. 공정중간검사지침 19. 공정작업표준 20. 제조설비관리 절차 21. 제조설비운전지침 22. 설비윤활관리지침
4. 제품관리	23. 설계 및 개발 절차(해당되는 경우) 24. 제품의 품질관리 절차 25. 제품의 품질 및 최종검사지침 26. 부적합 제품관리 절차
5. 시험·검사 설비관리	27. 시험·검사설비관리 절차(교정 포함) 28. 한도견본관리 절차
6. 소비자보호 및 환경·자원 관리	29. 고객불만처리 절차 30. 제품구매정보관리 절차 31. 환경 및 안전관리 절차 32. 교육훈련 절차

제6장 **질의응답(Q&A)**

제6장

질의응답(Q&A)

Q1) KS 열람, 검색 및 구입 방법에 대한 질의

KS열람은 e나라표준인증 홈페이지(www.standard.go.kr)에서 열람 및 검색이 가능합니다. 홈페이지 메인화면에서 '표준'을 클릭한 후 표준번호 또는 키워드를 통해 검색 및 열람을 할 수 있습니다. 또한 모든 부처에서 운영하는 '기술기준' 및 '인증'에 대한 정보도 검색할 수 있습니다.

KS, 표준관련 도서는 한국표준정보망(www.kssn.net)에서 전자상거래로 구입이 가능하며, 품목별 인증심사기준은 무료로 다운로드가 가능합니다.

Q2) 공적 국제표준(ISO/IEC/ITU)의 검색방법에 대한 질의

세계 3대 공적(de jure) 표준화기구(ISO, IEC, ITU)의 표준검색 방법은 다음과 같습니다.

1) 국제표준화기구(ISO : International Organization for Standardization)

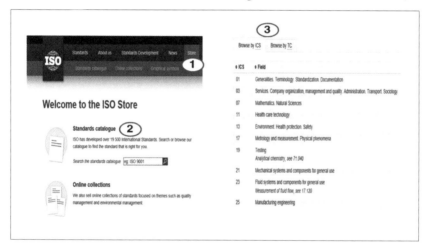

ISO 홈페이지(www.iso.org)에서 표준검색 방법은 다음과 같습니다.

① 메인 페이지에서 Store를 클릭합니다.

② Standards catalogue를 클릭합니다.

③ 국제표준분류(ICS) 코드 또는 TC별로 검색합니다.

국제표준화기구는 1947년 설립 이래, 건설, 기계, 제조, 운송, 의료, 정보기술 등 다양한 국제표준화를 수행하고 있습니다. 조직은 중앙사무국(Central Secretariat), 총회, 이사회, 정책개발위원회, 이사회상임위원회, 특별자문그룹, 기술관리부 및 실제 표준제정 업무를 담당하는 다수의 기술위원회(TC), 기술위원회 산하의 분과위원회(Subcommittee) 및 작업반(Working Group)으로 구성되어 있습니다.

[참고] ICS의 표준분류 체계

ICS 코드는 국제표준화기구(ISO)에서 제정한 표준의 분류를 위한 표준(International Classification for Standards)으로, 각국이 이에 맞춰 자국의 표준을 분류할 것을 권고하고 있습니다. 그 취지는 세계 각국의 표준에 ICS 분류코드가 부여되면, 다른 나라의 표준일지라도 같은 분류에 해당하는 표준을 손쉽게 비교할 수 있도록 하기 위함입니다. KS의 경우 표준을 제정할 때 ICS 코드 번호를 부여하고 있습니다.

ICS의 표준분류 체계는 Level 1(40 fields), level 2(392 groups), Level 3(909 sub-groups)으로 구성되어 있습니다(www.iso.org, INTERNATIONAL CLASSIFICATION FOR STANDARDS, 2005 참조).

2) 국제전기기술위원회(IEC : International Electrotechnical Commission)

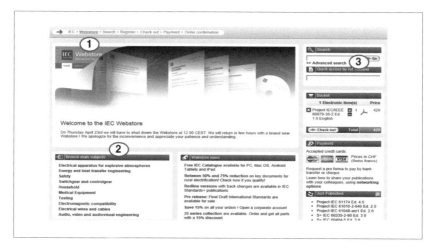

IEC 홈페이지(www.iec.ch)에서 표준검색 방법은 다음과 같습니다.

① Webstore를 클릭합니다.

② main subjects별로 검색합니다.

③ Advanced Search를 클릭하여 국제표준분류(ICS) 코드 또는 TC별로 검색합니다.

IEC는 1906년에 공식적으로 발족한 단체이다. IEC의 목적은 모든 전기공학적 표준화 문제와 기타 관련 문제에 대해 국제적 협력을 증진하고 세계시장의 요구에 효율적으로 대처하는 것이며, 모든 전기전자 또는 기술 관련 국제표준을 개발하고 발간하고 있습니다.

IEC 조직은 중앙사무국(Central Office), 이사회(Council), 표준관리부(SMB), 시장전략부(MSB), 적합성평가부(CAB) 등으로 구성되어 있습니다.

3) 국제전기통신연합(ITU : International Telecommunication Union)

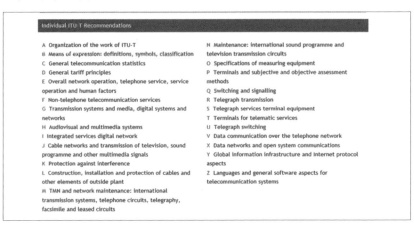

ITU는 국제연합(UN)의 전문기구이며, 전기통신에 관한 최고 국제기구로서 전기 통신 관련 국가간 이해조정, 국제협력, 전기통신 규칙의 제개정 및 개발도상국 지원 등의 업무를 수행합니다.

ITU 홈페이지(www.itu.int)에서 표준검색 방법은 다음과 같습니다.

① 메인 페이지에서 Publications을 클릭합니다.
② Standardization (ITU-T)을 클릭하여 A~Z의 해당 분야별로 검색합니다.

Q3) 사실상 국제표준 검색방법에 대한 질의

사실상 국제표준화기관은 기술 분야의 전문가들에 의해 결성된 자발적인 단체로서, 이를 통해 개발된 표준이 해당 산업계와 시장을 연결하는 매우 중요한 소통의 수단으로 활용되고 있습니다. 정보, 통신 분야에 비하여 오랜 역사를 가지고, 현재도 많은 영향력을 가진 것으로 평가를 받고 있는 대표적인 제조 산업 분야에서의 주요 사실상 국제표준화기관을 간략히 소개합니다.

① 미국재료시험협회(ASTM : American Society for Testing & Materials International)

http://www.astm.org

　1898년에 설립된 ASTM은 국제적으로 가장 큰 규모의 자발적 형태의 표준화 기구입니다. 당시 성장 단계에 들어선 철도산업에서 자주 발생하는 철도 고장을 해결하기 위해서 힘을 합친 것이 계기가 되었고 설립된 지는 1세기를 넘고 있습니다.

　ASTM은 비영리 조직으로서 원재료, 상품, 시스템, 서비스 산업 전반에 걸쳐 자발적으로 합의된 표준을 개발하고 발표하는 포럼을 개최합니다. 세계 130여 개국 이상의 국가에서 자국의 생산자, 사용자, 고객, 정부, 학회를 대표하는 ASTM의 회원들은 제조, 관리, 조달, 코드 관리 및 규정 관리에 토대가 되는 기술적 표준을 개발합니다.

　미국 내의 전문가 단체로 시작했지만, 2000년 이후 국제화에 대한 노력이 부족했던 점을 보완하고자 2003년 정식 명칭을 ASTM International로 개칭하고, 국제화의 가장 큰 걸림돌이 되었던 '파운드', '인치' 등의 도량형 기본단위를 국제단위(SI)로 환산하는 작업을 진행하면서 본격적인 국제표준으로서의 면모를 갖추고 ISO 국제표준과 경쟁 중입니다. ASTM에는 표준개발을 위한 가 분야별 142개 기술위원회(Technical Committee)와 1,905개 소위원회(Subcommitte)가 설치되어 있습니다.

ASTM은 건설, 환경, 금속, 페인트 및 관련 코팅, 석유 화학, 플라스틱, 고무, 철강, 섬유 등 산업 전반에 대한 표준을 개발하고 발행합니다.

② 미국자동차기술자협회(SAE : Society for Automotive Engineers)

http://www.sae.org

1905년에 설립된 SAE는 자동차 분야의 전문가 모임으로서 일반 승용차, 항공 우주, 상용 차량에 이르는 산업에서의 소재, 부품, 모듈, 연료, 윤활유 등 모든 관련 요소들에 대한 표준을 개발하고 발행합니다.

③ 미국기계기술자협회(ASME : American Society of Mechanical Engineers)

http://www.asme.org

ASME는 1880년 설립된 기계공학 및 과학 사회의 기술, 교육, 연구 분야에 중점을 둔 전문가 기관으로서, 공공의 안전성을 높이기 위해 국제적으로 인정된 공업표준 및 제조표준을 제정하고 있는 독립된 비영리 조직입니다.

ASME는 전 세계의 다양한 사회를 대상으로 기계공학 및 다분야에 걸친 공학 및 응용과학 기술, 과학 등의 교육을 실시하고 있습니다. ASME는 특히 보일러 및 압력 용기, 제조 및 건설에 사용되는 장비의 안전 향상 분야에서 가장 널리 알려져 있습니다.

주요 창립 관심사는 기계 설계 및 기계 제작과 관련된 신뢰성과 예측 가능성의 보장에 있습니다. ASME는 1915년에 보일러 및 압력 용기 코드(BPVC)를 발간하였는데, 이후 대부분의 북미 지역의 법규에 연계되었습니다.

첫 번째 BPVC의 발행에 따라 ASME는 파이프라인 생산, 엘리베이터, 에스컬레이터, 자료 처리, 가스 터빈 및 원자력 등 다양한 기술 분야에서 기술표준을 개발하여 인쇄 및 온라인에서 사용할 수 있는 600개 이상의 표준과 코드를 가지고 있습니다.

ASME 코드는 하나 이상의 정부 기관이나 법률에 의한 구속력을 갖는 표준을 말합니다. 코드의 경우, 주요 사회 기반 설비인 발전 설비의 설계, 시공, 관리, 유지, 보수 등에 ASME 표준이 활용되면서, 이를 관리하는 정부기관이나 법률과 관련된 내용에 포함되는 경우를 코드로 분류합니다.

우리나라에서는 원자력 발전 분야에서 채택하여 설비에 관한 소재 품질, 보일러 및 압력 용기에 관한 각종 표준으로 활용되고 있습니다.

④ 미국석유협회(API : American Petroleum Institute)

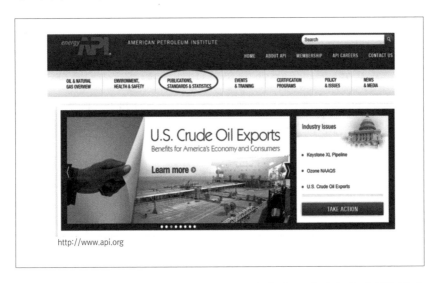

http://www.api.org

1차 세계 대전 당시 의회와 미국 내 석유, 천연 가스 산업과의 연계를 통해 1911년 Standard Oil사가 설립되었으나, 경험 부족 등의 이유로 이후 National Petroleum War Service Committee가 설치, 운영되었습니다.

종전 후, 1919년 American Petroleum Institute로 정식으로 설립되면서 출범하였습니다.

협회의 중요한 역할은 산업계를 옹호하고 이들을 대신하여 법령이나 규정에 관련된 정부 기관과 경제적 문제, 유해 물질 문제, 환경에 대한 영향 등에 대한 협상을 진행합니다. 또한 미국의 석유제품에 대한 국내외 교역을 지원하고, 석유 산업과 연관된 부문에 대한 공동의 이익을 위해 노력하며, 석유 및 천연 가스와 관련된 기술적인 문제에 대한 연구와 회원의 권리 증진을 위해 활동합니다. API는 환경 보전 측면에서 석유 시추와 관련된 석유 품질, 유화 장비 및 운영 표준을 개발하고 발행합니다.

⑤ 미국섬유염색가공자협회(AATCC : American Association for Textile Chemists & Colorists)

http://www.aatcc.org

1921년에 설립된 비영리 단체로, 70여 개국에서 5천여 명의 회원이 참여하고 있습니다.

섬유 산업에서 염색과 화학의 응용 지식의 확대 추구(교육), 섬유 산업에서 중요한 화학 반응 및 재료를 바탕으로 한 다양한 실용적 연구 추구, 그리고 회원들 사이에서 새롭게 발견된 전문 지식의 상호교환을 통한 공유 채널 확대(지식 공유)의 세 가지 목표를 설정하여 활동하고 있습니다. 1921년 1차 세계대전 당시 대서양의 봉쇄로 유럽으로부터 염료의 수입이 어려워지자, 미국 내에서 공급되는 염료의 품질을 평가하기 위한 시험방법이 필요하게 되었고, 이에 관련 전문가들이 모여 협회를 결성하게 되었습니다.

AATCC는 섬유, 직물 등을 가공, 염색하는 전문가들이 공동으로 기술적인 문제를 논의하고 해결하기 위해 시험방법, 지침 등의 표준을 개발하고 발행합니다.

⑥ 펄프종이기술협회(TAPPI : Technical Association of the Pulp and Paper Industry)

http://www.tappi.org

1915년 설립된 국제적인 비영리, 비정부 단체로서 약 14,000여 명의 엔지니어, 과학자, 산업 부문 종사자 및 학계 전문가들이 펄프, 종이 분야의 협회를 구성하였습니다. 펄프와 종이뿐만 아니라 골판지 종이 상자와 같은 포장재, 플렉시블 포장, 라미네이션, 접착제, 코팅 및 압출물 등과 같은 제품 등도 활동 범위에 포함시키고 있습니다. 관련 산업계 전문가들의 포럼을 제공하여 전문 기술 자료, 표준, 책자 등에 대한 발행을 통해 산업계와 학계에 정보를 제공합니다. 종이와 고분자의 중간 소재인 부직포 부문에 대한 기술적 논의를 위해 NET Division을 설치하고 있으며, 종이 산업의 기술적 발전에 따라 바이오 에너지, 나노 테크놀러지 등에 이르는 세그먼트를 설치하여 활동 범위를 확대시키고 있습니다. TAPPI는 펄프, 종이, 포장 분야의 표준을 개발하고 발행합니다.

⑦ 국제반도체장비재료협회(SEMI : Semiconductor Equipment and Materials International)

국제반도체장비재료협회(SEMI)는 1970년에 설립된 반도체, LED, Micro/Nano 전자소재, 평판 디스플레이, 태양광, Printed/Flexible Electronic, 마이크로 전기·기계 장치(Micro-Electromechanical Systems) 등 관련 산업 협회입니다. SEMI는 실리콘 웨이퍼, 장비 자동화(하드웨어, 소프트웨어), 패키징, 설비 및 안전 등에 대한 표준을 개발하고 발행합니다.

⑧ 전기전자기술자협회(IEEE : Institute of Electrical and Electronics Engineers)

http://www.ieee.org

1840년대에 태동된 전기산업, 전신에 의해 세계는 교통보다 빠른 통신의 속도로 연결되었습니다. 전기·전자 및 컴퓨터 등의 공학분야의 표준을 개발 하는 세계 최대의 전기전자기술자단체입니다. 전기가 일반에게 큰 영향을 미치게 된 시기인 1884년, IEEE의 기원이 시작되었습니다. 그러나 전기 및 전자 분야 산업의 비약적인 발전에 따라 컴퓨터 과학자, 소프트웨어 개발자,

정보기술 전문가, 물리학자, 의사 등 많은 관련 분야의 전문가들도 함께 참여하고 있습니다. 현재의 IEEE는 1963년에 AIEE(American Institute of Electrical Engineers)와 IRE(Institute of Radio Engineers)간의 통합에 의해서 설립된 단체입니다. IEEE는 전기 및 전자 관련 기술 분야의 지식과 정보를 전 세계에 확산, 보급시키는 역할을 지속하고 있습니다.

　IEEE는 ANSI로부터 표준개발기구(SDO)로 지정을 받아 전기, 전자 제품에 대한 기능, 성능, 소비자들의 생활과 작업 시 동작, 통신 제품을 통한 서비스의 광범위한 상호 운용성 등과 같은 기술 전반에 대한 표준을 개발하고 발행합니다.

⑨ 의료기기협회(AAMI : Association for the Advancement of Medical Instrumentation)

http://www.aami.com.au

　의료기기협회(AAMI)는 의료 계측의 발전을 위해 1967년에 설립된 비영리 단체로서, 효과적인 표준, 교육 프로그램 및 출판물을 통해 의료 기기의 이해와 유익한 사용을 사명으로 하고 있습니다. 의료 장비 및 기술에 대한 신속한 정보를 공유하고, 표준개발을 통해 관련 산업, 직업군 및 정부의 기본 자원을 제공합니다.

AAMI는 의료 장비의 안전, 성능, 시장성 등과 관련된 표준을 개발하고 발행합니다. 또한 ISO와 연락 관계로서, 해당 개발 표준은 미국 국가 표준으로 채택합니다.

⑩ 미국항공우주협회(AIAA : American Institute of Aeronautics and Astronautics)

http://www.aiaa.org

미국항공우주협회(AIAA)는 미국로켓협회(1930년 설립된 미국행성간학회, American Rocket Society)와 우주항공과학연구소(Institute of Aerospace Sciences, 1933년 설립)의 항공 우주 분야의 주요 단체 간의 합병에 의해 1963년 설립되었습니다.

AIAA는 Standards Executive Council을 통해 Aero Space Design and Structure, Aero Sceinces, Engineering And Technology Management, Information System, Propulsion and Energy, Space & Missles 등의 분야에 대한 표준을 개발하고 발행합니다.

⑪ 미국냉난방공조엔지니어협회(ASHRAE : American Society of Heating, Refrigerating and Air-Conditioning Engineers)

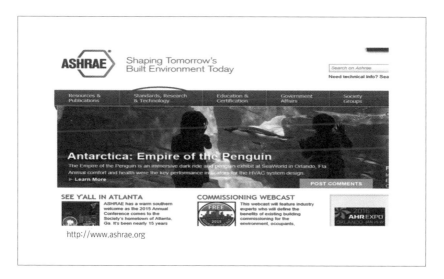

http://www.ashrae.org

미국냉난방공조엔지니어협회(ASHRAE)는 미국 난방, 냉방 및 공조 설비 분야의 엔지니어들의 모임으로 1894년 설립된 ASHRAE(American Society of Heating and Air-Conditioning Engineers)와 1904년 설립된 ASRE (American Society of Refrigerating Engineers)이 1959년 합병되어, 오늘에 이르고 있습니다.

ASHRAE는 난방, 배기, 공조 및 냉방과 관련된 시험 방법에 대한 표준을 개발 Building code로서 인용되는 표준 및 가이드를 개발하고 발행합니다.

⑫ 전자장치엔지니어링평의회(JEDEC : Joint Electron Devices Engineering Council)

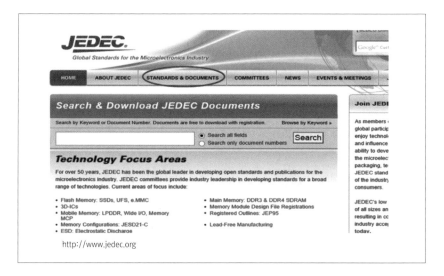

http://www.jedec.org

JEDEC는 독립적인 반도체 엔지니어링 교역 조직이며 표준화 기관이다. 전자산업동맹(EIA, Electronic Industries Alliance)과 미국의 전자 산업의 모든 분야를 대표하는 무역협회와 협력하고 있습니다. JEDEC는 세계 최대 컴퓨터 회사 중 일부를 포함한 300여 회원 기관을 가지고 있으며, 반도체 장치에 대한 표준을 개발하기 위해 EIA와 미국전기공업회(NEMA, National Electrical Manufacturers Association) 간의 공동 협력으로 1958년에 설립되었습니다.

JEDEC의 표준은 open industry standard로 개발하고 활용한다. DDR, SDRAM을 포함한 컴퓨터의 RAM 등과 같은 device interface 표준을 개발하

고 발행합니다.

⑬ 국제화재방재협회(NFPA : National Fire Protection Association)

http://www.nfpa.org

NFPA는 합의 코드 및 표준, 연구 및 교육을 제공하고 삶의 질에 대한 위험과 화재에 대한 부담을 줄이고자 1896년에 설립된 국제적인 비영리단체입니다. NFPA는 화재예방 및 공공의 안전에 관한 권위 있는 해결책을 제시하고자 개발, 출판, 그리고 가능성과 화재 및 기타 위험을 최소화하기 위한 300개 이상의 합의 코드와 표준을 개발하고 발행합니다.

⑭ 국가위생기구(NSF International)

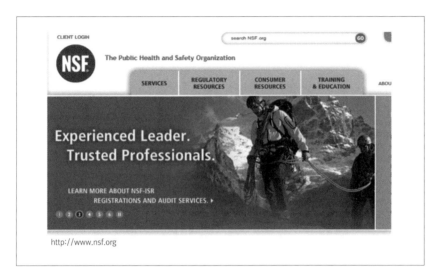

http://www.nsf.org

　1944년 설립된 NSF International은 공공의 건강과 환경에 대한 표준개발, 제품인증, 검사, 교육 서비스를 제공합니다. 특히 식품 분야에 대한 GMP, GLP 등과 관련된 서비스와 Sustainability Program을 통해 카펫, 바닥재, 섬유, 건축 재료 등에 대한 표준 개발과 인증을 실시하고 있습니다.

Q4) 최신본 KS를 바탕으로 규정해야 하는 사내표준에 대한 질의

　2015년 개정된 일반 인증심사기준에서 KS 최신본을 바탕으로 작성하도록 요구하는 사내표준은 다음과 같습니다.

① 소비자불만처리규정은 KS Q ISO 10002(소비자 불만처리지침)을 바탕으로 규정해야 합니다.

② 구매정보관리규정은 KS A ISO/IEC GUIDE 14(소비자를 위한 상품 및 서비스의

구매정보에 대한 지침) 및 KS A ISO/IEC GUIDE 37(소비자 제품의 사용설명서에 대한 지침)을 바탕으로 규정해야 합니다.

③ 교육훈련규정은 KS Q 10015(교육훈련지침)를 바탕으로 규정해야 합니다.

원자재에 대한 인수검사, 공정에서 실시하는 중간검사, 완제품에 대해 실시하는 최종검사규정은 KS Q ISO 2859-1(로트별 합격품질한계(AQL) 지표형 샘플링검사 방안) 등을 바탕으로 규정하는 것이 바람직합니다.

Q5) 인증심사기준에서 요구하는 사내표준화 대상에 대한 질의

KS인증심사기준에는 일반 인증심사기준과 품목별 인증심사기준이 있습니다(표 참조).

일반 인증심사기준은 KS인증심사원이 최초 인증 및 인증 후 주기적으로 실시하는 정기심사에서 평가하는 인증심사기준으로, KS Q 8001(KS인증제도-제품 인증에 대한 일반요구사항)에 규정되어 있습니다.

품목별 인증심사기준은 KS인증품목으로 지정된 품목별로 규정된 인증심사기준으로, 일반 인증심사기준에서 규정한 사항과 제품시험을 위한 샘플링방식, 제품시험 결과에 따른 결함(경결함, 중결함, 치명결함)구분, 제품인증표시방법, 제품의 인증구분에 대한 사항을 규정하고 있습니다.

KS인증을 위한 사내표준화 요구사항은 일반 인증심사기준과 품목별 인증심사기준에서 구체적으로 요구하고 있습니다.

품목별 인증 심사 기준	
가. 품질경영 관리	공통
나. 자재 관리	공통
다. 공정·제조설비 관리	공통
라. 제품 관리	공통
마. 시험·검사설비의 관리	품목별
바. 소비자보호 및 환경· 자원관리	공통
사. 제품시험을 위한 샘플링방식	품목별
아. 제품시험 결과에 따른 결함 구분	품목별
자. 제품인증 표시방법	품목별
차. 제품의 인증구분	품목별

일반 인증 심사 기준
가. 품질경영 관리
나. 자재 관리
다. 공정·제조설비 관리
라. 제품 관리
마. 시험·검사설비의 관리
바. 소비자보호 및 환경· 자원 관리

개정된 일반 인증심사기준의 심사항목별 사내표준화 요구사항을 정리하면 다음과 같습니다.

1. 품질경영	
1.1 경영책임자의 표준화 및 품질경영 중요성 인식 및 조직의 책임과 권한 명확화	* 조직 및 직무분장 규정
[★ 핵심품질] 1.2 사내표준 제·개정 관리 및 사내표준화 실현	* 회사표준관리 규정
1.3 품질경영 계획 수립, 자체 점검 및 결과 반영	* 해당없음
1.4 품질경영부서 책임·권한 구체적 규정 및 독립 운영	* 조직 및 직무분장 규정
1.5 품질개선활동 실시	* 해당없음

2. 자재관리	
[★ 핵심품질] 2.1 자재목록 사내표준 규정, 변경 시 승인	* 자재관리 규정
2.2 자재 별 품질항목 및 품질기준 사내표준 규정	* 자재 별 품질기준(개별 심사기준)
2.3 인수검사 규정 품질보증 가능 합리적	* 자재 별 인수검사표준(개별 심사기준)
2.4 인수검사 실시 및 합격·불합격 로트 구분	* 해당 없음
2.5 인수검사 결과 기록·보관	* 해당 없음
2.6 인수검사 결과 분석 및 활용	* 해당 없음
3. 공정·제조설비관리	
3.1 공정 별 관리항목과 기준 사내표준 규정, 보유설비 사내표준 규정	* 공정 별 작업표준, QC공정도 * 제조설비관리 규정
3.2 공정 별 중간검사항목과 방법 사내표준 규정	* 공정 별 중간검사표준
3.3 주요 공정관리항목 공정능력지수관리 실시	* 해당 없음
[★ 핵심품질] 3.4 공정 별 작업표준 규정 및 준수	* 공정 별 작업표준
3.5 공정 부적합품 식별관리 및 재발방지	* 해당 없음
3.6 제조설비 보유 및 배치상태 양호	* 해당 없음
3.7 설비운전과 관리 사내표준 규정, 이력관리	* 설비 운전표준, 제조설비관리 규정
3.8 윤활관리 규정, 윤활실시 및 주기적 점검, 기록 관리	* 설비윤활관리규정, 제조설비관리 규정

4. 제품관리	
4.1 제품설계개발절차, 제품품질항목과 기준 규정	* 제품설계 및 개발업무 규정(해당 시) * 제품품질표준
4.2 제품검사 사내표준 규정	* 제품검사표준
4.3 제품검사표준 준수, 합격·불합격 로트 구분 및 　　품질미달 제품 소비자 영향 파악	* 해당 없음
[★ 핵심품질] 4.4 제품시험 수행능력 보유	* 해당 없음
[★ 핵심품질] 4.5 입회시험 결과 KS 수준 만족/허용값 이내	* 해당 없음
4.6 제품검사 결과 분석 및 개선 반영	* 해당 없음
5. 시험·검사설비관리	
[★ 핵심품질] 5.1 시험·검사설비 사내표준 규정 및 보유	* 시험·검사설비관리 규정
5.2 설치장소 적정 환경 및 주기적 점검, 기록 유지	* 해당 없음
5.3 시험·검사설비의 측정표준 소급성 체계 규정 및 　　교정성적서 내용 측정 반영	* 해당 없음

6. 소비자, 환경·자원관리	
[★ 핵심품질] 6.1 소비자 불만처리 및 피해보상 사내표준 규정, 재발 방지 및 개선 실시	* 소비자 불만처리 및 피해보상 규정
6.2 제품구매정보 및 제품표시사항 사내표준 규정	* 제품구매정보관리 규정 * 제품품질표준
6.3 청정 작업환경(안전, 보건 및 복지 고려) 규정 및 지속적 관리	* 안전보건관리 규정 * 청정활동 규정
6.4 사내표준에 따라 임·직원 교육훈련 실시및 경영 간부 등 품질경영 교육 이수	* 교육훈련규정
6.5 품질관리담당자 근무, 지식 및 업무수행 능력 보유	* 해당 없음

Q6) 사내표준의 명칭을 규정이라고 해야 하는지 또는 절차, 지침서라고 해야 하는지에 대한 질의

사내표준의 명칭은 매우 다양합니다. 즉 규정, 규칙, 세칙, 절차서, 지침서, 요령, 기준, 관리표준, 업무표준, 제품표준, 자재표준, 검사표준, 작업표준, 시험표준, 업무매뉴얼, 운전매뉴얼, 업무지침서, 작업지도서, 작업절차서, 검사시험계획서, 시방서, 편람, 도면, 사양서 등 일일이 열거하기 어려울 만큼 다양하게 부여하고 있습니다.

비고1 관리표준 또는 업무표준은 조직 내에서 수행되는 업무 및 관리에 대한 절차를 표준화한 것으로 통상 규정, 규칙, 지침으로 구분합니다.

비고2 기술표준은 제조, 검사, 설계, 설비관리 등에 필요한 기술적 사항을 표준화한 것으로 작업표준, 설비표준, 검사표준, 제품표준, 자재표준, 기술기준, 공정도 등으로 구분합니다.

비고3 품질매뉴얼(Quality Manual)은 ISO 9001 요구사항에 따라 조직의 품질경영시스템을 규정한 문서로서, 개별 조직의 규모 및 복잡성에 맞도록 세부사항 및 형식이 달라질 수 있습니다.

비고4 절차서(Documented Procedure)는 활동 또는 프로세스를 수행하기 위하여 규정된 방식을 기술한 문서를 말합니다.

비고5 지침서(Work Instruction)는 특정 개인 또는 부서의 구체적인 업무나 작업의 수행방법을 제공하기 위한 문서로서 단위업무, 단위작업별로 작성합니다.

산업표준화법 등 관련 법규에 사내표준 명칭 부여에 규정은 없습니다. 따라서 사내표준 명칭은 기업 시스템에 맞게 부여할 수 있습니다.

Q7) 기존 사내표준화 체계를 개정된 일반 인증심사기준에 맞게 정비해야 하는지에 대한 질의

기존 사내표준화 체계를 '15년 7월 개정 인증심사기준에 맞게 체계를 바꿀 필요는 없습니다. 인증심사기준에서 요구하는 필요한 사항을 수정 또는 보완하시면 됩니다. 특히 이번에 개정된 일반 인증심사기준에서 자재관리목록에 대한 사항을 규정하도록 요구하고 있습니다. 따라서 자재목록에 대한 사항은 자재관리규정 또는 절차에 다음 보기와 같은 내용을 추가할 수 있습니다. KS 인증 제품을 기업에서 직접 설계하는 경우에는 설계 및 개발절차를 신규로 제정해야 합니다.

보기

품질관리담당자는 한국산업표준(KS)에 따른 주요 자재명 및 자재별 검사
항목을 사내표준에 규정해야 한다. 다만, 주요 자재관리 목록(부품, 모듈
및 재료 등)은 인증기관에 심사 전에 제출하여 적정성을 확인받아야 하며,
심사 후에도 변경사항이 있을 경우 인증기관의 승인을 받아야 한다. 자재
관리 목록표는 〈표 1〉과 같이 관리하여야 한다.

표 1 - 자재관리 목록표

번호	자재명	용도	주요 사양(Spec.)	공급업체	변경사항

Q8) 제품관리의 중요 품질특성 식별에 관한 사항을 어떻게 사내표준에 규정해야 하는지에 대한 질의

제품의 최종검사규정에 보기와 같이 규정하여 식별할 수 있습니다.

보기

표 - 검사항목, 방식 및 조건, 주기

NO	검사항목	검사방식 및 조건	주기	비고
1	겉모양	중간검사로 대체한다.	–	경결함 항목
2	치수			경결함 항목
3	휨파괴하중	• 검사방식 : KS Q ISO 2859-1(계수값에 의한 샘플링검사) • 검사수준 : G-Ⅱ(통상검사수준 Ⅱ) • 검사의 엄격도 : 보통검사 • 샘플링 형식 : 1회 • 합격품질수준(AQL) =1.0%	1회/lot	경결함 항목
4	흡수율	외부 공인시험기관에 의뢰하여 시험성적서를 활용한다.	6개월	중결함 항목
5	내동해성	• 시료채취자 : 품질관리담당자 • 시료채취방법 : 반기별 생산량(n=1, Ac=0)		중결함 항목

Q9) 자재관리의 인수검사결과 활용방법에 관한 사항을 어떻게 사내표준에 규정해야 하는지에 대한 질의

자재관리규정 또는 절차 등에 보기와 같이 규정할 수 있습니다.

보기

1) 품질관리담당자는 일정주기를 정하여 자재의 합격률, 사용 중 자재 부적합(품)률, 제품품질과 직접 관련이 있는 품질특성치 등의 인수검사 결과를 통계적으로 분석하여야 한다.

2) 품질관리담당자는 인수검사 분석 결과(시험성적서 포함)를 토대로 자재 공급업체 변경, 제조공정, 제품설계 작업방법 변경 등에 다음의 표와 같이 활용하여야 한다.

자재명	항목	품질 기준	품질 수준				결과분석의 활용
			평균	표준편차	C_{Pk}		
A사 시멘트	강열감량 압축강도	3% 40 Mpu	2.6 60 Mpu	0.1 5	1.33 1.33	매우 안정	시멘트 실소요량 계산에 활용 배합설계시 k 강도 실행
B사 시멘트	강열감량 압축강도	3% 40 Mpu	3.6 30 Mpu	0.7 8	0.87 0.87	매우 부족	공급업체 변경 검토

Q10) 제품관리에서 제품이 품질에 미치는 영향을 파악하고 관리하는 방법을 어떻게 사내표준에 규정해야 하는지에 대한 질의

제품관리규정 또는 절차 등에 보기와 같이 규정할 수 있습니다.

보기 건조용 시멘트 모르타르의 경우

1) 품질관리담당자는 제품의 품질항목 및 수준 설정 근거, 품질미달 제품

이 사용자에게 주는 영향 등을 다음의 표와 같이 파악하고 관리하여야 한다.

자재명		품질 기준		품질 수준			기준미달제품이 시공에 주는 영향
		KS	당사 기준	평균값	표준편차	C_{Pk}	
압축 강도	일반 미장용	10 이상	10.0 이상	19.01	0.99	3.0337	표면 긁힘과 포장 등 1차 작업 불량 유도됨.
	바닥용	21 이상	21.0 이상	25.01	0.60	2.228	표면강도 약화로 2차 마감재 안정성 저하
	조적용	11 이상	11.0 이상	17.00	1.32	1.515	벽돌 조적 시 쌓기 상태 불량 발생
	뿜칠 미장용	9 이상	9.0 이상	13.38	0.56	2.607	시공장비에 의한 부착 성능 하락

Q11) 인수검사, 중간검사, 최종검사규정에 KS Q ISO 2859-1을 반영하는 방법에 대한 질의

본 도서 사내표준모델의 시험검사 업무절차 부속서(286페이지)를 참고하시기 바랍니다.

부록1. **심사항목별 사내표준모델**

품 질 매 뉴 얼

표준번호	MM-0100
제정일자	0000.00.00
개정번호	0
개정일자	

관 리 본 ☐ (번호 :　　　)
비관리본 ☐

표 준 산 업

표준산업의 사전 승인 없이 이 매뉴얼의 무단 전재와 복제를 할 수 없습니다.

표준산업	품질매뉴얼	표준번호 : SM-0100
		개정번호 : 0
	제A장 목차 및 개정이력	개정일자 : 0000.00.00.
		페 이 지 : 2/11

장	제 목	페이지수	개정번호	개정일자
A	목차 및 개정이력	2	0	
B	개요	1	0	
C	품질방침	1	0	
1	조직	4	0	
2	품질경영시스템	3	0	

표준산업	품질매뉴얼	표준번호 : SM-0100
		개정번호 : 0
	제A장 목차 및 개정이력	개정일자 : 0000.00.00.
		페 이 지 : 3/11

개정번호	개정일	개 정 내 용	비 고
1			
2			
3			
4			
5			
6			
7			
8			
9			

작 성	승 인
/	/

| 표준산업 | 품 질 매 뉴 얼 | 표준번호 : SM-0100
개정번호 : 0 |
| | 제B장 개 요 | 개정일자 : 0000.00.00.
페 이 지 : 4/11 |

B.1 적용범위
　이 품질매뉴얼은 표준산업의 품질경영시스템 업무에 적용한다.

B.2 목적
　이 품질매뉴얼은 표준산업의 품질방침, 조직의 책임 및 권한, 품질경영시스템의 프로세스
별 상호작용을 반영한 사내표준을 성실히 실행하여 고객에게 최상의 제품, 활동 및 관련
서비스를 제공하는데 그 목적이 있다.

B.3 품질매뉴얼
　이 품질매뉴얼은 KS/ISO 인증사업장으로서 준수해야 할 KS/ISO 인증 관련 법규, 해당
KS, ISO 9001(품질경영시스템 요구사항) 표준에 만족하도록 작성되었으며, 품질경영시스템
업무를 수행하는데 있어 준수하여야 할 사항을 정한 기본 문서이다.

B.4 관련규정과 품질매뉴얼과의 관계
　품질경영시스템 업무를 수행함에 있어 관련 법규 및 본사 규정 순으로 적용하며, 이 매뉴얼
은 상위 규정을 보완하는데 적용한다.

B.5 적용 제외 요구사항
　7.3 설계 및 개발은 적용대상에서 제외한다.

B.6 업무 수행시간 : 365일 24시간

B.7 소재지 및 연락처
　1) 본사 :
　2) 공장 :

본인은 표준산업 대표이사로서 품질경영시스템 업무를 수행함에 있어 다음과 같이 품질방침을 정한다.

품 질 방 침

◎ 최종 제품의 부적합품률 최소화

◎ 고객만족 극대화

◎ 생산성 향상

상기 품질방침을 달성하기 위하여 관련 전 직원은 위와 같은 품질방침을 확실히 이해하고 이를 달성하기 위해 최선을 다하여야 한다.

년   월   일

표준산업 대표이사

홍길동   서명

1.1 적용범위

　이 장은 품질경영시스템의 업무를 수행하는데 관련된 조직 구성을 기술하고, 조직의 책임과 권한 및 상호 관계에 대하여 규정한다.

1.2 조직구성

　이 매뉴얼상의 품질경영시스템의 업무를 수행하는 조직의 구성 및 의사소통의 흐름은 <그림 1>의 조직구조와 같다.

1.3 책임과 권한

　이 매뉴얼에 따른 책임과 권한은 다음과 같다. 다만, 구체적인 경영책임자 및 기타 소속 직원의 권한, 책임 및 직무분담 사항은 조직 및 업무분장절차에 따른다.

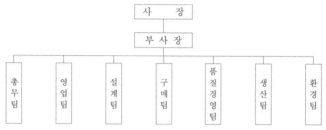

그림 1 - 조직구조

1.3.1 대표이사

　　1) 품질/환경방침 수립 및 품질경영시스템의 개발, 실행 및 지속적인 효과성 개선의 총괄
　　2) 품질/환경 통합경영시스템 실행에 필요한 인적, 물적 및 재정자원의 제공
　　3) 경영검토를 통한 품질/환경 통합경영시스템의 적절성, 충족성 및 효과성 검토 주관
　　4) 품질/환경 경영대리인 지명

1.3.2 총무팀

　　1) 사무실 업무환경의 유지관리
　　2) 기록 및 일반문서의 파일링 및 문서고 관리를 포함한 보존관리 총괄

1.3.3 영업팀

　　1) 연간 제품의 매출 계획서 작성
　　2) 고객 요구사항의 접수, 검토, 계약체결, 계약변경 등의 영업활동 주관

3) 관련부서에 고객 요구사항에 대한 검토 의뢰
4) 경쟁사의 품질·환경 동향 조사 및 관련부문 통보
5) 고객의 기대를 예측하기 위한 시장조사 및 고객 서비스 활동 전개

1.3.4 설계팀
1) 신규 제품개발 업무에 대한 전반적인 책임
2) 기술표준의 제정, 개정, 폐기 관리
3) 제품시방서 작성주관
4) 도면관리 업무주관
5) 제품 및 자재에 대한 환경영향평가 실시 및 환경목표와 세부목표 설정
6) 환경경영추진계획 수립 및 이행
7) 제품 및 자재 관련 환경 관련법규 요건의 파악 및 적용

1.3.5 구매팀
1) 자재 및 용역의 구매 총괄
2) 품질/환경, 가격 및 납기에 대한 외주업체 관리
3) 품질/환경문제에 대한 외주업체와의 창구 역할
4) 구매 및 외주업체의 당사 품질 및 환경 요구사항 전달 및 준수상태 관리
5) 신규 및 등록업체 선정 및 평가주관
6) 부적합 자재의 처리 주관
7) 자재의 식별표시 및 추적성 관리

1.3.6 품질경영팀
1) 품질/환경경영시스템의 수립, 실행 및 유지 총괄
2) 품질경영시스템의 성과와 개선을 위해 필요한 사항을 대표이사에게 보고
3) 당사 전 직원에게 고객 및 이해관계자의 요구사항에 대한 인식의 증진을 보장
4) 품질경영시스템의 실행 및 성과관리에 대한 총괄책임
5) 통합 내부심사 및 사후관리 총괄
6) 품질·환경 매뉴얼 및 규정 등록 및 배포 관리 주관
7) 품질경영시스템 교육 주관
8) 내부심사자의 자격평가 및 사후관리
9) 경영검토 자료준비, 검토진행 주관 및 경영검토에 따른 후속조치 주관
10) 제품의 자재 검사 및 시험 총괄
11) 품질목표, 품질개선계획서의 취합 및 유지관리
12) 품질 및 환경관련 검사 및 시험장비의 교정검사 주관
13) A/S 및 고객불만의 접수 및 처리결과 확인
14) 고객만족도 조사를 포함한 고객정보의 수집 및 분석

1.3.7 생산팀
    1) 제품의 생산 및 공정관리 총괄
    2) 생산공정의 모니터링 총괄
    3) 공정 문제점에 대한 시정/ 예방조치 이행 및 주관
    4) 공구, 치공구, 외주제작품에 대한 구매의뢰 및 유지관리
    5) 부적합품 격리/ 식별 및 처분이행
    6) 공정제품의 식별 표시 및 보관관리
    7) 생산활동에 대한 환경영향평가 실시 및 환경목표와 세부목표 수립
    8) 환경 관련법규 및 기타 요구요건의 적용 및 준수
    9) 생산활동과 관련된 환경영향 요소와 환경 오염물질의 파악 관리
    10) 해당 환경오염 배출 및 방지시설의 운영, 감시 및 기록관리
    11) 부서의 비상훈련계획 수립 및 교육/훈련 실시
1.3.8 환경팀
    1) 환경경영시스템의 성과와 개선을 위해 필요한 사항을 대표이사에게 보고
    2) 환경경영시스템의 실행 및 성과관리에 대한 총괄책임
    3) 환경경영시스템 교육 주관
    4) 환경관련 법규와 기타요건의 파악, 법규등록부 작성, 배포 및 개정관리 주관
    5) 사무활동 관련 환경영향평가 실시
    6) 환경목표 및 환경개선계획서의 취합 및 유지관리
    7) 환경관련 대·내외의 요구사항과 정보의 입수, 분석 및 조치사항 회신총괄
    8) 비상사태 대비 및 대응계획의 수립, 실시 및 결과에 대한 기록 유지
    9) 사무실 업무환경의 유지관리

2.1 일반사항

1) 당 사업장은 제품, 활동 및 관련 서비스의 품질을 보증하고 유지하기 위하여 ISO 9001 (품질경영시스템 요구사항)에 따라 품질경영시스템을 수립, 문서화, 실행 및 유지하고 품질경영시스템의 효과성을 지속적으로 개선한다.

2) 당 사업장은 다음과 같은 프로세스 접근방법을 적용하고 이행한다.

(1) 품질경영시스템에 필요한 프로세스의 결정

(2) 프로세스의 순서 및 상호작용의 결정

(3) 프로세스의 관리에 필요한 기준 및 방법의 결정

(4) 프로세스의 운영에 필요한 자원 및 정보의 가용성 보장

(5) 프로세스의 모니터링, 측정(적용 가능한 경우) 및 분석

(6) 프로세스의 지속적 개선에 필요한 조치

2.2 기획

경영책임자는 품질경영시스템의 개발 및 실행, 품질경영시스템의 효과성을 지속적으로 개선하기 위하여 다음을 보장한다.

1) 제품, 활동 및 관련 서비스와 관련된 법적, 규제적 요구사항 뿐 아니라 고객 요구사항, 조직의 상황, 이해당사자의 니즈 및 기대의 중요성을 전 직원과 지속적으로 의사소통한다.

2) 당사의 목적에 맞게 품질방침을 수립하고, 전 직원과 의사소통을 한다.

3) 품질방침 및 품질목표는 고객의 요구사항과 관련 표준(ISO 9001 등)에 맞게 수립한다. 품질목표는 품질방침과 일관성을 유지하고 측정이 가능하도록 수립한다.

4) 직원의 권한과 책임을 규정하고 조직 내에서 의사소통한다.

2.3 지원 및 운영

경영책임자는 품질경영시스템의 실행 및 유지를 위한 다음과 같은 지원을 보장한다.

1) 인적자원(적절한 학력, 교육훈련, 숙련도 및 경험 등)

2) 기반구조(건물, 업무장소 및 관련된 유틸리티, 하드웨어 및 소프트웨어, 통신 또는 정보시스템 등)

3) 업무환경(소음, 온도, 습도, 조명 등)

4) 문서화된 정보

(1) 품질방침 및 품질목표

(2) 품질매뉴얼

(3) ISO 9001(품질경영시스템 요구사항)에서 요구하는 문서화된 절차 및 기록

(4) 프로세스의 효과적인 기획, 운영 및 관리를 보장하기 위하여 필요하다고 조직이 결정한 문서 및 기록

경영책임자는 품질경영시스템의 실행 및 유지를 위한 다음과 같은 운영을 보장한다.
1) 품질경영시스템의 제품(서비스) 실현에 필요한 다음의 프로세스를 계획하고 개발한다.
   (1) 제품(서비스) 품질목표 및 요구사항
   (2) 프로세스 수립 및 문서화의 필요성, 특정 자원의 확보 필요성
   (3) 요구되는 검증, 타당성 확인, 모니터링, 측정 활동
   (4) 산출된 제품(서비스)의 요구사항을 충족한다는 증거확보에 대한 기록
2) 고객의 요구사항, 고객이 명시하지는 않았지만 의도된 사용에 필요한 요구사항, 법적 및 규제적 요구사항, 조직이 자체적으로 정한 요구사항을 파악하고 검토한다.
3) 고객과 의사소통(제품 및 서비스 정보, 고객불만사항, 고객만족도조사결과, 고객 피드백 등)을 지속적으로 한다.
4) 제품의 설계 및 개발에 프로세스를 계획하고 다음 사항을 관리한다.
   (1) 설계 및 개발 단계
   (2) 설계 및 개발 검토, 검증 및 타당성 확인
   (3) 설계 및 개발에 대한 책임과 권한
5) 제품(서비스) 제공은 관리조건 하에서 계획하고 수행하며 제품(서비스) 제공 프로세스의 실현성 확인 및 타당성을 주기적으로 확인한다.
6) 제품(서비스) 제공과 관련된 기록은 정해진 기간 동안 추적성이 보장되도록 관리한다.

2.4 성과평가 및 개선
경영책임자는 품질경영시스템의 성과평가 및 개선활동을 다음과 같이 보장한다.
1) 고객을 대상으로 고객만족도조사를 연 2회 이상 실시한다.
2) 품질경영시스템의 효율성 및 효과성을 확인하기 위하여 내부심사를 연 1회 이상 실시한다.
3) 제품(서비스) 제공 중에 발생한 부적합 제품(서비스)는 지속적으로 시정 및 예방조치를 실시한다.
4) 품질경영시스템의 지속적인 적절성, 충족성 및 효과성을 보장하기 위하여 분기별로 경영 검토를 실시한다.

2.5 품질경영시스템 사내표준 체계 구축 및 운영

당 사업장 품질경영시스템을 효율적이고 효과적으로 운영하기 위하여 ISO 9001(품질경영 시스템 요구사항), 해당 KS 표준의 요구사항에 맞도록 사내표준을 업무 프로세스별로 규정하고 이에 따라 모든 직원은 업무를 수행한다. 업무 프로세스별 사내표준은 <표 1>과 같다.

표 1 - 프로세스별 사내표준 목록

구 분		표준번호	표준명
기획/ 개선	매뉴얼(M)	SM-0100	품질매뉴얼
	품질경영 (A)	SA-0100	사내표준관리 절차
		SA-0200	기록관리 절차
		SA-0300	조직 및 업무분장 절차
		SA-0400	품질경영추진 절차
		SA-0500	내부심사 절차
		SA-0600	개선활동 절차
		SA-0700	로트관리 절차
		SA-0800	시정 및 예방조치 절차
		SA-0900	통계적 품질관리 절차
		SA-1000	시험검사업무 절차
		SA-1100	협력업체관리 절차
		SA-1200	경영검토 절차
운영/ 성과 평가	자재관리 (B)	SB-0100	자재관리 절차
		SB-0101	자재품질 및 인수검사지침
		SB-0102	시험지침
	공정제조설비관리 (C)	SC-0100	공정관리 절차
		SC-0101	공정중간검사지침
		SC-0102	공정작업표준
		SC-0200	제조설비관리 절차
		SC-0201	제조설비안전지침
		SC-0202	설비윤활관리지침
	제품관리 (D)	SD-0100	설계 및 개발 절차
		SD-0200	제품의 품질관리 절차
		SD-0201	제품품질 최종검사지침
		SD-0300	부적합 제품관리 절차
	시험검사설비관리 (E)	SE-0100	시험검사설비관리 절차
		SE-0101	한도견본관리 절차
	소비자보호 및 환경자원관리 (F)	SF-0100	고객불만처리 절차
		SF-0200	제품구매정보관리 절차
		SF-0300	환경 및 안전관리 절차
		SF-0400	교육훈련 절차

표준산업	절 차	표준번호 : SA-0100
	사내표준관리	페 이 지 : 1/11

1 적용범위
  이 절차는 사내표준관리에 대하여 규정한다.

2 목 적
  사내표준의 작성, 변경, 검토, 승인, 배부, 회수 및 폐기 절차를 명확히 정하여 품질경영시스템의
  효율적 운영을 하는데 있다.

3 용어의 정의
  이 표준의 목적을 위하여 다음의 용어와 정의를 적용한다.

  3.1
  사내표준
  품질경영시스템의 운영을 위한 기준으로서, 품질매뉴얼, 절차 및 지침을 말한다.

  3.2
  품질매뉴얼
  품질경영 활동 업무의 기본방침, 조직 등에 대한 품질경영시스템을 규정한 표준을 말한다.

  3.3
  절차
  업무에 대한 방법 및 절차 등을 정한 기준이며, 지침의 보조를 받는다.

  3.4
  지침
  절차에서 규정한 업무의 처리에 필요한 구체적인 기준이다.

4 책임과 권한

  4.1 경영책임자
      품질매뉴얼 절차, 지침 승인

  4.2 경영간부
      품질매뉴얼 절차, 지침 검토

4.3 품질관리담당자
  1) 사내표준의 제정, 개정, 폐지에 따른 등록, 배부, 회수 및 이력 관리
  2) 품질매뉴얼 원안 작성

4.4 해당 부서장
  절차, 지침 원안 작성

5 업무절차

5.1 일반사항
  1) 사내표준은 해당 KS 및 관련표준의 요구사항에 만족하도록 KS A 0001에 맞게 작성한다.
  2) 사내표준은 관련 법규, KS표준 및 인증심사기준 등을 고려하여 사내표준화 요구사항을 파악하고, 프로세스별로 절차 및 지침에 규정한다.
  3) 절차 및 지침은 업무가 수행되는 순서에 따라 단계적으로 기술한다.
  4) 사내표준은 읽기와 이해하기가 쉬워야 하고 해석의 여지가 없도록 쉽게 작성한다.

5.2 사내표준 체계
  1) 품질경영시스템의 사내표준 체계는 <그림 1>과 같다.
  2) 사내표준은 상호간에 모순이 없어야 하며, 하위 사내표준은 상위 사내표준의 구속을 받는다.

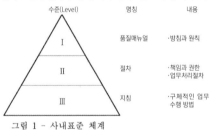

그림 1 - 사내표준 체계

5.3 사내표준의 작성·검토·승인 및 폐지
  1) 사내표준의 제·개정 시에 작성, 검토 및 승인권자는 표 1과 같다.

표 1 - 사내표준의 작성·검토·승인권자

표 준 명	작 성	검 토	승 인
품질매뉴얼	품질관리담당자	경영간부	경영책임자
절 차	해당업무실무자	경영간부	경영책임자
지 침	해당업무실무자	경영간부	경영책임자

2) 폐지에 대한 검토 및 승인은 사내표준의 제·개정 시에 작성, 검토 및 승인권자와 동일하다.

3) 사내표준의 변경은 특별히 지정하지 않은 한, 최초 작성한 부서에서 작성, 검토한다.

4) 절차서, 양식의 제·개정·폐지할 때에는 해당 부서장과 협의하여야 한다.

5) 품질관리담당자는 사내표준에 대한 정기적인 검토를 1년마다 실시하고 그 적부를 확인하여야 한다.

6) 품질관리담당자는 다음의 사유가 발생하면 사내표준을 제·개정하여야 한다.
- 직제의 개편으로 새로운 업무가 시작·변경되는 경우
- 환경 변화에 따른 새로운 업무가 시작·변경되는 경우
- 관련된 KS, ISO, 단체표준, 기타 적용되는 표준의 개정이 있는 경우
- 경영검토 결과 사내표준의 변경이 요구되는 경우
- 시정조치 또는 예방조치 결과 절차의 변경이 필요한 경우
- 현행 사내표준의 내용이 운영 면에서 불합리한 경우
- 현행 시스템의 미비로 새로운 사내표준이 필요할 경우
- 그밖에 사내표준을 제·개정해야 할 필요성이 발생하였을 경우

5.4 등록 및 배부관리

1) 품질관리담당자는 승인된 사내표준을 사내표준등록대장에 등록하여야 한다.

2) 품질관리담당자는 사내표준의 배부시, 사내표준의 표지에 적색으로 '관리본' 스탬프를 찍고 관리번호를 부여하여야 한다.

3) 만일, 사내표준을 외부로 유출할 경우에는 경영책임자의 승인을 받아야 하고, '비관리본(UNCONTROLLED)'임을 표기하여 배부하여야 한다. 비관리본은 관리하지 않는다.

4) 사내표준의 원본은 품질관리담당자가 보관한다.

5) 사내표준을 배부 받은 자는 본인 및 해당 직원으로 하여금 파손, 분실 또는 사외로 유출되지 않도록 보관하여야 한다.

5.5 회수, 개정 등 관리

1) 품질관리담당자는 사내표준을 개정하여 새로 배부할 경우, 구사내표준은 회수하고, 회수한 구사내표준은 적절한 방법으로 폐기하여야 한다.

2) 품질관리담당자는 구사내표준이 참고용으로 필요한 경우 적색으로 '참고용' 표기를 하여 보관하여야 한다.

3) 품질관리담당자는 품질매뉴얼에 대한 개정이력을 품질매뉴얼의 개정이력에 기록하여 관리한다. 절차 및 지침에 대한 개정 이력은 사내표준(절차, 지침) 개정보고서 양식에 기록하여 관리하여야 한다.

5.6 사내표준의 효력

1) 사내표준의 효력은 승인권자의 승인일로부터 그 효력을 갖는다. 다만, 시행일을 별도로 정한 경우, 정한 시행일로부터 효력이 발생한다.

표준산업	절 차 사내표준관리	표준번호 : SA-0100 페 이 지 : 4/11

2) 사내표준을 폐지하는 경우 승인권자의 승인일로부터 그 효력이 소멸된다.
3) 기존의 사내표준을 대체하여 새로운 사내표준을 제정 또는 개정하는 경우에는 새로운 사내표준
의 시행일로부터 기존 사내표준의 효력은 소멸된다.

5.7 사내표준의 작성용지
1) 사내표준의 작성용지는 A4용지를 사용함을 원칙으로 하며, A4용지를 사용할 수 없을 때에는
타 A계열 용지를 사용할 수 있다.
2) 품질매뉴얼은 표지를 사용하고 절차서 및 지침서의 경우, 사내표준 표지를 사용하지 않는다.
3) 사내표준은 사내표준(품질매뉴얼, 절차, 지침) 양식에 따라 작성하여야 한다.

보 기 사내표준(품질매뉴얼, 절차서, 지침서) 양식

회사명	절 차 사내표준관리	표준번호 : 00-0000 페 이 지 : 0/0

5.8 사내표준번호 부여방법
1) 사내표준번호의 번호는 <그림 2>와 같이 부여하여야 한다.
2) 사내표준 구분 기호는 <표 2>와 같이 부여하여야 한다.

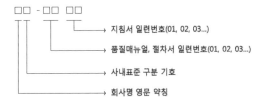

그림 2 - 사내표준번호 부여방법

표 2 - 사내표준 구분기호

품질매뉴얼	품질경영	자재관리	공정제조 설비관리	제품관리	시험검사 설비관리	소비자보호 및 환경자원 관리
M	A	B	C	D	E	F

5.9 사내표준의 작성

5.9.1 사내표준 구성
　사내표준의 구성순서는 다음과 같이 한다. 다만, 관련된 항목이 없을 때에는 작성하지 않는다.
1) 1 적용범위
2) 2 목적
3) 3 인용표준
4) 4 용어와 정의
5) 5 책임과 권한
6) 6 업무절차
7) 7 관련표준
8) 8 관련양식
9) 부속서

5.9.2 조항번호 부여방법
1) 사내표준의 내용 중 제목이 있는 것에 대해서는 그 제목 앞에　보기와 같은 조항 번호를 부여하는 것을 원칙으로 한다. 다만, 내용에 따라 조항을 생략하고 기술할 수 있다.
　보 기　1.
　　　　　1.1
　　　　　　1.1.1
　　　　　　1)
　　　　　　　(1)
2) 한 조항의 내용과 다른 조항의 내용을 서로 구분하기 위하여 상기의 보기와 같이 한 칸 들여쓰기를 한다.

5.9.3 개정번호 부여방법
1) 사내표준 내용의 일부가 변경되었어도 해당 사내표준을 전체적으로 재발행하여야 한다.
2) 최초 사내표준의 발행 시 개정번호는 '0(영)'을 부여하며, 차후 사내표준의 개정이 있을 때마다 '1'부터 순차적으로 부여하여야 한다.

5.10 양식관리
   1) '양식'이라 함은 업무와 관련되어 반복적으로 작성, 사용하는 것으로서 모든 양식은 등록하여 최신본으로 사용하여야 한다.
   2) 관련 양식번호는 <그림 3>과 같이 양식 하단 우측에 부여하여야 한다.

□□   □□□□ □□

           └→ 일련번호(01, 02, 03...)

        → 표준번호

그림 3 - 양식번호 부여방법

6 관련양식
   1) 사내표준등록대장
   2) 품질경영매뉴얼표지 양식
   3) 사내표준(품질매뉴얼, 절차, 지침) 양식
   4) 사내표준(절차, 지침) 개정 보고서

부속서 A(참고) 사내표준관리지침

사내표준등록대장

사내표준등록대장

구 분		표준번호	표준명	제 · 개정일자		비 고
				개정번호	일 자	
기획 및 개선	품질 매뉴얼 (M)					
	품질 경영 (A)					
운영 및 성과평가	자재 관리 (B)					
	공정 제조 설비 관리 (C)					
	제품 관리 (D)					
	시험 검사 설비 관리 (E)					
	소비자 보호 및 환경 자원 관리 (F)					

SA-0100-01

품질매뉴얼표지 양식

품질매뉴얼

표준번호	
제정일자	
개정번호	
개정일자	

관 리 본 □ (번호 :   )
비관리본 □

표준산업

㈜표준산업의 사전 승인 없이, 이 매뉴얼의 무단 전재와 복제를 할 수 없습니다.

SA-0100-02

사내표준(품질매뉴얼, 절차, 지침) 양식

회사명		표준번호 :
		페 이 지 :

SA-0100-03

표준산업	절 차	표준번호 : SA-0100
	사내표준관리	페 이 지 : 9/11

사내표준(절차, 지침) 개정 보고서

사내표준(절차/지침) 개정 보고서

표준명		개정번호	
표준번호		개정일자	
개정사항			
개정 전		개정 후	
개정 사유			

작 성	검 토		승 인
/	/	/	/

SA-0100-04

부속서 A
(참고)
사내표준관리지침

A.1 목적

사내표준관리의 목적은 관련 업무 수행자에게 해당 업무에 필요한 유효한 표준만을 배포하고 그 표준만을 사용하게 함으로써, 정확한 업무 수행을 할 수 있게 하는 것이다. 따라서 조직은 표준을 관리하는 절차를 문서화해 규정해야 한다. 관리 대상에는 내부에서 작성한 표준 외에도 조직에 적용되는 법규, 기술 기준, 국제표준, 국가표준, 단체표준 등이 포함된다.

A.2 표준의 종류

표준의 종류는 업종과 분야에 따라 매우 다양하다. 규정, 규칙, 세칙, 절차, 지침, 매뉴얼, 요령, 기준, 작업표준, 업무 매뉴얼, 운전 매뉴얼, 시방서 등 일일이 열거하기 어려울 만큼 많다. 이는 동일한 목적의 표준이라 하더라도 업종의 관행에 따라 다르게 부르는 것에 기인하는데, 표준의 명칭을 정할 때에는 업종의 관행을 따르는 것이 바람직하다.
표준의 매체로는 종이, 자기·전자 또는 광학 컴퓨터 디스크, 사진, 견본 또는 그중 두 가지 이상을 조합해 사용할 수 있다. 일반적으로 종이로 된 하드카피만을 표준으로 생각하는데, 정보를 전달하는 방법에는 여러 가지 수단을 활용할 수 있다.

A.3 표준의 검토 및 승인

표준에는 구속력이 있어야 한다. 구속력이 없는 표준이라면 지키지 않아도 되기 때문이다. 따라서 표준의 승인은 구속력을 부여할 권한이 있는 승인권자를 통해 이루어져야 한다.
표준의 검토에는 해당 표준의 시행에 관계되는 이해 당사자가 참여하는 것이 원칙이다.
표준의 승인권자는 해당 표준의 적용 범위를 관할하는 인원인 것이 바람직하다. 즉, 해당 부서에만 적용된다면 해당 부서장이 승인권자가 되어야 하고, 조직 전체에 적용된다면 승인권자는 경영책임자가 되어야 할 것이다.

A.4 표준의 배포

표준은 필요한 곳에 배포해 활용할 수 있도록 해야 한다. 효력을 상실한 표준은 오용되지 않도록 삭제해야 한다.
· 표준 배포처는 각 표준에 규정된 내용을 실행하는 하부 조직까지로 하며, 필요시 협력업체 등 사외 배포처도 포함되어야 한다.

표준산업	절　차	표준번호 : SA-0100
	사내표준관리	페 이 지 : 11/11

· 관리본과 비관리본을 구분하고, 관리본의 경우 배포 대장을 유지하는 것이 필요하다.
· 표준의 개정 현황을 나타내는 표준 대장 또는 동등한 수단을 통해, 무효화 또는 폐지된 표준 사용을 배제해야 한다.
· 무효화 또는 폐지된 표준은 회수하거나, 잘못 사용되지 않도록 수단을 강구해야 한다.
· 법적 또는 지식 보전의 목적으로 폐지 표준을 보존할 경우, 폐지 표준이 무효임을 적절히 표시해야 한다.

표준산업	절 차	표준번호 : SA-0200
	기록관리	페 이 지 : 1/3

1 적용범위

이 절차는 사내표준화 이행의 결과인 기록관리에 대하여 규정한다.

2 목적

기록의 관리, 보관, 보존, 열람, 폐기, 수정 등의 절차를 명확히 함으로써, 기록을 효율적으로 관리하는데 그 목적이 있다.

3 책임과 권한

3.1 경영책임자

1) 기록폐기 승인

3.2 해당 부서장

1) 기록의 파일링
2) 폐기기록의 파악 및 검토

4 업무절차

4.1 기록의 관리

1) 모든 직원은 해당 공장의 업무가 사내표준대로 수행되었음을 증명할 수 있도록 업무수행의 결과인 기록을 관리하여야 한다.
2) 관리하여야 할 기록은 다음과 같다.
   - 표준화일반 관련 사내표준의 이행 기록
   - 고객불만처리 관련 기록
   - 안전, 직무 교육 등 교육훈련에 관한 기록
   - 내부심사 관련 기록
   - 개선활동 관련 기록
   - 계약관련 기록
   - 경영검토 기록
   - 고객만족도조사 관련 기록
   - 시정 및 예방조치 관련 기록 등
3) 기록의 수정이 필요한 경우, 수정 부분을 줄로 긋고, 담당자가 서명을 한다.
4) 해당 부서의 담당자는 기록을 쉽게 찾을 수 있고 용이하게 확인할 수 있도록 기록별로 파일링 및 색인을 하여 관리하여야 한다.

	절 차	표준번호 : SA-0200
표준산업	기록관리	페 이 지 : 2/3

4.2 기록의 보관

   1) 해당 부서장은 모든 기록을 물리적 손상, 화재 및 자연재해 등으로부터 손상이 방지될 수 있
      도록 사무실의 안전한 장소에 보관, 유지하여야 한다.
   2) 해당 부서장은 기록의 보관 장소에 대해 잠금장치를 하여야 한다.

4.3 기록의 보존

   1) 해당 부서장은 계약, 법률 또는 기타 의무조건에 의거 요구되어지는 기록은 요구 기간 동안
      보존하여야 한다.
   2) KS인증과 관련된 기록은 3년간 보존하여야 한다.

4.4 기록의 열람

   1) 보존 중인 기록은 해당 부서장의 확인을 받은 후 열람할 수 있다.
   2) 고객정보 열람은 고객정보 보호절차에 따른다.

4.5 기록의 폐기와 수정

   1) 기록의 폐기는 보존기한이 경과된 기록에 한하여, 해당 부서장이 검토하고 경영책임자의 승인
      을 득한 후에 실시한다.
   2) 유효한 문서는 보존기한과 관계없이 지속적으로 유지할 수 있다.

5 관련표준

  1) 사내표준관리절차

부속서 A(참고) 기록관리지침

부속서 A
(참고)
기록관리지침

A.1 개요

기록은 달성된 결과를 명시하거나 수행한 활동의 증거를 제공하는 문서이다. 즉, 기록은 사내표준의 이행에 따른 결과이므로 표준의 일부라 할 수 있다.
따라서 사내표준과 기록을 별개의 것으로 구분하지 않고 기록을 사내표준의 부분으로 간주해야 한다.

A.2 기록 관리의 기본사항

기록 관리의 기본사항은 추적성 및 증빙성을 유지하는 것이다. 추적성을 유지하기 위해 기록에 어떤 제품, 프로젝트, 시스템에 대한 결과인지를 추적할 수 있도록 표시해야 한다. 또한 증빙성을 유지하려면 기록을 변경해서는 안 되고 연필이나 수정액 등을 활용해 임의로 수정하는 것도 허용되지 않는다. 수정이 필요한 경우에는 수정 일자와 수정자 또는 승인자 서명을 명기해야 한다.

A.3 색인 및 파일링

기록은 필요할 때 즉시 검색할 수 있는 상태로 보관 및 유지를 할 수 있도록 기록의 명칭, 분류, 보존 기한을 색인해야 한다.
파일링은 기록의 보관 위치를 지정하고, 기록에 대한 목록을 작성 및 유지하는 것을 가리킨다.

A.4 보관 및 보호

기록을 보관하려면 보관 장소를 확보해야 한다. 보관 장소는 직사광선, 자기장, 화재, 자연재해 등으로부터 안전해야 하고 필요시 잠금장치, 방충, 방습 등의 관리가 이루어져야 한다.
하드카피 상태의 기록을 장기간 보관하는 경우에는 변색이나 탈색 방지, 방수, 습도 조절 등 필요한 조건을 구비해야 하며 마이크로필름, 디스켓, 테이프 등 전자매체로 기록된 경우에는 손실을 방지하기 위한 절차를 수립해야 한다.

A.5 폐기 처분

보유 기간이 지난 기록을 폐기하기 위한 절차를 수립해야 한다.

표준산업	절　　차	표준번호 : SA-0300
	조 직 및 업무분장 관리	페 이 지 : 1/2

1 적용범위

　이 절차는 조직 및 업무분장에 대하여 규정한다.

2 목 적

　조직 및 업무분장을 명확히 하여 업무의 효율성을 높이는데 있다.

3 용어의 정의

　이 표준의 목적을 위하여 다음의 용어와 정의를 적용한다.

3.1

조직

회사의 경영 목적을 달성하기 위한 여러 가지 직무 기능별 요소의 집합체를 말한다.

3.2

조직도

조직의 부서 단위별 구성을 표기한 도표를 말한다.

3.3

업무분장

조직의 부서단위 및 개인의 구체적인 업무범위를 정하는 것이다.

4 책임과 권한

4.1 경영책임자

　　1) 조직의 구성 및 개편에 대한 승인

　　2) 부서별 직무분장에 대한 승인

　　3) 조직 및 부서별 연간 사업계획 및 예산 승인

　　4) 위원회, 각종 TFT 구성 등에 대한 승인

4.2 관리부서장

　　1) 조직의 구성 및 개편(안) 작성

　　2) 부서별 직무분장에 대한 검토

　　3) 조직 및 부서별 연간 사업계획 및 예산 검토

　　4) 위원회, 각종 TFT 구성 등에 대한 검토

4.3 해당 부서장
  1) 부서원별 세부적인 업무분장
  2) 업무분장 조정 및 관리

5 업무절차

5.1 조직구성 및 개편
  1) 경영책임자는 조직을 구성할 때 원칙적으로 업무 중심의 관리범위 및 책임과 권한을 명확히
     하여 조직의 효율화를 극대화할 수 있도록 한다. 경영여건 및 대외경영환경, 회사의 중장기 사
     업전략에 따라 조직을 개편할 수 있다.
  2) 관리부서장은 조직개편이 필요한 경우, 관련 부서장과 협의한 후, 경영책임자의 승인을 받아
     야 한다.
  3) 관리부서장은 조직개편에 따른 인사발령이 필요한 경우, 인사부서장에게 요청하여야 한다.
  4) 인사부서장은 인사규정에 따라 인사발령을 하여야 한다.

5.2 TFT 구성 및 운영
  1) 경영책임자는 업무 수행에 따른 별도의 추진조직이 필요한 경우, TFT 등 한시조직을 구성
     및 운영할 수 있다.
  2) 경영책임자는 TFT 등 한시조직의 업무가 종료된 때에는 주관부서로 업무를 이관하고 해체하
     여야 한다.

5.3 업무분장 및 관리
  1) 해당 부서장은 품질매뉴얼에 규정된 해당 부서의 업무분장 내용을 바탕으로 개인별 업무분장
     을 하여야 한다.
  2) 해당 부서장은 각 개인별 수행업무 범위, 책임 및 의무 사항을 명시한 세부적인 업무분장 내
     용을 업무분장표에 기록하고 관리하여야 한다. 필요한 경우, 개인별 업무분장을 조정할 수 있
     다.

5.4 부서별 업무분장
  품질매뉴얼 제1장 조직 1.3 책임과 권한에 따른다.

6 관련표준
 1) 사내표준 관리절차
 2) 인사규정

표준산업	절 차	표준번호 : SA-0400
	품질경영추진	페 이 지 : 1/6

1 적용범위

이 절차는 표준화 및 품질경영 추진활동에 대하여 규정한다.

2 목적

일상적 경영활동을 품질경영활동과 연계하여 체계적이고 효율적인 계획을 수립하고, 이를 실천함으로써 경영의 효율성과 품질신뢰성을 확보하는데 있다.

3 책임과 권한

3.1 경영책임자

1) 표준화 및 품질경영 추진계획/이행실적 승인
2) 품질관리담당자 지정

3.2 품질관리담당자

1) 표준화 및 품질경영계획 수립, 보고 및 실시
2) 지속적인 품질개선

4 업무절차

4.1 품질관리담당자 지정

1) 경영책임자는 관련 법규에서 정한 자격을 보유한 품질관리담당자를 지정하여야 한다.
2) 품질관리담당자는 다음의 업무를 수행한다.

- 사내표준화와 품질경영에 대한 계획의 입안 및 추진
- 사내표준의 제정·개정 등에 대한 총괄
- 상품 및 가공품의 품질수준 평가
- 각 공정별 사내표준화 및 품질관리의 실시에 관한 지도, 조언 및 부문 간의 조정
- 공정에서 발생하는 문제점 해결과 조치, 개선대책에 관한 지도 및 조언
- 종사자에 대한 사내표준화 및 품질경영에 관한 교육훈련 추진
- 부품을 제조하는 다른 업체의 관리에 관한 지도 및 조언
- 불합격품 또는 부적합 사항에 대한 조치
- 해당 제품의 품질검사 업무 관장

4.2 품질경영계획 수립 및 이행

1) 품질관리담당자는 매년 품질경영 추진계획을 수립하고 경영책임자에게 보고하여야 한다.

2) 품질경영 추진계획에는 다음과 같은 주요 과제를 포함하여야 한다.

  (1) 일반 경영관련 사항

- 품질 신뢰성 확보
- 원가절감
- 생산성 향상
- 수율 및 불량률 감소
- 임직원의 업무 능력 향상
- 사내표준 정비 및 이행
- 고객 신뢰성 확보 등

  (2) KS인증심사기준 관련 사항

- 품질경영 : 경영책임자 품질인식, 사내표준 구축 및 이행, 품질경영계획 수립 및 이행, 지속적 개선활동 운영, 품질시스템 내부심사 등
- 자재관리 : 자재 구매계획, 인수검사, 부적합품률 감소, 운반·보관 등
- 공정·제조설비관리 : 중간검사, 부적합품률 감소, 식별 및 추적성, 제조설비 보전계획, 설비개조, 고장관리, 고장감소, 윤활관리 등
- 제품관리 : 제품설계, 제품검사, 부적합품률 감소, 제품의 통계적 품질관리, 공정능력, 제품의 품질개선 등
- 시험검사설비 관리 : 검사설비 보전계획, 교정계획 등
- 소비자보호 및 환경·자원관리 : 고객불만처리 및 피해보상, 제품 구매정보, 교육훈련, 작업환경 및 안전관리 등

3) 품질경영 추진과제에 대한 핵심성과지표(KPI : Key Performance Index)를 결정하여야 한다. 성과지표는 %, ppm, 시간, 횟수, 개수 등 정량적으로 표현하여야 한다. 정량적으로 표현이 안 될 경우에는 등급(grade), 수준(level) 등으로 표현한다. 또한, 이 성과지표를 산출하기 위한 산출식을 정하고, 이에 필요한 데이터를 얻기 위하여 측정할 항목이 무엇인가를 파악하여 측정항목을 정하여야 한다.

  보 기 1 핵심성과지표(KPI : Key Performance Index)는 다음과 같이 정량화할 수 있다.

- 매출액 : 2억 원/월
- 개선제안 건수 : 12건/년
- 영업비용 절감액 : 전년대비 15%
- 제품 부적합품률 : 0.1% 이하

  보 기 2 고객불만 처리율을 성과지표로 정할 때, 이를 산출하기 위한 산출식을 (처리건÷접수건) × 100%라 정의할 수 있다.

4) 모든 부서장은 품질경영 추진계획에 따라 해당 업무를 이행하여야 한다.

4.3 품질경영계획 이행현황 보고 및 개선활동

1) 품질관리담당자는 매년 12월 전에 품질경영추진현황을 품질경영 추진이행실적보고서에 따라 작성하고 경영책임자에게 보고하여야 한다.

2) 품질관리담당자는 품질경영추진에 따른 문제점을 분석하고 대책을 수립하는 등의 지속적인 품질개선을 하여야 한다.

5 관련표준
  1) 사내표준관리절차
  2) 기록관리절차
  3) 개선활동절차
  4) 조직 및 업무분장절차

6 관련양식
  1) 품질경영추진계획서
  2) 품질경영추진이행실적보고서

부속서 A(참고) 품질경영추진계획서 및 품질경영추진이행실적보고서 작성예시

표준산업	절 차 품질경영추진	표준번호 : SA-0400 페 이 지 : 4/6

품질경영추진계획서

품질경영추진계획서 (년도)					결 재	작성	검토	승인
부 서			작성일 . . .	작성자	성명		서명	
경영방침	품질목표	목표치	담당자	실시계획	일 정 계 획 1 2 3 4 5 6 7 8 9 10 11 12			

SA-0400-01

품질경영추진이행실적보고서

품질경영추진이행실적보고서 (년도)					결 재	작성	검토	승인
부 서			작성일 . . .	작성자	성명		서명	
경영방침	품질목표	목표치	실 적	실 시 내 용		문제점 및 대책		

SA-0400-02

부속서 A
(참고)
품질경영추진계획서 및 품질경영추진이행실적보고서 작성 예시

A.1 개요

KS공통인증심사기준에서는 KS인증기업이 매년 품질경영추진계획을 수립하도록 요구하고 있다. 따라서 본 부속서는 품질경영추진계획 및 품질경영추진이행실적보고서를 작성하는 데 참고가 될 예시를 제공한다.

A.2 품질경영추진계획서 작성 예시

품질경영추진계획서 (0000 년도)				결 재	작성		검토		승인			
부 서	생산부	작성일	. . .	작성자	성명		서명					
경영방침	품질목표	목표치	담당자	실시계획	일 정 계 획							
					1	2	3	4	5	6	7	8	9	10	11	12
생산성향상	인당 생산금액	xxxxx	가나다	• 직접생산성 향상												
				• 비생산시간 축소												
교육훈련 강화	인당 교육시간	xx	라마바	• 사외교육												
				• 사내교육												
품질향상	제품 부적합품률	xx	사자차	• 설비능력 향상												
				• 통계적 공정관리 실시												
				• 작업자 다기능화												

A.3 품질경영추진이행실적보고서 작성예시

품질경영추진이행실적보고서 (0000 년도)					결 재	작성	검토	승인
부 서		작성일	. . .	작성자	성명		서명	
경영방침	품질목표	목표치	실 적	실 시 내 용			문제점 및 대책	
생산성 향상	인당 생산금액	xxxxx	yyyyy	인당 생산성 향상 - 공정 레이아웃 변경 - 작업표준 재정비 - 작업 지그 제작 및 사용 - 공정조건 최적화			- 지그 제작 지연으로 지그 제작 외주처리	
				비생산시간 단축 - 자재 공급체계 변경 - 재고관리 강화			-	
교육훈련 강화	인당 교육시간	xx	yy	사외교육 - 각 부서별 필요교육 파악 - 부서별 교육계획 수립 - 사내교육 - 각 부서별 필요교육 파악 - 부서별 교육계획 수립			사외교육 이수 후 교육내용 현업적용 미흡에 대해 교육 이수 후 교육보고서에 현업 적용방안 기록 및 이행	

표준산업	절 차	표준번호 : SA-0500
	내부심사	페 이 지 : 1/16

1 적용범위
이 절차는 품질경영시스템의 내부심사에 대하여 규정한다. 이 절차는 환경경영시스템에도 적용이
가능하다.

2 목 적
품질경영시스템의 효율성과 효과성을 검증하고 유지·개선하는데 있다.

3 인용표준
다음의 인용표준은 이 표준의 적용을 위해 필수적이다. 발행연도가 표기된 인용표준은 인용된 판
만을 적용한다. 발행연도가 표기되지 않은 인용표준은 최신판(모든 추록을 포함)을 적용한다.

KS Q ISO 19011(경영시스템 심사 가이드라인)

4 용어와 정의
이 표준의 목적을 위하여 용어와 정의는 KS Q ISO 19011에서 주어지고 다음을 적용한다.

4.1
내부심사
품질경영시스템이 방침 및 규정된 요구사항에 적합한지를 판단하기 위해 자체적으로 수행하는 체계
적이고 독립적인 조사를 말한다.

4.2
심사반
심사를 수행하는 한 명 이상의 심사원

4.3
심사원
심사를 수행하는 인원

5. 책임과 권한

5.1 경영책임자
  1) 내부심사계획 및 내부심사결과보고서 승인
  2) 특별심사 요구

5.2 품질관리담당자
1) 심사계획의 수립(심사반 편성, 일정 등)
2) 특별심사계획의 수립
3) 내부심사결과보고서의 작성 및 보고
4) 내부심사 결과 부적합사항에 대한 시정 및 예방조치 요구

5.3 심사반장
1) 심사반 지휘 및 심사수행
2) 심사반원 부적합사항 확인
3) 부적합사항에 대한 시정 및 예방조치요구서 확인

5.4 심사원
   심사 수행 및 시정 및 예방조치요구서 작성

5.5 피심사부서
1) 심사에 필요한 제반 자료의 제공 및 심사 협조
2) 부적합사항에 대한 시정 및 예방조치

6 업무절차

6.1 일반사항

1) 내부심사는 <표 1>과 같은 프로세스로 실시한다.

표 1 - 내부심사 프로세스

구분	프로세스	담당자	세부업무내용	관련 양식
1	심사계획 수립 및 통보	품질관리담당자	• 심사반 편성, 심사일정, 심사범위 등을 포함한 연간심사계획 수립 • 해당부서에 심사계획 통보	• 내부심사계획서
2	심사 실시	심사반	• 심사 준비물 확인 • 심사 실시	• 내부심사점검표
3	심사결과 보고	심사반	• 내부심사결과보고서 작성 • 내부심사결과 보고	• 내부심사결과 보고서
4	시정 및 예방조치	품질관리담당자 해당부서장	• 시정 및 예방조치 요구 • 시정 및 예방조치	• 시정조치요구서
5	후속조치	품질관리담당자	• 내부심사결과를 교육훈련, 프로세스 개선, 경영검토 등에 반영 • 내부심사 관련 기록 관리	

2) 내부심사는 정기심사와 특별심사로 구분하여 실시한다.
3) 정기심사는 정기적으로 실시하는 심사로 경영검토 이전에 실시하는 것을 원칙으로 하며 연 1 회 이상 실시한다.

4) 특별심사는 정기심사와는 별도로 특별히 필요한 경우에 실시하는 심사로서, 절차와 방법은 정기심사와 동일하게 실시한다. 특별심사는 다음과 같은 경우에 실시할 수 있다.
- 업무에 중대한 부적합이 발생하거나 동일한 부적합이 계속 발생되는 경우
- 품질경영시스템의 기능에 중요한 변경이 있는 경우
- 외부로부터 중대한 불만이나 이의가 제기된 경우
- 인증기관 등으로부터 시정 명령을 받은 경우
- 기타 경영책임자가 필요하다고 지시한 경우

6.2 심사계획 수립 및 통보
1) 품질관리담당자는 정기·특별 심사를 위한 연간심사계획을 수립하여 경영책임자의 승인을 받아야 한다.
2) 연간심사계획에는 심사반 편성, 심사일정, 심사범위 등을 포함하여야 한다. 단 심사반 편성시에 심사의 공정성을 확보하기 위하여 본인의 직무와 관련이 있는 인원은 편성하지 않아야 한다.
3) 품질관리담당자는 내부심사를 위해 자격 있는 심사반장 및 심사반원을 편성하여야 하며 내부심사원의 자격기준은 <표 2>와 같다. 단, 필요시 외부 전문가를 활용할 수 있다.

표 2 - 내부심사원의 자격기준

구 분	업 무	자격 기준
심사반장	- 심사반의 대표 및 심사 총괄 - 심사실행계획수립 및 심사반에 임무부여 - 심사반 통솔 및 심사진행 점검 - 심사보고서 최종정리 및 제출	- 실무경력 5년 이상
심사반원	- 심사반장 보조 - 심사실행계획에 따라 심사 실시 - 심사결과 정리 및 보고서 작성	- 실무경력 3년 이상

4) 품질관리담당자는 심사계획을 해당 부서에 통보하여야 한다.

6.3 심사준비 및 실시
1) 심사반은 내부심사를 실시하기 전에 다음의 준비물을 준비하여 내부심사에 대비하여야 한다.
- 해당 분야의 표준 및 인증심사기준, 사내표준, 관련 표준 등
- 내부심사계획서
- 내부심사점검표(부속서 B 참조)
- 관련양식(시정 및 예방조치요구서, 심사결과보고서 등)
2) 심사반은 심사계획에 따라 심사를 실시하여야 한다.
3) 심사반은 발견된 부적합사항에 대하여, 시정 및 예방조치요구서를 작성하여야 한다.

6.4 심사결과 보고
  1) 품질관리담당자는 내부심사결과보고서를 작성하여 경영책임자의 승인을 받아야 한다.
  2) 내부심사결과보고서에는 다음 사항을 포함한다.
    - 심사반, 심사일자, 심사범위, 심사종류
    - 심사내용 요약
    - 시정조치요구서 등

6.5 시정 및 예방조치
  1) 품질관리담당자는 심사반이 작성한 시정 및 예방조치요구서를 검토하여 시정 또는 예방조치
    사항을 결정하고, 피심사부서장에게 시정조치 또는 예방조치를 요구한다.
  2) 피심사부서장은 시정조치 또는 예방조치 요구사항에 대하여, 특별한 경우를 제외하고 1개월 이
    내에 시정 및 예방조치 절차에 의하여 시정조치 또는 예방조치를 완료하고, 그 결과를 품질관
    리담당자에게 통보하여야 한다.
  3) 품질관리담당자는 시정조치 또는 예방조치가 효과적이지 않을 경우, 피심사부서에 반려하여 재
    시정조치를 요구할 수 있다.
  4) 품질관리담당자는 시정조치 또는 예방조치가 모두 완료되면 취합하여 경영책임자에게 보고하
    여야 한다.

6.6 사후관리
  1) 품질관리담당자는 내부심사에서 제기된 시정조치 또는 예방조치 요구사항을 지속적으로 관리
    하고, 재발 및 발생 방지를 위해 종사자의 교육훈련, 프로세스 개선, 경영검토 등에 반영한다.
  2) 내부심사의 관련 기록은 기록관리절차에 따라 관리한다.

7 관련표준
  1) 사내표준관리절차
  2) 기록관리절차
  3) 시정 및 예방조치 절차
  4) 교육훈련절차
  5) 경영검토절차

8 관련양식
  1) 내부심사결과보고서
  2) 시정 및 예방조치요구서

부속서 A(참고) 내부심사지침
부속서 B(규정) 내부심사점검표

내부심사결과보고서

표준산업	내부심사결과보고서	작성	검토	승인

심사반	심사반장	
	심사반원	

심사일자	
심사범위	
심사종류	□ 정기심사 □ 특별심사
심사결과 요약	

불임서류 : □ 시정 및 예방조치 요구서(부)   □ 기타 :

검토 및 지시사항

비 고	

SA-0500-01

시정 및 예방조치요구서

표준산업	시 정 및 예방조치요구서		발행 번호	
			일자	
부서명				
부적합 사항				
	피심사 부서장		시정조치 요구기한	
	심사반원		심사반장	
시정 및 예방조치 사항				
	피심사 부서장		일자	
시정 및 예방조치 유효성 확인 □ 만족 □ 불만족 □ 재시정조치요구				
재시정 요구 시 □ 만족 □ 불만족				
품질관리 부서장		일 자		

SA-0500-02

부속서 A
(참고)
내부심사지침

A.1 내부심사의 목적

내부심사(internal audit)의 근본 취지는 품질경영시스템이 경영진에게 계획된 품질목표를 달성하는 데, 효과적이라는 확신을 주기 위한 것이다. 내부심사의 목적은 품질경영시스템의 문제점 및 개선 대상을 파악하는 것이며, 아울러 직원들에게 표준의 준수에 대한 경각심을 일으키는 것이다.

A.2 내부심사원 자격

내부심사를 효과적으로 수행하기 위해서는 내부심사원의 자격을 정하는 것이 좋다. 일반적으로 내부심사원 자격의 기준은 학력, 교육 훈련, 경력, 적성, 관리 능력 등을 고려하여 정해야 한다.
통상 내부심사원은 조직 업무 프로세스에 정통한 부서장, 중간 관리자 또는 선임 직원급으로 하는 것이 좋으나, 간부급이나 하위 직원급 등 지나치게 높거나 낮게 치우치지 않도록 하는 것이 좋다. 심사원 후보자는 부서별로 골고루 선정해 심사의 객관성과 기술적 전문성을 확보한다.

A.3 내부심사원 교육

내부심사원에게는 내부심사를 수행하는 데 필요한 지식과 기법을 알려주기 위한 교육을 시행해야 한다. 이 교육에는 기본적으로 표준, 심사 계획수립 방법, 체크리스트 작성 및 활용 방법, 심사 수행 방법, 질문·인터뷰 방법, 심사결과보고서 작성 방법 등이 포함되도록 한다.

A.4 내부심사의 절차

내부심사 절차는 조직의 규모와 문화에 따라 달라진다. 일반적인 내부심사 절차는 다음과 같다.

1) 내부심사 계획 수립

내부심사 주관 부서에서는 연간 심사 계획을 수립해 내부심사를 시행하는 것이 좋다. 연간 내부심사 계획서에는 내부심사 목적 및 주안점, 내부심사 시기, 대상 부서·부문 및 대상 업무, 내부심사원 등이 포함되어야 한다.

2) 내부심사원 선정

내부심사원은 내부심사원 교육을 이수하고, 자격을 부여받은 인원 중에서 선정해야 한다. 또한 대상 부서·부문의 업무를 충분히 이해하는 인원으로 선정해야 한다. 내부심사의 실효성을 높이기 위해서는 내부심사 경험이 있는 인원을 함께 편성하는 것이 바람직하며, 필요 시 대상 부서·부문 업무 프로세스의 후속 프로세스를 담당하는 인원을 포함하는 것도 좋은 방법이다. 또한 내부심사에서 중요한 요소 중의 하나가 내부심사원의 독립성이며, 독립성이 없는 내부심사는 의미가 없다. 내부심사의 독립성을 확보하기 위해, 대상 부서·부문 소속이 아닌 인원이 내부심사를 하도록 해야 한다. 그런데 이렇게 독립적인 내부심사원을 선정하라는 의미를 꼭 다른 부서 직원에게 내부심사를 맡겨야 한다는 의미로 생각할 필요는 없다. 소규모 조직이라면, 내부심사원이 자신의 업무에 대해서만 심사를 수행하지 않도록 하면 된다.

3) 내부심사 준비

지정된 내부심사원은 내부심사를 시행하기 전에, 심사 대상 부서·부문에 관련된 주요 규정 및 표준 등을 숙지해야 한다. 이를 통해 내부심사원은 해당 부서·부문의 업무를 이해할 수 있게 되며, 내부심사 체크리스트를 작성하는 기초를 쌓을 수 있다. 내부심사 체크리스트는 요구사항별, 부서별, 프로세스별 등으로 조직의 규모나 특성에 맞게 작성할 수 있다. 내부심사 체크리스트를 작성하는 주요 목적은 심사 항목의 누락을 방지하고 심사를 체계적인 순서에 따라 시행하려는 것이다. 그밖에 내부심사에 필요한 부적합보고서, 내부심사 체크리스트 등 내부심사 관련 자료를 준비해야 한다.

4) 시작 회의

시작 회의는 내부심사에 들어가기 전에 공식적으로 심사가 시작된다는 것을 분명히 알리고, 내부심사를 어떻게 진행할 것인지 그 절차를 수심 부서에 알리는 자리다. 즉, 시작 회의에서는 내부심사 목적 및 범위, 일정 계획, 내부심사 진행 방법, 지적 사항·부적합 구분, 결과 보고 방법 등을 간략히 알려주어야 한다. 또한 내부심사 계획서대로 진행하는 데 문제점이 있는지 확인을 거쳐 확정을 하며, 안전장비 등 내부심사원이 필요로 하는 사항이 있으면 요청하게 된다.
가능한 한 수심 부서장이 직접 참석하도록 하는 것이 바람직하며, 내부심사에 관련된 제반 사항을 관련 인원 모두에게 이해시켜야 해야 한다.

5) 내부심사 수행

심사 수행 단계에서는 증거를 수집한다. 증거 수집 단계에서 부적합의 징후를 발견하게 되면 외형적 증상만을 확인하는 심사가 아니라, 그 증상에 대한 시스템의 내면적인 문제점을 확인하는 심사가 되어야 한다. 즉, 다음과 같은 사항을 심도 있게 조사해야 한다. '왜 부적합이 발생했는가? 다른 부문의 상태는 어떠한가? 이 부적합이 다른 부문에 영향을 주지는 않는가? 다른 부적합과 연관성은 없는가? 이미 알고 있는 사항이라면 어떻게 조치되었는가? 부적합의 구체적인 증거는 무엇인가?' 등이다. 내부심사원은 내부심사의 취지가 문제점을 파헤쳐 개인의 잘잘못을 따지자는 것이 아니라 문제점을 해결하자는 것임을 숙지하고, 지적만 하는 사람이 아닌 도와주는 사람이 되어야 한다. 그러므로 바람직한 내부심사 목적을 달성하기 위해 내부심사원은 기본적인 사항을 준수해야 한다. 내부심사원의 준수 사항은 다음과 같다.

- 시간 엄수
- 심사 계획서 준수
- 심사 기준에 따른 지적
- 지적 사항의 임의 누락이나 변경 금지
- 수심자와의 언쟁 금지
- 개인애 대한 심사 지양

아울러, 내부심사원은 선입관을 가지고 심사에 임해서는 안 된다.

6) 부적합 보고서 등 작성

내부심사 수행 중 부적합 사항이 발견되면 준비한 보고서 양식에 맞추어 작성한다. 이때 부적합 보고서는 객관적인 부적합 증거에 기초해 작성되어야 하며, 부적합 이유와 요구사항을 제시해야 한다. 객관적인 부적합 증거란 관찰·측정·시험 또는 기타 수단을 통해 얻어진 사실에 기초해 진실임을 증명할 수 있는 정보를 말한다. 객관적인 부적합 증거의 예를 들면 표준·기록·사물 또는 행위 자체, 눈으로 보는 상황, 피심사자가 구두로 답변하는 내용, 자료를 통해 확인된 상태, 기타 결과 또는 상황을 통해 입증된 사실 등이다.

부적합 보고서를 작성하는 방법은 다음과 같이 두 가지가 있다.

첫째, 부적합의 근거(표준 등)를 먼저 명시하고 부적합의 내용을 기술하는 방법이다. 예를 들면, '서비스 수행에 중요한 영향을 미치는 고객 접점 직원에 대해 분기별로 1회 이상 교육 훈련을 시행하도록 되어 있으나, 고객 접점직원에 대한 교육 훈련을 시행하지 않음'이라고 작성할 수 있다.

둘째, 부적합의 내용을 먼저 기술하고 부적합의 근거를 기술하는 방법이다. 예를 들면, 다음과 같이 작성할 수 있다. '1분기에 고객 접점 직원에 대해 교육 훈련을 시행하지 않음, 이는 교육훈련절차서에 위배됨'이라고 작성할 수 있다.

7) 종료 회의

내부심사가 끝나면 내부심사 결과를 요약해 수심 부서에 알려주는 자리, 즉 종료 회의를 갖는 것이 좋다. 종료 회의를 통해 내부심사원은 공식적으로 심사의 끝을 알리고 협조해준 것에 감사함을 표시한 후, 내부심사 결과 및 총평을 하게 된다. 먼저 우수 사례를 요약해 발표하고, 지적 사항, 권고사항, 시정 조치 방법, 시정 조치 기한 등을 간략히 알려주어야 한다.

8) 내부심사 결과보고서 작성

내부심사가 끝나면 내부심사원은 내부심사 결과보고서를 작성해 주관부서로 제출하게 된다. 내부심사 결과보고서에는 수심 부서·부문, 심사 일시, 심사원, 수심자, 부적합 사항 및 권고 사항 등의 항목이 포함되어야 한다.

9) 부적합 사항에 대한 시정 조치 시행

내부심사가 끝나면 수심 부서에서는 부적합 사항을 시정하는 조치를 해야 한다. 시정 조치 단계는 ① 유사한 부적합 사항이 더 있는지 확인하고, ② 부적합사항이 발생한 근본 원인을 조사한 후, ③ 재발방지 조치를 해야 한다.

10) 시정 조치 효과성 확인

내부심사 부적합 사항을 시정하는 조치가 이루어지면 주관 부서에서 시정 조치 결과 및 효과를 확인하고 마무리하게 된다. 주관 부서 또는 지정된 내부심사원은 시정 조치가 제대로 시행되었는지, 그리고 조치한 효과가 있는지를 확인해야 한다.

부속서 B
(규정)
내부심사점검표

A.1 품질경영

심사사항	확인사항	OX	비고
(1) 경영책임자 품질인식	○ 경영책임자가 KS인증제도와 해당 제품 표준에 대한 지식을 갖추기 위해 노력하는 등 품질경영에 대한 리더십을 발휘하고 있는가.		
(2) 사내표준 구축 및 이행	○ KS 인증에 필요한 사내표준 규정이 있고, 한국산업표준(KS) 최신본을 근거로 하여 사내표준 제정 및 개정 관리를 하고 있으며, 일상 업무를 사내표준에 따라 추진하고 있는가.		
(3) 품질경영 계획수립 및 이행	○ 해당 사업연도 품질경영계획(품질방침 및 품질목표 등 포함)을 수립하고 있으며, 품질경영 실시 내용에 대한 점검과 점검 내용에 대한 피드백 등 관리가 이루어지고 있는가.		
	○ 품질경영계획에서 규정한 품질목표는 측정 가능하고 품질방침과 일관성이 있는가.		
(4) 품질관리 또는 품질경영 부서 독립 운영 및 업무	○ 품질관리 또는 품질경영 부서의 업무내용을 구체적으로 규정하고 있는가.		
	○ 품질관리 또는 품질경영을 담당하는 부서를 독립적으로 운영하고 있는가.		
(5) 지속적 개선활동 운영	○ 임직원의 업무에 대한 지속적 개선활동 (예시: 제안, 학습조직, TFT, 분임조 등)을 위한 제도를 사내표준에 규정하고 있고, 사내표준(개선활동 제도 운영규정 등)에 따라 체계적이고 지속적 개선활동을 실시하고 있는가.		
(6) 품질시스템 내부심사 실시	○ 사내 표준화 및 품질경영 업무 전반에 대한 내부심사 업무를 사내표준에 규정하고 사내표준에 규정된 주기(최소 1회/1년 이상 실시)에 따라 내부심사를 실시하고 있는가.		
	○ 내부심사 실시결과를 사내업무 개선에 반영하고 있는가.		

A.2 자재관리

심사사항	확인사항	OX	비고
(1) 자재표준 규정	○ 개별 인증심사기준에서 규정한 원·부자재에 대한 품질 항목 및 품질표준을 규정하고 있는가.		
	○ 원부자재가 한국산업표준(KS)에 규정된 경우, 원부자재 품질 수준이 한국산업표준(KS) 수준 이상인가.		
(2) 인수검사 실시	○ 개별 인증심사기준에 규정한 원부자재에 대한 인수검사 규정이 합리적으로 규정되어 있는가.		
	○ 인수검사 결과 합격, 불합격 로트를 구분하여 적절한 장소에 보관하고 있는가.		
	○ 인수검사 담당자가 사내표준에서 규정한 인수검사 능력을 보유하고 있는가.		
(3) 인수검사 결과의 활용	○ 외부공인시험기관 시험성적서, 공급 업체의 시험성적서를 포함하여 원부자재 인수검사 결과를 기록·보관하고 있는가.		
	○ 인수검사 결과를 일정주기를 정하여 합격률, 사용 중 자재 부적합(품)률, 제품품질과 직접관련 품질특성치 등을 분석하고 그 결과를 토대로 자재공급업체의 변경 또는 제조공정, 제품설계, 작업방법 변경 등에 대한 후속조치의 실행 등 분석, 활용하고 있는가.		

A.3 공정·제조설비 관리

심사사항	확인사항	OX	비고
(1) 공정관리 규정 및 실시	○ 공정별 관리항목과 방법을 사내표준에 규정하고 있는가.		
	○ 사내표준에 규정한 공정관리 사항을 이행하고 그 결과를 기록하여 보관하고 있는가.		
(2) 중간검사 실시 및 규정	○ 개별 심사기준에서 규정한 공정별 중간 검사항목에 대해 중간검사 방법을 사내표준에 규정하고 있는가.		
	○ 사내표준에 규정한 중간검사를 이행하고 그 결과를 기록·보관하고 있는가.		
(3) 작업표준 적합성과 활용	○ 공정별 작업표준을 사내표준에 규정하고 있는가.		
	○ 작업표준에는 작업내용, 작업방법, 이상발생시 조치사항, 작업 교대시 인수인계 사항 등을 규정하고 실제작업 내용과 일치하는가.		
	○ 현장작업자가 작업표준을 이해하고 작업표준대로 작업을 실시하고 있는가.		
	○ 외국인 노동자가 작업을 할 경우 외국인 노동자가 작업표준을 이해할 수 있도록 사진, 그림 등을 활용하고 있는가.		
	○ 부적합품(유형별 부적합 견본 보유는 필요한 제품에 한정)에 대하여 식별 관리를 하고 있는가.		
(4) 주요 제조설비의 보유	○ 공정관리에서 외주가공이 허용된 제조설비외 개별 인증심사기준에 규정되어 있는 제조설비를 보유하고 있는가.		
	○ 제조 공정별로 적합한 설비를 배치하고 있으며 설비의 용량은 적합한가.		
(5) 제조설비의 관리	○ 설비의 운전 표준에 따라 설비를 적정하게 운전하고 있는가.		
	○ 설비의 예방보전을 위해 주기적으로 점검·기록·관리를 통하여 예방보전에 활용하고 있는가.		
	○ 설비의 이력·제원, 수리 및 부품 교환 내역 등을 수록한 설비 이력카드 및 관리대장을 보유하고 있는가.		
(6) 설비의 윤활관리	○ 설비의 원활한 운전을 위하여 각 설비별, 부위별로 적정 윤활유의 선택기준, 윤활유의 양, 윤활주기, 폐윤활유 처리방법 등을 사내표준에 규정하고 있는가.		
	○ 윤활관리 담당자가 윤활관련 자격을 보유 또는 전문교육을 이수하고 윤활관리를 실시하고 있는가.		

A.4 제품관리

심사사항	확인사항	OX	비고
(1) 제품 품질기준의 규정	○ 해당제품의 설계 및 개발절차, 한국산업표준(KS)에 규정한 품질항목과 기준을 사내표준에 규정하고 있는가.		
	○ 품질수준을 한국산업표준(KS)에서 규정한 내용 이상으로 규정하고 있는가.		
	○ 제품 품질항목 및 수준 설정 근거, 품질미달 제품이 사용자에게 주는 영향 등을 파악하고 있는가.		
(2) 제품검사 방법	○ 제품검사 규정 내용이 로트 품질을 보증할 수 있도록 로트의 구성 및 크기, 시료 채취방법, 샘플링 검사방식 및 조건, 시료 및 로트의 합격 및 불합격 판정기준, 불합격로트의 처리방법 등을 규정하고 있는가.		
	○ 외부공인시험기관 의뢰 항목의 경우 시험의뢰 주기, 시험 의뢰 내용 등을 규정하고 있는가.		
	○ 제품 품질항목별 시료채취방법 및 시험방법을 KS 표준에서 규정한 방법을 사내표준에 인용하고 이에 따라 실시하고 있는가.		
(3) 제품검사 실시	○ 제품검사를 사내표준에 규정한 내용대로 검사를 실시하고 그 기록을 보관하고 있는가.		
	○ 제품검사 결과 합격, 불합격 로트를 구분하여 적절한 장소에 보관하고 있는가.		
	○ 제품검사 담당자가 시험을 수행할 수 있는 능력을 보유하고 있는가.		
	○ 중요 품질항목에 대한 현장시험 결과가 KS표준을 만족시키면서 각 시험항목 중 중요 품질특성이 최근 3개월(다만, 정기심사의 경우에는 최근12월)평균값과 비교하여 볼 때 ±5%의 허용값 한계 내에 있는가.		
(4) 제품검사결과 활용	○ 자체에서 수행한 제품검사 결과를 일정주기를 정하여 평균값, 표준편차, 불량률 등을 분석하고 있는가.		
	○ 제품 분석결과, 공정개선 및 품질향상에 활용할 수 있도록 주요 품질항목의 공정 능력지수를 관리하고 있는가.		

A.5 시험·검사설비 관리

심사사항	확인사항	OX	비고
(1) 시험·검사 설비의 보유	○ 개별 인증심사기준에 따라 시험·검사 설비를 자체에서 보유하고 있는가.		
	○ 외부 기관(업체 포함)과의 사용 계약 또는 외부공인 시험성적서가 활용된 설비에 대하여 시험검사 의뢰기관, 시험검사 의뢰 내용, 시험검사 주기 등 외부설비 이용에 대하여 구체적으로 규정 및 실시하고 있는가.		
(2) 시험·검사 설비의 설치 및 성능 유지	○ 정확하고 정밀한 측정을 할 수 있고, 전기 수도 등 시험·검사를 지원할 수 있는 적절한 장소에 설치되어 있는가.		
	○ 시험·검사 설비의 성능유지를 위하여 각 설비의 점검항목· 점검 주기·점검방법 등을 구체적으로 사내표준에 규정하고 있는가.		
	○ 시험·검사 설비 관리규정에 따라 점검 및 기록을 보관·관리하고 있는가.		
(3) 시험·검사 설비의 국가측정 표준과의 소급성 체계 관리	○ 보유하고 있는 시험·검사설비의 정밀정확도 유지를 위해 일정주기를 정하고 교정성적서 또는 표준물질 인증서를 체계적으로 관리하고 있는가.		
	○ 교정이 필요한 장비는 교정성적서(화학 분석 설비의 경우 필요시 표준물질 인증성적서)를 활용하고 있는가.		

A.6 소비자보호 및 환경·자원 관리

심사사항	확인사항	OX	비고
(1) 소비자 불만 처리 규정 및 조치	○ 소비자불만 및 피해보상 등에 대하여 사내표준에 규정하고 있는가. ○ 소비자가 제기한 불만제품에 대하여 제품 로트를 추적, 원인을 파악하여 시정이 이루어지고 있는가. ○ 소비자 불만에 대한 근본원인을 파악하여 품질개선 등에 반영하고 재발방지 조치를 하고 있는가.		
(2) 제품 구매 정보 제공의 규정 및 이행	○ 소비자에게 제공해야 할 제품 구매 정보(해당하는 경우, 사용 설명서 또는 시공방법 설명서 포함)를 사내표준에 규정하고 있는가. ○ 제품 구매정보를 사내표준에서 규정한 내용대로 제공하고 있는가. ○ 제품 사용설명서 또는 시공방법 설명서를 사내표준에서 규정한 내용대로 소비자에게 제공하고 있는가.		
(3) 종업원 안전관리	○ 종업원 안전관리(안전·보건)에 대해 사내표준을 규정하고 있고, 종업원 안전관리(안전·보건)를 사내표준에 규정된 내용대로 실시하고 있는가.		
(4) 청정 활동 및 친환경 경영	○ 청정 활동 내용, 주기 방법 등 청정 활동을 사내표준에 규정하고 있고, 사내 표준에 규정한 내용대로 청정활동을 실시하고 있는가. ○ 환경관련 법규의 요구사항을 반영하여 환경 오염물질(대기, 수질, 토양, 진동, 소음, 폐기물 등)에 대한 친환경 경영을 실시하고 있는가.		
(5) 교육훈련계획 수립 및 실시	○ 한국산업표준 KS Q 10015 등을 토대로 임직원의 교육훈련 계획 수립에 대해 사내표준에 규정하고 있는가. ○ 사내표준을 근거로 계층별, 분야별 연간 교육훈련 계획을 수립하고 있는가. ○ 임직원에 대해 수립한 교육훈련 계획에 따라 표준화, 품질경영, 제품생산기술 교육·훈련을 실시하였는가. ○ 경영간부의 50% 이상이 산업표준화법에서 정하고 있는 교육을 최근 3년 이내에 이수 하였는가.		
(6) 품질관리담당자	○ 품질관리담당자가 산업표준화법에서 규정한 자격을 보유하고 있는가. ○ 자격을 갖춘 품질관리담당자가 3년 주기의 정기교육을 이수하고 최소 1년 이상 근무하고 있는가. ○ 자격을 갖춘 품질관리담당자가 시행규칙 별표8의 업무 수행에 필요한 지식을 보유하고 있는가. ○ 자격을 갖춘 품질관리담당자가 산업표준화법 시행규칙 별표8에 규정한 품질관리담당자 업무를 적정하게 수행하고 있는가.		

표준산업	절　　차	표준번호 : SA-0600
	개선활동	페 이 지 : 1/14

1 적용범위

이 절차는 개선활동에 대하여 규정한다.

2 업무절차

2.1 일반사항

1) 해당 부서장은 내부심사, 외부심사, 고객불만사항, 고객만족도조사, 인수검사, 중간검사, 최종 검사, 통계적품질관리 등에서 발생된 문제점에 대한 품질개선활동을 실시하여야 한다.

2) 해당 부서장은 4M을 대상으로 문제점의 원인분석 및 대책을 수립하여 개선이 완료될 때 까지, 지속적으로 개선활동을 실시하여야 한다(부속서 A 참조).

2.2 품질개선활동 프로세스

1) 개선과제 선정

시급성을 기준으로 개선과제 우선순위를 결정한다. 우선순위 결정은 파레토도(Pareto diagram)를 활용한다.

2) 개선활동계획 수립

개선활동계획은 3W2H 방식, 즉 what(무엇을, 추진항목), when(언제까지, 일정), who(누가, 담당), how(어떤 방법으로, 수단·방법), how much(얼마나, 활동목표) 등에 대해 대한 개선활동계획서를 수립한다.

3) 현상파악

선정된 주제에 대한 현상 및 문제점을 파악한다. 현상 및 문제점은 브레인스토밍을 활용하여 파악한다.

4) 원인분석

특성요인도를 활용하여 개선과제의 원인분석을 실시한다.

5) 목표설정

무엇을, 언제까지, 얼마나 해결할지를 수치나 막대그래프로 표현한다. 목표는 조직의 능력에 맞게 실현가능하도록 구체적으로 설정되어야 한다.

6) 대책수립

원인분석을 하고 주요 원인에 대한 대책을 수립한다. 브레인스토밍 및 계통도법을 활용한다.

7) 대책실시

대책실시 항목별 역할분담 하에 시행, 결정, 승인, 실시 등의 순서로 진행한다.

8) 효과파악

대책실시 후의 효과파악을 실시한다. 파레토도를 활용한다.

9) 표준화 및 사후관리

　　필요한 경우, 개선결과를 작업표준 등에 반영하고, 작업자 교육을 실시한다.

10) 기록관리

　　공정품질 개선활동에 대한 서류는 품질부서장이 관리한다.

3 관련표준

　1) 사내표준관리절차

　2) 기록관리절차

　3) 내부심사절차

　4) 고객불만처리절차

　5) 시정 및 예방조치절차

　6) 품질경영추진절차

　7) 인수검사지침

　8) 중간검사지침

　9) 최종검사지침

부속서 A (참고)　개선활동지침

부속서 A
(참고)
개선활동지침

A.1 일반사항

본 부속서는 품질개선활동을 위한 개선주제 선정, 개선주제에 대한 원인분석 및 대책수립 및 실시방법 등의 개선활동 요령을 제공한다.

A.2 개선주제 선정

개선주제를 선정할 때에는 매트릭스도법을 활용한다.

A.2.1 매트릭스도법이란

문제가 되고 있는 항목에서 짝이 되는 요소를 행과 열로 배치하고 그 교점에 각 요소의 연관성 유무나 정도를 표시한다. 이 교점에서 문제의 소재 및 형태를 탐색하거나 또는 문제해결의 '착상의 포인트'를 얻어 문제해결을 효과적으로 추진해 가는 방법이다.

A.2.2 매트릭스도법의 종류

1) L형 매트릭스

가장 기본이 되는 매트릭스도법으로, 한 쌍의 대상을 행과 열로 배치한 두 요소의 형태로 표현한 것이다. <그림 A.1>에서 보듯이, A와 B의 대응에 의해서 구성되는 매트릭스도이다. L형 매트릭스는 몇 개의 목적과 그것을 달성하기 위한 수단과의 대응이나 복수의 결과와 그 원인과의 관계를 나타내고자 할 때 사용한다.

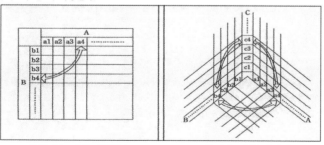

그림 A.1 - L형 매트릭스　　　　　그림 A.2 - Y형 매트릭스

2) Y형 매트릭스

<그림 A.2>에서 보듯이 A와 B, B와 C, C와 A의 3가지 L형 매트릭스를 합친 것이다. 즉, 3쌍의 요소에 대해서 각각의 대응을 나타내는 매트릭스도이다.

3) T형 매트릭스

<그림 A.3>에서 보듯이 A와 B의 매트릭스와 A와 C의 L형 매트릭스를 합친 것이다. 즉, A의 요소가 B의 요소와 C의 요소로 각각 대응하고 있는 매트릭스도이다.

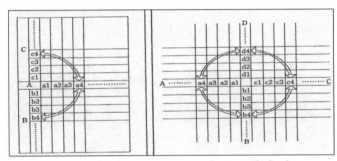

그림 A.3 - T형 매트릭스   그림 A.4 - X형 매트릭스

4) X형 매트릭스

<그림 A.4>에서 보듯이 A의 요소와 B의 요소, B의 요소와 C의 요소, C의 요소와 D의 요소, D의 요소와 A의 요소의 4가지 L형 매트릭스를 조합한 것, 즉 A와 B·D, B와 A·C, C와 B·D, D와 A·C의 4쌍의 요소에 대해서 각각의 대응을 나타내는 매트릭스도이다.

5) C형 매트릭스

<그림 A.5> 에서 보듯이 A, B, C의 각각에 속하는 요소를 변으로 하는 정6면체(또는 직6면체)의 형식으로 나타낸 것이다. C형(Cubic Type) 매트릭스는 A, B, C의 각 요소로 결정되는 3차원 공간 상의 점이 '착상의 포인트'가 되는 것이 그 특징이다. 이 착상의 포인트는 <그림 A.5>의 형태에서는 나타나기 어렵기 때문에 <그림 A.6>과 같이 표현할 수도 있다. 그런데 이 경우 A-B, B-C, C-A의 3가지 L형 매트릭스를 작성하고 <그림 A.5>나 <그림 A.6>과 함께 사용하면 더욱 이해하기 쉬워진다.

표준산업	절 차	표준번호 : SA-0600
	개선활동	페 이 지 : 5/14

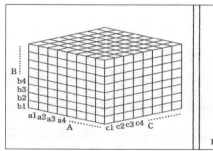

그림 A.5 - C형 매트릭스　　　　　그림 A.6 - C형 매트릭스의 전개도

A.2.3 적용 사례

다음의 <표 A.1>은 개선 주제선정을 위해 사용한 T형 매트릭스를 활용한 예시이다.

표 A.1 - T형 매트릭스도

범 례	◎	○	△
	5점	3점	1점
	8명이상	5~7명	4명 이하

NO	품질	생산성	원가	안전	부서 측면	분임조 측면	전원참여도	해결가능성	시급성	기대효과	합계	순위	채택여부
					가중치								
	3	3	2	2	예비 주제		3	3	2	2			
1	○	◎	◎	○	입측 통판시간 단축으로 T/hr 달성률 향상		◎	◎	○	◎	86	3	차기 주제
2	◎	◎	○	○	두께 헌팅방지로 비정기 롤 교환 횟수감소		◎	◎	◎	○	88	2	차기 주제
3	○	◎	◎	◎	이물 마크 방지로 롤 원단위 절감		○	◎	○	◎	84	4	차기 주제
4	◎	◎	○	○	트리머 나이프 로테팅 개선으로 작업시간 단축		◎	○	○	○	78	6	보류
5	○	◎	◎	○	독성물질 분리시간 단축		◎	◎	○	◎	96	1	주제채택
6	◎	◎	○	○	FAN SPEED 세분화로 전력 원단위 절감		◎	○	○	◎	82	5	보류
확정주제 : 독성물질 분리시간 단축													

A.3 원인분석

원인분석을 할 때에는 특성요인도를 활용한다.

A.3.1 특성요인도란

원인분석이란 중점관리 항목을 형성하는 근본적 원인을 찾아내는 것으로 여러 원인 중 실제로 얼마만큼의 영향을 주는지, 근본원인이 무엇인지 또는 원인들 상호간에는 어떤 관계가 있는지를 밝히는 것이다. 이러한 목적으로 특성요인도, 연관도, 산점도 등이 많이 활용된다. 이 중 가장 쉽게 원인 데이터를 수집, 정리할 수 있는 것이 특성요인도이다.

특성요인도는 특정 결과(특성)와 원인(요인)이 어떻게 관계하고 있으며 영향을 주고 있는가를 알기 위해 작성하는 그림으로, 하나의 특성을 선정하고 이에 대한 요인을 생선뼈처럼 배치한다. 그래서 일명 생선뼈 그림(Fish-bone Diagram)이라 불리기도 한다.

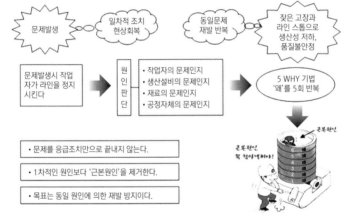

A.3.2 작성방법

1) 문제로 할 특성을 정한다. 특성은 제품의 품질, Lot 생산량, 안전 등 현장에서 문제가 되는 것을 말한다. 특성은 가능한 한 정량적으로 나타낸다.
2) 특성을 기입한다.

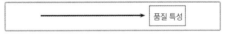

3) 큰가지를 기입한다. 보통 4M으로 하지만 이외에 측정(Measurement)이나 환경(Environment)도 사용될 수 있다.

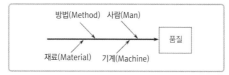

4) 작은 가지를 기입한다.

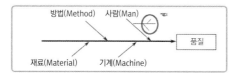

5) 요인을 확인한다. 누락 요인이 있는 지 확인하고 가지와 요인간, 요인과 특성간에 인과 관계가 확실하게 성립되는지를 검토한다.

6) 특성에 직접적인 영향이 큰 요인을 확인하고 표시한다. 대책을 강구하면서 확인한다.

7) 특성요인도 제목, 작성일, 작성자 등 관련사항을 기입한다.

A.3.3 작성 시의 고려사항

1) Brain Storming을 활용하여 많은 사람에게서 많이 요인을 수집한다.

2) 항상 추가하거나 수정한다.

3) 특성의 나쁜 정도를 수치로 표시할 수 있게 한다.

4) 특성마다 특성요인도를 만든다.

5) 중요원인을 추출하여, 그 특성요인도를 만든다.

6) 현장, 현물로 사실을 확인하면서 요인을 생각한다.

7) 일반적으로 요인을 낼 때, 왜(Why)를 5회 반복한다.

A.3.4 작성사례

다음 <그림 A.7>은 문제점에 대한 원인분석을 위한 특성요인도 작성 예시이다.

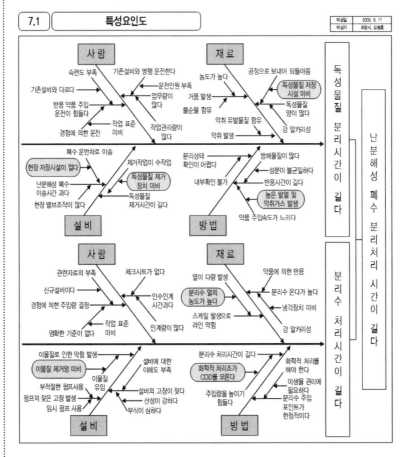

그림 A.7 - 특성요인도 작성 예시

A.4 대책수립

대책을 수립할 때에는 계통도법을 활용한다.

A.4.1 계통도법이란?

발견된 원인을 제거하여 설정된 목표를 달성하고 문제의 재발을 방지하기 위한 여러 가지 대안 중에서 비용, 기술적인 측면을 고려한 최적안을 선정하여 선정된 대책의 실시로 최적의 개선안을 도출하는 것이다.

A.4.2 작성방법

1) 특성요인도상의 주요 원인을 선정한다.
2) 브레인스토밍 방식의 자유스런 토론으로 발상된 아이디어를 목적과 수단으로 구분하여 주요 원인 제거방법을 1차, 2차, 3차 대책(수단) 등으로 나열한다.

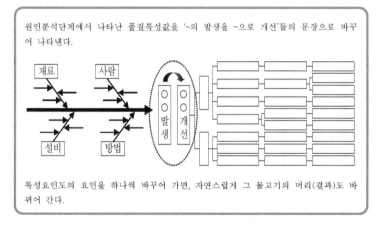

3) 작성된 계통도의 실시사항을 경제성, 기술성, 작업성을 검토하여 채택여부를 결정한다.

4) 채택된 결정사항의 우선순위를 결정한다.

5) 안건별로 실시계획서를 작성한다.

A.4.3 작성사례

다음의 <그림 A.8>은 대책수립을 위한 계통도법 작성 예시이다.

그림 A.8 - 계통도법 작성예시

A.4.4 대책실시 방법

1) 계획(Plan)

  채택된 개선안의 구체적인 실행계획을 기술하는 것으로, 육하원칙(5W1H)으로 작성한다. 특히, 타 부서나 외부의 협조가 필요한 경우에는 사전에 해당 부서장의 협조를 구한다.

2) 실시(Do)

  실시에서는 개선 전과 후의 내용을 명확하게 표현해야 한다. 표현방법은 사진, 도면, 스케치, 도표 등을 사용하는 것이 일반적이다. 특히, 개선 전에 어떤 사항을 어떻게 변경했는지, 그래서 어떤 효과가 기대되는지를 분명히 나타내어야 한다.

3) 평가(Check)

  실시한 개선사항의 효과발생 여부를 측정한다. 다음은 평가 시에 착안할 사항이다.
  (1) 개선 전과 개선 후의 효과발생이 확실한지를 증명한다.
    이를 위해서는 통계적 분석을 활용하는 것이 바람직하다. 예를 들어, 부적합품률을 개선했을 때는 두 개의 부적합품률 검정을 사용하고 작업시간, 무게, 길이 등의 계량치 데이터를 개선했을 때에는 두 개의 평균치 검정을 사용한다.
  (2) 효과 파악기간의 적절성을 검토한다.
    개선 후 데이터 측정기간이 전체를 대표할 수 있는 기간인지를 판단하고 해당 기간만큼 데이터를 수집한다.
  (3) 개선목표를 달성하지 못했을 때는 2차 개선안을 실시한다.
    당초 목표하려 했던 수준만큼 개선되지 않았거나 개선 전과 후의 효과차이가 미미할 경우에는 현재 개선안이 최적이 아니므로 다른 개선안을 도출해 실행해야 한다.

4) 조치(Action)

  개선결과가 유효할 경우에는 관련 표준서를 제·개정한다. 개선결과 평가 시, 새로운 개선안 실시가 필요하다고 판단되면 차기 개선안을 수립한다.
  관련 표준서 제·개정 시는 사내표준을 주관하는 부서가 있기 때문에 개선사항을 사내표준으로 반영할 때 어떤 절차를 준수해야 하는지를 사전에 파악해둔다. 조치를 할 때는 해당 표준번호, 표준제목, 제·개정일자 등을 기록해 놓는다.

<표 A.2>는 대책 실시 예시이다.

표 A.2 - 대책 실시 예시

문제점		독성물질 분리시간이 길다
개선주제		독성물질 분리시간 단축
주요 요인		독성물질 저장시설 미비, 독성물질 제거장치 미비
대책 수립 실시	개선안	독성물질 저장시설 및 제거장치 설치
	담당	생산부 홍길동(협조 : 품질부, 재무부)
	기간	2014. 2. 15 ~ 3. 15(1개월)
	예산	

개선 전	개선 후

평가 (정량적/ 정성적 성과)	독성물질 분리시간 단축 (30분 → 20분)
조치	작업표준 개정(2014. 3. 15)

A.5 성과분석

A.5.1 성과분석 방법

각각의 개선안을 실시한 후, 개선안의 종합적 효과를 파악하는 단계로, 유형효과와 무형효과로 구분해 나타낸다. 관리사이클 단계 중 확인단계에서 개선안의 개선효과에 대한 파악을 실시했는데, 여기서는 각각의 개선안을 모두 종합해 전체적인 개선효과를 측정한다. 효과 파악기간은 일반적으로 1년으로 한다.

A.5.2 유형효과 파악

유형효과는 효과의 크기를 원가에 대한 금액으로 정량화해서 파악한다(표 A.3 및 표 A.4 참조). 제조원가의 3대 요소는 다음과 같다.

1) 재료비 : 제품을 만드는 데 소요되는 원재료(원자재), 부재료(부자재), 비용 등
2) 노무비 : 급여, 상여금, 각종 수당, 퇴직충당금 등
3) 경비 : 복리후생비(식대, 경조사비 등), 교육훈련비, 전력요금, 수도요금, 소모품비, 감가상각비 등

표 A.3 - 유형효과 산출식

구분			유형효과 산출식
제조원가	재료비	부적합 감소 시(부적합품을 버려야할 경우)	월생산량 × [(개선 전 부적합품률(%) - 개선 후 부적합품률(%)) ÷ 100] × 생산단가 × 연간
		원가절감활동 시	월생산량 × (개선 전 단위당 재료비 - 개선 후 단위당 재료비) × 연간
	노무비	부적합 감소 시(부적합품을 재작업할 경우)	월생산량 × (개선 전 부적합품률(%) - 개선 후 부적합품률(%) ÷ 100)] × 부적합품 재작업시간 × 1인당 평균인건비(시간당 임률) × 연간
		작업시간(S/T) 단축	월생산량 × (개선 전 S/T - 개선 후 S/T) × 1인당 평균인건비(시간당 임률) × 연간
		공수 감축 시	(개선 전 유실공수 - 개선 후 유실공수) × 1인당 평균인건비 × 연간
	경비	전력료 절감 시	(개선 전 월간 단위당 전력사용량 - 개선 후 월간 단위당 전력사용량) × 단위당 가격 × 연간
		소모품 절감 시	(개선 전 월간 단위당 소모품 사용량 - 개선 후 월간 단위당 소모품 사용량) × 개당 소모품 단가 × 연간
		설비투자비 절감 시	(기존 투자비 - 실제 투자비) × (1/내용연수) × 이자율
		금형수리비 절감 시	(개선 전 금형수리비율 - 개선 후 금형수리비율) × 개선 전 금형수리비 주) 금형수리비율 = 해당연도 제작 금형수리비/해당연도 제작 금형비
		물류비 절감 시	대당 물류 원단위 절감액 × 연 적용 수량

표 A.4 - 유형효과 산출 예시

산출항목		산출근거	효과금액(연간)
부적합감소로 인한 절감 금액(1)	고정부적합 감소	월평균 생산량(50만m) × 부적합감소율(1.6%) × 제조단가(450원/-) × 12개월 = 43,200,000원	43,200,000원
	클레임금액 감소	개선 전, 클레임 15,000,000원 개선 후, 클레임 2,000,000원 = 15,000,000원 - 2,000,000원 = 13,000,000원	13,000,000원
	계		56,200,000원
투자 금액(2)	인건비	10명 × 7일(26HR) × 임률(8,000) = 2,080,000원 회의시간 8명/회 × 8회/년 = 216,000 인건비 합계금액 : 2,224,000원	2,224,000원
	재료비	부로아 가공비 = 700,000원 가이드 가공비 외 = 2,000,000원 재료비 합계금액 : 2,700,000원	2,700,000원
	계		4,924,000원
연간 절감 금액 (1) - (2)			51,276,000원

A.5.3 무형효과 파악

　　무형효과의 항목은 유형효과로서 파악이 어려운 비용을 말한다. 업무 프로세스의 단축은 되었으나 효과를 시간 등으로 환산하기 어려운 항목, 고객만족도는 향상되었으나 이를 재무성과에 연관시키기 어려운 항목, 개선의 파급효과로 부서의 성과는 효과 파악이 가능하나 타 부서의 현상내역을 알 수 없는 경우 등의 파급효과는 대부분 무형효과에서 기록된다(표 A.5 참조).

표 A.5 - 무형효과의 예시

① 성형품의 보관방법 개선으로 안전사고 발생우려 감소
② 공기빼기의 자동화를 통한 작업의 편의성 확보
③ 부적합품 감소로 인한 고객불만 감소 및 회사 이미지 향상
④ 현상파악을 통한 현장 트러블 사전예방 가능
⑤ 분임조원의 기술검토 및 해결능력 증대

표준산업	절　　차	표준번호 : SA-0700
	로트관리절차	페 이 지 : 1/3

1 적용범위

　이 절차는 원자재 구매부터 제품 생산, 인도까지의 전 단계의 제품 식별 및 추적 관리에 대하여 규정한다.

2 목 적

　적절한 식별 수단을 통하여 부적합한 자재의 혼입, 부적합 제품이 다음 프로세스로 넘어가거나 고객에게 인도되지 않게 하기 위함이다.

3 용어와 정의

　이 표준의 목적을 위하여 다음의 용어와 정의를 적용한다.

3.1

추적성

고려 대상의 이력, 적용 또는 위치를 추적하기 위한 능력을 말한다.

비 고 추적성의 확보의 의미는 소재 및 부품의 출처, 프로세스 이력, 인도 후 제품의 분포 및 위치
　　　를 추적할 수 있음을 의미한다.

4 책임과 권한

4.1 관리부서장

　자재의 식별 및 추적성 관리

4.2 생산부서장

　1) 공정중 제품의 식별 및 추적 관리
　2) 자재 및 제품의 합부 판정 후, 식별 및 추적 관리

5 업무 절차

5.1 제품의 식별관리

　1) 제품의 식별 담당자는 제품의 식별표시 내용에 다음 사항을 포함하여야 한다.
　　● 제품명, 제품종류, 제조자
　　● 로트번호, 배치번호 또는 일련번호(추적성이 요구되는 경우)
　　● 사용 시 주의사항
　　● 제조자 연락처
　　● 유효기간(유효기간이 적용되는 경우)
　　● 원산지 등

2) 제품의 식별 담당자는 관련법규(예 : 품질경영 및 공산품안전관리법 등)에서 요구하는 식별 요구사항을 확인하여 누락되지 않도록 하여야 한다.

3) 제품의 식별은 <표 1>과 같은 방법으로 하여야 한다.

표 1 - 제품의 식별방법

구분	내용
제품 및/또는 포장에 직접표시	· 포장용기에 마킹(박스제품의 경우) · 페인트칠, 스탬프 날인 · 컬러코드 페인팅(철강제품인 경우) · 각인(기계가공품의 경우) · 본체에 요철로 표시(사출/주물 제품인 경우)
간접표시 수단 이용	· 스티커, 라벨, 꼬리표(Tag) 부착
기타표시 방법	· 물리적 위치(보관지역, 적치대 등) · 깃발 또는 팻말(BULL 제품의 경우) · 부적합품 보관박스(모니터링 및 측정상태 식별

5.2 제품의 추적성 관리

1) 제품의 추적성 관리는 효용성과 소요비용을 감안하여 결정하여야 한다.

2) 담당자는 고객의 요구나 법적 요구가 있는 경우에는 제품의 추적성을 관리하여야 한다.

3) 담당자는 제품의 추적성 확보가 필요한 것으로 결정된 경우, 개별제품, 배치(batch) 또는 로트에 관한 기록(제품 이력 기록, 제품 검증 기록 등)을 유지하여야 한다.

4) 로트의 번호부여는 다음과 같이 하여야 한다.

(1) 자재의 로트번호 부여방법

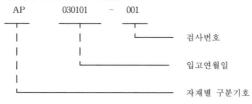

```
AP        030101    -    001
```

- 검사번호
- 입고연월일
- 자재별 구분기호

(2) 공정 중 제품의 제조번호 부여방법

```
   010203    -    001
```

- 생산순서(Batch No)
- 생산연월일

표준산업	절 차	표준번호 : SA-0700
	로트관리절차	페 이 지 : 3/3

(3) 중간 검사 및 최종검사의 로트번호 부여방법

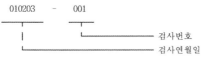

5.3 고객 불만 제품의 로트 추적 관리

  1) 담당자는 고객이 불만을 제기한 경우, 해당 제품 또는 특정상품을 랜덤하게 선택하여 원자재의 입고일자 및 인수검사 결과, 제조일시 및 사용설비, 공정관리 및 중간검사, 제품검사, 출고일시, 판매장소 등을 파악하여야 한다.

  2) 담당자는 고객 불만 제품의 로트 추적 후, 문제점에 대한 원인을 파악하여 필요한 경우, 시정 또는 예방조치를 하여야 한다.

5.4 기록관리

  담당자는 로트관리에 관련한 기록은 기록관리 절차에 따라 관리하여야 한다.

6 관련표준

  1) 사내표준관리절차

  2) 기록관리절차

  3) 시정 및 예방조치절차

표준산업	절 차	표준번호 : SA-0800
	시 정 및 예 방 조 치	페 이 지 : 1/5

1 적용범위

이 절차는 내부심사, 외부심사, 고객불만, 검사업무, 품질관리 등에서 제기된 부적합사항에 대한 시정 및 예방조치에 대하여 규정한다.

2 목적

실제 또는 잠재적인 부적합사항의 원인을 제거하여 재발을 방지함으로써 업무 시스템의 개선을 도모하기 위함이다.

3 용어와 정의

이 표준의 목적을 위하여 다음의 용어와 정의를 적용한다.

3.1
부적합
요구사항에 꼭 맞지 아니함을 말한다.

3.2
시정조치
발견된 부적합 또는 기타 바람직하지 않는 상황의 원인을 제거하기 위한 조치를 말한다.

3.3
예방조치
잠재적인 부적합 또는 기타 바람직하지 않는 상황의 원인을 제거하기 위한 조치를 말한다.

4 책임과 권한

4.1 품질관리담당자
1) 시정 및 예방조치 요구
2) 시정 및 예방조치 결과 확인
3) 시정 및 예방조치 유효성 확인
4) 재시정 요구
5) 시정 및 예방조치 관련서류 관리

4.2 해당 부서장
1) 시정 및 예방조치
2) 시정 및 예방조치 결과 통보
3) 시정 및 예방조치 결과에 대한 교육훈련

5 업무절차

5.1 일반사항

1) 시정 및 예방조치의 목적, 적용대상, 시행절차는 <표 1>과 같다.

표 1 - 시정 및 예방조치의 목적, 적용대상, 시행절차

구분	시정조치	예방조치
조치 목적	부적합의 재발방지	부적합의 발생방지
적용 대상	발생한 부적합	발생할 가능성이 있는 부적합 바람직하지 않은 잠재적 상황
시행 절차	부적합에 대한 원인조사, 재발방지 대책 수립 및 실시, 조치결과 및 효과성 확인	해당 부서, TFT, 소집단 활동 등에 의한 경향분석, 대상파악, 대책수립 및 실시, 조치결과 및 효과성 확인

2) 시정 및 예방조치의 대상은 <표 2>와 같다.

표 2 - 시정 및 예방조치의 대상

시정조치 대상	예방조치 대상
• 내부심사 부적합사항 • 외부심사 부적합사항 • 고객 불만 사항 • 고객만족도조사 결과 60% 이하 항목 등	• 고객만족조사 결과 • 고객불만접수 및 처리결과 • 주요 프로세스의 모니터링 및 측정결과 • 제품의 모니터링 결과 • 내부심사 결과 • 외부심사 결과 • 공급자평가 결과 • 경영검토 결과 개선이 필요한 사항 등

5.2 시정 및 예방조치

1) 품질관리담당자는 시정 및 예방조치 대상에 대한 요구사항들을 검토하여, 시정 및 예방조치 사항을 결정하고, 시정 및 예방조치 요구서를 작성하여 해당 부서장에게 시정 및 예방조치를 요구하여야 한다.

2) 해당 부서장은 시정 및 예방조치 요구사항, 해당 업무의 시정 및 예방조치가 필요한 사항에 대하여 근본원인을 찾고 제거한 후, 대책을 수립하여 동일한 부적합사항이 발생 및 재발하지 않도록 조치하여야 한다.

3) 해당 부서장은 시정 및 예방조치를 완료하고 시정 및 예방조치 결과를 시정 및 예방조치 요구서의 시정 및 예방조치 사항란에 작성하여 품질관리담당자에게 통보한다. 해당 부서의 시정 및 예방조치 사항은 해당 부서장이 유지하고 관리하여야 한다.

5.3 시정 및 예방조치의 효과성 확인
  1) 품질관리담당자는 건별로 시정 및 예방조치 결과의 유효성 확인을 하고 그 결과에 따라 해당 부서장에게 재시정조치를 할 수 있다.
  2) 품질관리담당자는 시정 및 예방조치 결과의 타당성을 검토하고 시정 및 예방조치의 결과에 효과성을 확인하여야 한다.

5.4 사후관리
  1) 품질관리담당자 또는 해당부서장은 필요시, 시정 및 예방조치 결과를 교육훈련계획, 경영검토에 반영하여 지속적인 개선활동을 하여야 한다.
  2) 시정 및 예방조치 관련 서류는 기록관리절차에 따라 품질관리부서 및 해당부서에서 관리하여야 한다.

6 관련표준
  1) 사내표준관리절차
  2) 기록관리절차
  3) 내부심사절차
  4) 고객불만처리절차
  5) 경영검토절차
  6) 교육훈련절차

7 관련양식
  1) 시정 및 예방조치요구서(SA-0500-02)

부속서 A(참고) 시정 및 예방조치 대상 및 고려사항

부속서 A
(참고)
시정 및 예방조치 대상 및 고려사항

A.1 시정 조치의 목적

시정 조치(corrective action)의 목적은 부적합을 방지하는 것이다. 재발을 방지하려면 잘못의 근본 원인이 무엇인지 찾아서 제거해야 한다. 또한 재발 방지를 위한 방법이 적절하지 않다면, 시정 조치가 효과가 있는지 확인하는 것도 중요하다.

A.2 시정 조치 대상

시정 조치 대상은 다음과 같다.
* 자재·부품의 부적합 사항
* 반제품 및 완제품의 부적합, 신뢰성 결함 사항
* 공정 트러블(설비, 작업조건 등)
* 고객 불만 사항
* 내부 심사 결과 부적합 사항

A.3 시정 조치 고려 사항

* 시정 조치 결과를 파악해야 하고 효과가 없다면 다시 시정 조치를 해야 한다. 효과성 확인은 조치 전후의 데이터를 비교해 할 수 있다.
* 조직 내 문제점뿐만 아니라 고객 불만, 공급자 품질 문제 등 조직 밖의 문제점도 대상으로 삼아야 한다.
* 시정 조치 요구는 주관 부서에서 해야만 하는 것은 아니다.
* 시정 조치는 종결될 때까지 관리해야 한다.

A.4 예방 조치의 목적

예방 조치(preventive action)의 목적은 발생할 가능성이 있는 문제점을 미리 찾아서 방지하는 것이다. 이를 위해, 잠재되어 있는 문제점을 찾아 그 원인을 미리 제거해야 한다.

A.5 예방 조치 대상

- 고객만족조사 결과
- 고객불만 접수 및 처리 결과
- 제품, 서비스의 모니터링 및 측정 결과
- 내부심사 결과 등

A.6 예방 조치 고려 사항

예방 조치 대상을 결정하기 위해 분석해야 할 정보 및 데이터의 종류를 명확히 정하는 것이 좋다. 아울러 분석 대상 정보별로 분석 주관 부서 또는 담당자와 분석 주기를 정해야 한다. 예방 조치 대상이 선정되면, 예방 조치를 주관할 부서를 지정하거나 별도의 추진 조직을 구성해야 한다.
예방 조치를 하고 나면, 효과를 단정하지 말고 반드시 잠재적인 부적합의 원인이 제거되었는지, 부적합 발생가능성이 감소했는지를 확인해야 한다.

표준산업	절　　차	표준번호 : SA-0900
	통계적 품질관리	페 이 지 : 1/9

1 적용범위

　이 절차는 통계적 품질관리에 대하여 규정한다.

2 목적

　제품의 중요 품질특성을 통계적으로 관리하여 품질의 안정을 꾀하는 데 있다.

3 책임과 권한

　3.1 품질관리담당자
　1) 통계적 품질관리 대상 선정
　2) 검사데이터 정리 및 수집
　3) 중요 품질특성 관리도 작성, 해석, 분석 및 개선
　4) 중요 품질특성 공정능력지수 파악 및 개선

　3.2 검사담당자
　　중요 품질특성 검사결과에 대한 데이터 기록관리

4 업무절차

　4.1 일반사항
　　1) 통계적 품질관리 대상은 제품 또는 부품의 중요 품질특성(개별 KS인증심사기준에서 정한 중
　　　결함 이상의 품질항목)을 대상으로 선정하여야 한다.
　　2) 품질관리담당자는 부적합이 발생하였거나 발생할 우려가 있는 제품 또는 특정품목을 통계적
　　　품질관리 대상 제품으로 선정할 수 있다.

　4.2 통계적 품질관리
　　1) 검사담당자는 인수검사, 중간검사, 제품검사를 실시하고 중요 품질특성에 대한 검사 결과값을
　　　기록하여야 한다.
　　2) 품질관리담당자는 검사 결과값에 대한 데이터를 제품별로 구분하여 별도로 관리하여야 한다.
　　3) 품질관리담당자는 주요 제품별 데이터를 활용하여 관리도를 작성하고 공정능력지수를 파악하
　　　여 공정의 안정 여부를 관리하여야 한다.
　　4) 관리도 작성 및 공정능력지수 산출은 ez spc 2.0 프로그램을 활용한다(부속서 A 참조).

4.3 개선활동
 1) 품질관리담당자는 관리도 해석 및 공정능력지수 산출 결과 문제점을 발견한 경우에는 이에
  대한 원인을 분석하고 대안 마련 및 재발을 방지하여야 한다.
 2) 품질관리담당자는 문제점에 대한 시정 및 예방조치 등의 개선활동은 개선활동절차에 따라 실
  시한다.
 3) 품질관리담당자는 개선활동에 대한 기록을 기록관리절차에 따라 관리한다.

5 관련표준
 1) 사내표준관리절차
 2) 기록관리절차
 3) 개선활동절차

부속서 A(참고) ez spc 2.0 활용지침

부속서 A
(참고)
ez SPC 2.0 활용지침

A.1 개요

본 부속서는 ez SPC 2.0 소프트웨어 활용지침을 제공한다.

A.1.1　ez SPC 2.0 설치방법

1) 인터넷 포털사이트에서 ez SPC 2.0 파일(공개자료)을 검색한다.
2) 검색사이트 또는 자료실에서 파일을 다운받는다.

그림 A.1 - ez SPC 2.0 파일

3) zip을 풀면 4개 파일이 있는데 Install 파일로 설치한다. 설치가 끝나면 <그림 A.2>와 같은 아이콘
이 바탕화면에 생성된다.

그림 A.2 - ez SPC 2.0 아이콘

4) ez SPC 2.0 아이콘을 클릭하면 <그림 A.3>과 같은 화면이 생성된다.

그림 A.3 - ez SPC 2.0 화면

5) ez SPC 2.0 소프트웨어 사용설명서를 참조하여 활용한다.

A.1.2 ez SPC 2.0의 구조

ez SPC 2.0의 구조는 그림 A.4와 같다.

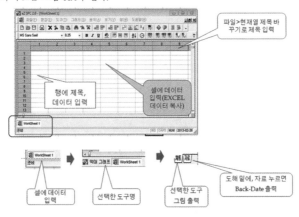

그림 A.4 - ez SPC 2.0의 구조

A.2 관리도 활용방법

A.2.1 개요

관리도란 품질의 산포(변동)가 우연원인 또는 이상원인에 의한 것인지, 공정이 안정상태(또는 관리상태)에 있는지의 여부를 판별하고 공정을 안정상태로 유지함으로써 제품의 품질을 균일화하기 위한 공정의 통계적 관리 방법이다. 관리도의 개념도는 <그림 A.5>과 같다.

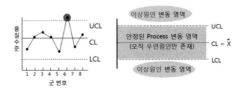

그림 A.5 - 관리도의 개념도

표준산업	절 차	표준번호 : SA-0900
	통계적 품질관리	페 이 지 : 5/9

관리도의 관리한계는 공정의 현실을 감안한 우연변동의 범위이며, 이상원인 발생 유무를 판단하는 기준으로 가우스의 원리(3s, 99.74%)를 반영한 것이다. <그림 A.6>는 관리도의 관리한계 구성을 보여준다.

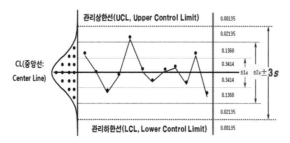

그림 A.6 - 관리도의 관리한계 구성도

A.2.2 관리도 종류

관리도의 종류는 <표 A.1>과 같다.

표 A.1 - 관리도의 종류

대 상	표 시	명 칭	선정조건
계량형 관리도	$\bar{x} - R$	평균값-범위 관리도	치수,압력,온도,강도 등 하루에 데이터 반복 가능
	$x - Rs$ $X - MR$ $I - MR$	개별값-이동평균 관리도 (Individual) (Shift/Moving Range)	수율, 사용량 등 하루에 데이터 반복 불능
계수형 관리도	Pn	불량갯수 관리도	하루 작업량이 같은 경우 불량갯수
	P	불량율 관리도	하루 작업량이 다른 경우 불량율
	C	결점수 관리도	같은 면적의 결점수
	U	단위당 결점수 관리도	다른 면적이므로 면적당 결점수

A.2.3 xbar-R 관리도 작성방법

1) ez spc 2.0 프로그램을 연다.

2) <그림 A.7>과 같이 파일 → 불러오기 → xbar-R 관리도 선택한다.

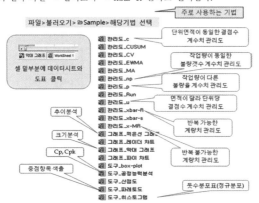

파일>불러오기> ⊇Sample>해당기법 선택

주로 사용하는 기법

셀 밑부분에 데이터시트와 도표 클릭

- 관리도_c — 단위면적이 동일한 결점수 계수치 관리도
- 관리도_CUSUM
- 관리도_CV
- 관리도_EWMA — 작업량이 동일한 불량갯수 계수치 관리도
- 관리도_MA
- 관리도_np — 작업량이 다른 불량율 계수치 관리도
- 관리도_p
- 관리도_Run — 면적이 달라 단위당 결점수 계수치 관리도
- 관리도_u
- 관리도_xbar-R
- 관리도_xbar-s — 반복 가능한 계량치 관리도
- 관리도_x-MR
- 그래프_적은선 그래프
- 그래프_레이더 차트
- 그래프_막대 그래프 — 반복 불가능한 계량치 관리도
- 그래프_파이 차트
- 도구_box-plot
- 도구_공정능력분석
- 도구_산점도
- 도구_파레토도 — 돗수분포표(정규분포)
- 도구_히스토그램

추이분석

크기분석

Cp, Cpk

중점항목색출

그림 A.7 - xbar-R 작성방법(1)

3) 데이터 시트에 데이터를 직접 입력 또는 복사하여 입력한다.

4) 입력한 데이터에 블록을 설정한다.

5) 그래프 → xbar-R을 클릭 → 해석용 확인 → 순서별(자동), 회전각도(없음) 클릭한다.
   그러면 <그림 A.8>과 같은 관리도가 나온다.

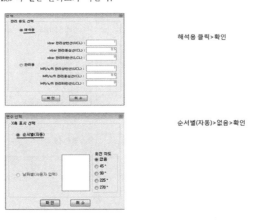

해석용 클릭>확인

순서별(자동)>없음>확인

그림 A.8 - xbar-R 작성방법(2)

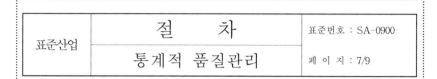

그림 A.9 - xbar-R 관리도

6) <그림 A.10>과 같이, 자료를 클릭하여 관리도 판정코드에 따라 해석하고 조치한다.

	xbar	관리상한	중심선	관리하한	관리도 판정코드	R	관리상한	중심선	관리하한	관리도 판정코드
1	111.3332	116.4304	103.84262	91.2548		24.502	46.14067	21.81592	0	
2	102.3802	116.4304	103.84262	91.2548		37.174	46.14067	21.81592	0	
3	96.3948	116.4304	103.84262	91.2548		26.09	46.14067	21.81592	0	
4	105.0524	116.4304	103.84262	91.2548		10.046	46.14067	21.81592	0	
5	111.331	116.4304	103.84262	91.2548		25.144	46.14067	21.81592	0	
6	102.7038	116.4304	103.84262	91.2548		18.507	46.14067	21.81592	0	
7	98.6684	116.4304	103.84262	91.2548		30.856	46.14067	21.81592	0	
8	102.2138	116.4304	103.84262	91.2548		23.223	46.14067	21.81592	0	
9	104.604	116.4304	103.84262	91.2548		11.252	46.14067	21.81592	0	
10	111.4044	116.4304	103.84262	91.2548		21.485	46.14067	21.81592	0	
11	102.6942	116.4304	103.84262	91.2548		17.07	46.14067	21.81592	0	
12	106.119	116.4304	103.84262	91.2548		42.463	46.14067	21.81592	0	
13	103.5106	116.4304	103.84262	91.2548		12.552	46.14067	21.81592	0	
14	105.843	116.4304	103.84262	91.2548		26.551	46.14067	21.81592	0	
15	101.0402	116.4304	103.84262	91.2548		18.202	46.14067	21.81592	0	
16	102.2162	116.4304	103.84262	91.2548		24.192	46.14067	21.81592	0	
17	106.7304	116.4304	103.84262	91.2548		21.01	46.14067	21.81592	0	
18	100.1376	116.4304	103.84262	91.2548		19.873	46.14067	21.81592	0	
19	102.1762	116.4304	103.84262	91.2548		12.052	46.14067	21.81592	0	
20	112.6316	116.4304	103.84262	91.2548		20.04	46.14067	21.81592	0	
21	99.5696	116.4304	103.84262	91.2548		10.557	46.14067	21.81592	0	
22	101.2256	116.4304	103.84262	91.2548		17.792	46.14067	21.81592	0	
23	104.0174	116.4304	103.84262	91.2548		32.753	46.14067	21.81592	0	
24	106.3284	116.4304	103.84262	91.2548		24.034	46.14067	21.81592	0	
25	95.7396	116.4304	103.84262	91.2548		17.978	46.14067	21.81592	0	

47	[관리도 판정코드]
48	* : 관리한계선을 벗어난 이상점
49	런 : 중심선에 대해서 점이 한쪽에 연속해서 나타나는 것
50	A : 길이 7 이상의 런 발생
51	B : 길이 7 이상 점의 상승 또는 하강의 경향 발생
52	C : 연속 11 점 중 적어도 10 점의 런 발생
53	D : 연속 14 점 중 적어도 12 점의 런 발생
54	E : 연속 17 점 중 적어도 14 점의 런 발생
55	F : 연속 20 점 중 적어도 16 점의 런 발생
56	G : 연속 3 점 중 적어도 2 점이 2σ와 3σ사이에 있을때
57	H : 연속 7 점 중 적어도 3 점이 2σ와 3σ사이에 있을때
58	I : 연속 10 점 중 적어도 4 점이 2σ와 3σ사이에 있을때

관리도 / 자료

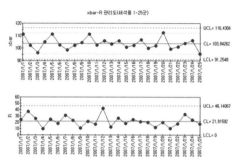

> 현자료는 이상이 없어서 공란이나 이탈시 표시, 버릇이 있을시 (A~I)코드 표시

> 자료를 클릭하면 공식에의한 계산된 UCL,CL,LCL결과 표시

그림 A.10 - xbar-R 판정방법

A.3 공정능력 산출방법

A.3.1 개요

공정능력이란 공정이 양품(고객의 요구)을 만들 수 있는 능력을 말한다. 공정능력은 일상원인에 기인한 변동에 의해 결정되며, 공정능력은 공정능력지수 Cp 또는 Cpk로 평가한다. 공정능력은 <그림 A.11>과 같이 표준편차의 6배의 공간으로 정의된다.

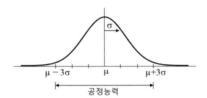

그림 A.11 - 공정능력 개념도

A.3.2 공정능력 지수(Process Capability Index) 산출방법

공정능력지수는 공정의 능력을 수치로 표현한 것이다. 공정능력지수의 산출식은 <표 A.2>와 같다.

표 A.2 - 공정능력지수 산출식

데이터의 종류	정량화 계산식		산출 공식
계량값	공정능력 지수	양쪽표준 부여시	$C_p = \dfrac{S_U - S_L}{6\sigma}$
		상한표준 부여시	$C_{PU} = \dfrac{S_U - \bar{x}}{3\sigma}$
		하한표준 부여시	$C_{PL} = \dfrac{\bar{x} - S_L}{3\sigma}$
	치우침을 고려한 공정능력 지수		$C_{pk} = Min(C_{PU}, C_{PL})$ 또는 $C_{pk} = (1-k)C_p$ 단 $k = \dfrac{\left\| \dfrac{S_U + S_L}{2} - \bar{x} \right\|}{\dfrac{S_U - S_L}{2}}$

A.3.3 ez SPC 2.0을 활용한 공정능력지수 산출방법

1) 데이터 시트에 데이터를 입력하고 블록을 설정한다.

2) 도구 → 공정능력분석을 클릭한다. 양쪽표준인 경우 표준상한값과 표준하한값을 입력하고 확인을 클릭한다.

3) 양쪽표준인 경우, 공정능력지수 결과값이 나온다.

4) 한쪽표준인 경우, 상한표준값만 주어진 경우에는 상한표준값을 입력하고, 하한표준값만 주어진 경우에는 하한표준값만 입력한다. 확인을 클릭하면 공정능력지수 결과값이 나온다.

5) c_p, c_{pk}값을 평가하고 표 A.3과 같이 평가에 따른 조치를 한다.

표 A.3 - 공정능력평가 및 조처

등급	C_{pk} 의 값	분포와 표준의 한계	공정능력 유무의 판단	조 처
특급	$C_{pk} \geq 1.67$		공정능력이 남아 돈다.	제품의 산포가 약간 커져도 걱정 없다. 관리의 간소화나 코스트 절감의 방법 등을 생각한다.
1	$1.67 > C_{pk} \geq 1.33$		공정능력은 충분하다.	이상적인 상태이므로 유지한다.
2	$1.33 > C_{pk} \geq 1.00$		공정능력이 충분하다고 할 수는 없지만 근사하다	공정관리를 야무지게 하여 관리 상태를 지킨다. PCI가 1에 가까워 지면 불량품이 발생할 우려가 있으므로, 필요할 때는 조처를 취한다.
3	$1.00 > C_{pk} \geq 0.67$		공정능력이 부족하다.	불량품이 발생하고 있다. 전수선별, 공정의 관리개선을 필요로 한다.
4	$0.67 > C_{pk}$		공정능력이 대단히 부족하다.	품질을 만족시킬 수 있는 상태가 아니다. 품질의 개선, 원인을 추구하여 긴급 대책을 취해야 한다. 또 표준을 재검토한다.

표준산업	절 차	표준번호 : SA-1000
	시험·검사업무	페 이 지 : 1/35

1 적용범위
　이 절차는 시험·검사업무에 대하여 규정한다.

2 인용표준
　다음의 인용표준은 이 표준의 적용을 위해 필수적이다. 발행연도가 표기된 인용표준은 인용된
　판만을 적용한다. 발행연도가 표기되지 않은 인용표준은 최신판(모든 추록을 포함)을 적용한다.

　KS Q ISO 2859-1(계수치샘플링검사 절차-제1부 : 로트별 합격품질한계(AQL) 지표형 샘플링검사 방안)
　KS Q ISO 24153(랜덤샘플링 및 랜덤화 절차)
　KS Q ISO 11648(집합체 샘플링의 통계적 측면)

3 용어와 정의
　이 표준의 목적을 위하여 용어와 정의는 KS Q ISO 2859-1에서 주어지고 다음을 적용한다.

3.1
시험
자재나 제품이 규정된 요건의 품질을 만족할 수 있는지를 보증하기 위하여 시험표준에 의거 그 절
차를 수행하여 품질의 특성을 조사하는 것

3.2
검사
개개의 물품 또는 LOT에 대해 검사표준에 따라 정해진 방법에 의거 측정, 시험 또는 조사하여 그
결과를 판정기준과 비교하여 개개의 물품에 대하여는 적합품 또는 부적합품, 로트(LOT)에 대해서
는 합격 또는 불합격으로 판정하는 것

　비 고 1 원부자재에 대하여 실시하는 검사를 인수검사 또는 수입검사라고 한다.
　비 고 2 공정에서 실시하는 검사는 중간검사 또는 공정검사라고 한다.
　비 고 3 완성된 제품에 대하여 실시하는 검사를 최종검사 또는 제품검사라고 한다.

3.3
로트(LOT)
동일한 조건에서 생산된 제품의 집합

3.4
검사로트(LOT)
검사대상의 로트(LOT)

보 기 제품(품목별, 표준별, 종류별, 1일 생산량), 재료(납품자별, 표준별, 종류별 1회 입하량)
비 고 검사로트(LOT) 구성은 같은 조건하에 제조된 제품으로 로트(LOT)를 구성하는 것이 좋으
며, 제품 품질이 안정되어 있으면 로트(LOT)의 크기를 크게 하고 반대의 경우는 작게 한다.

3.5
검사단위체
제품을 적합품, 부적합품으로 구분할 수 있는 최소 단위

비 고 1 이산형 제품은 1개의 나사, 1자루의 연필, 1개의 전구 등이 검사단위체가 된다.
비 고 2 벌크(Bulk) 제품은 1코일의 전선, 50kg 포장의 시멘트, 1통의 기름 등이 검사단위체이다.

3.6
합격품질수준(AQL, acceptable quality level)
연속적 시리즈의 로트를 생각했을 때, 샘플링 검사라는 목적에 대해서는 만족한 프로세스 평균의 상한

비 고 이 표준에서 AQL은 부적합품 퍼센트 또는 100 아이템당 부적합수로 표시한다.

3.7
보통검사
로트에 대한 프로세스 평균이 AQL보다 좋은 경우에 생산자에게 높은 합격 확률을 보증하도록 한
샘플링 검사 방식을 사용하는 것

3.8
까다로운 검사
대응하는 보통 검사보다는 작은 샘플 크기를 엄격한 합부 판정 기준을 가진 샘플링 검사 방식을
사용하는 것

비 고 까다로운 검사는 미리 결정된 수의 연속 로트의 검사 결과에서 프로세스 평균이 AQL보다
도 나쁘다는 것을 나타낼 때 사용한다.

3.9
수월한 검사
대응한 보통 검사보다는 작은 샘플 크기를 가진 샘플링 검사 방식을 사용하는 검사

비 고 1 수월한 검사에서의 판별력은 보통 검사의 경우보다 떨어진다.
비 고 2 수월한 검사는 미리 결정된 수의 연속 로트의 검사 결과에서 프로세스 평균이
AQL보다도 좋은 것을 나타낼 때 사용할 수 있다.

4 책임과 권한

4.1 품질관리담당자
1) 검사업무 총괄
2) 인수검사, 중간검사, 최종검사 사내표준 관리 총괄
3) 외부공인시험기관 업무 총괄

4.2 검사업무관리자
1) 검사표준 작성 및 개정 관리
2) 검사요원 선정 및 교육

5 업무절차

5.1 검사업무 일반원칙
1) 검사업무관리자는 로트별 AQL 지표형 샘플링검사절차(KS Q ISO 2859-1)를 적용하여 검사 (인수검사, 중간검사, 최종검사)표준을 작성하는 경우, <표 1>의 구성항목 및 번호체계를 적용 하여야 한다.

표 1 - 구성항목 및 번호부여 체계

1 적용범위
2 인용표준*
3 용어와 정의*
4 종류, 등급 및 호칭*
5 품질기준
6 시험 및 검사
6.1 검사로트(LOT) 구성 및 검사단위체
6.2 검사항목, 방식 및 조건, 주기(외부공인시험기관 의뢰 항목의 경우, 시험 의뢰 주기, 시험 의뢰 내용 포함)
6.3 시료채취방법
6.4 시험방법
6.5 판정기준
7 부적합 로트(LOT)의 처리
8 포장 및 표시
비 고 1 * 표시는 해당 없는 경우 생략할 수 있다.
비 고 2 절번호 뒤에 온점(.)점을 하지 않는다(KS A 0001 참조).
9 검사결과의 활용

2) 검사업무관리자는 전수검사방법을 적용하여 검사(인수검사, 중간검사, 최종검사)표준을 작성하 는 경우, <표 2>의 구성항목 및 번호체계를 적용하여야 한다.

표 2 - 구성항목 및 번호부여 체계

```
1 적용범위
2 인용표준*
3 용어와 정의*
4 종류, 등급 및 호칭*
5 품질기준
6 시험 및 검사
 6.1 검사단위체
 6.2 검사항목, 방식 및 조건, 주기(외부공인시험기관 의뢰 항목의
     경우, 시험 의뢰 주기, 시험 의뢰 내용 포함)
 6.3 시험방법
 6.4 판정기준
7 부적합 제품의 처리
8 포장 및 표시
 비 고 1  * 표시는 해당 없는 경우 생략할 수 있다.
 비 고 2  절번호 뒤에 온점(.)점을 하지 않는다(KS A 0001 참조).
9 검사결과의 활용
```

3) 검사업무관리자는 고졸 이상의 학력을 갖추고 검사 관련 직무교육을 이수한자 또는 시험, 검사
   부분의 6개월 이상의 실무경험이 있는 자를 검사요원으로 선정하고 관리하여야 한다.

5.2 검사표준 작성지침

5.2.1 적용범위

1) 적용범위는 해당 검사업무의 영역을 기술한다.

2) 해당 검사규정의 주제와 취급될 측면을 명백하게 정의하고, 해당 표준의 적용한계를 나타내어야 한다.

3) 적용범위의 표현 형식은 다음과 같은 어법으로 도입한다.
   '이 표준은 ....의 치수에 대하여 규정한다.'
   '이 표준은 ...의 방법에 대하여 규정한다.'
   '이 표준은 ...의 특성에 대하여 규정한다.'
   '이 표준은 ...을 위한 체계를 수립한다.'
   '이 표준은 ...을 위한 일반원칙을 수립한다.'
   '이 표준은 ...을 위한 지침을 제공한다.'
   '이 표준은 ...을 위한 용어를 정의한다.'

4) 표준의 적용성에 관한 설명은 다음과 같은 어법으로 도입되어야 한다.
   '이 표준은 ...에 적용 가능하다.'

보 기 적용방법 기술방법

> 1 적용범위
> 이 지침은 주식회사 표준산업(이하 '당사'라 한다.)에서 점토기와 생산 시, 원재료로 사용하는
> 점토의 품질 및 검사표준에 대하여 규정한다.

5.2.2 인용표준

1) 해당 검사규정에 인용한 KS, ISO, IEC에서 발행한 표준번호와 표준명을 기술한다.
2) 인용표준의 목록은 다음의 어법으로 도입한다.
   '다음의 인용표준은 이 표준의 적용을 위해 필수적이다. 발행연도가 표기된 인용표준은 인용된 판만
   을 적용한다. 발행연도가 표기되지 않은 인용표준은 최신판(모든 추록을 포함)을 적용한다.'

보 기 인용표준 기술방법

> 2 인용표준
> 다음의 인용표준은 이 표준의 적용을 위해 필수적이다. 발행연도가 표기된 인용표준은 인용된 판만을
> 적용한다. 발행연도가 표기되지 않은 인용표준은 최신판(모든 추록을 포함)을 적용한다.
> KS Q ISO 2859-1(계수치샘플링검사 절차-제1부 : 로트별 합격품질한계(AQL) 지표형 샘플링검사 방안)
> KS Q ISO 24153(랜덤샘플링 및 랜덤화 절차)
> KS Q ISO 11648(집합체 샘플링의 통계적 측면)

5.2.3 용어와 정의

1) 해당 검사규정에 사용된 용어 중 특정 용어를 이해하는 데 필요한 정의를 기술한다.
2) 다음의 도입 어법을 해당 검사표준의 모든 용어와 정의가 표현된 곳에 사용하여야 한다.
   '이 표준의 목적을 위하여 다음의 용어와 정의를 적용한다.'
3) 용어가 하나 혹은 그 이상의 표준에도 적용되는 경우(보기를 들면, 일련의 연관된 표준의 제1
   부가 해당 표준의 일부분 혹은 모든 부에서 사용되는 용어와 정의를 규정하고 있을 경우), 다
   음의 도입 어법이 사용되어야 하고, 필요에 따라 변경이 가능하다.
   '이 표준의 목적을 위하여 용어와 정의는 ...에서 주어지고 다음을 적용한다.'
4) 용어와 정의의 배치는 참조번호 뒤에 행을 바꾸어 용어를 기술하고, 다시 행을 바꾸어 정의를
   기술한다.

　보 기 용어와 정의 기술방법

---

3 용어와 정의

이 표준의 목적을 위하여 다음의 용어와 정의를 적용한다.
　3.1
　검사
　개개의 물품 또는 LOT에 대해 검사표준에 따라 정해진 방법에 의거 측정, 시험 또는 조사하여
　그 결과를 판정기준과 비교하여 개개의 물품에 대하여는 적합품 또는 부적합품, 로트(LOT)에
　대해서는 합격 또는 불합격으로 판정하는 것

5.2.4 종류, 등급 및 호칭

　적용되는 대상의 종류, 등급, 호칭에 대하여 기술한다.

　보 기 종류, 등급 및 호칭 기술방법

---

4 종류, 등급 및 호칭
　합성수지의 종류는 다음 표 #와 같이 구분한다.

표 # - 합성수지 종류

종　류	주　용　도(참고)
ABS수지	난연성, 내충격성, 광택
PC/ABS 수지	난연성, 고내충격성(고강도), 고광택

5.2.5 품질기준

　1) 제품의 요구사항은 시험을 통하여 단기간에 검증할 수 있는 품질특성을 성능의 관점에서 한계
　　수치를 포함하여 기술하여야 한다. 그러므로 제품의 요구사항은 잘 정의된 기준으로 명시되어
　　야 한다. '충분히 강한' 또는 '적당한 강도'와 같은 문구는 사용될 수 없다.
　2) 겉모양은 제품, 재료의 외관성 결점 가운데 중결점 위주로 가능한 구체적으로 기술한다.
　3) 치수는 한계수치를 설정하여 구체적으로 기술한다.
　4) 인장강도, 연신율 등과 같은 기계적 성질과 사용목적을 다하기 위한 효능을 나타내는 성능을
　　명확하게 규정하고 한계수치를 설정하여 기술한다.
　5) 수분, 비중, 입도 등과 같은 물리적 성질을 명확하게 규정하고 한계수치를 설정하여 기술한다.
　6) 화학적 성분을 원자·분자별로 한계수치를 설정하여 기술한다.
　7) 상기 이외의 품질특성이 있을 경우에는 별도 항을 설정하여 기술한다.

보 기 품질기준 기술방법

---

5 품질기준

합성수지의 종류별 품질기준은 표 #에 적합하여야 한다.

표 # - 합성수지 품질기준

품질특성	성능 요구사항	
	ABS 수지	PC/ABS 수지
1. 겉모양	타원형으로 입자가 균일하고, 고유의 광택을 지니고 있어야 하며 불순물 혼입 등 사용상 해로운 결함이 없어야 한다.	
2. 입도	타원형, 직경 5 mm	타원형, 직경 5 mm
3. 비중	1.18 ± 10	1.20 ± 10
4. 충격강도(중합도)	15 이상	45 이상
5. 난연성(휘발분)	V1-V0	V1-V0
6. 인장강도	380 이상	450 이상

5.2.6 시험 및 검사

1) 시험 및 검사에 대한 사항을 기술한다. 시험 및 검사방법은 국제표준, KS, 단체표준 등 이미 알려진 시험방법 또는 제품의 특성에 맞는 관련시험에 대한 문서를 참고하여 작성한다. 같은 수준의 신뢰수준으로 파괴 시험방법을 비파괴 시험방법으로 교체 가능한 때에는 비파괴 시험방법을 선택한다.

비 고 1 시험이란 시료 또는 시험편에 대하여 그 특성을 조사하는 행위를 말한다.

비 고 2 검사란 규정된 방법에 따라 시료를 시험하고 그 결과를 판정기준과 비교하여 개개의 제품에 대해서는 적합, 부적합으로 로트에 대해서는 합격, 불합격 판정을 내리는 행위를 말한다.

2) 시험 및 검사에 대한 사항은 다음과 같이 구성항목을 세분화하여 기술한다.
   - 검사 로트(LOT) 구성 및 검사단위체
   - 검사항목, 방식 및 조건, 주기
   - 시료채취방법
   - 시험방법
   - 판정기준

5.2.6.1 검사로트(LOT) 구성 및 검사단위체

1) 검사로트(LOT) 구성은 같은 조건하에 제조된 제품으로 로트(LOT)를 구성하는 것이 좋으며, 제품 품질이 안정되어 있으면 로트(LOT)의 크기를 크게 하고 반대의 경우는 작게 한다.

　　보 기 제품 : 품목별, 표준별, 종류별, 1일 생산량
　　　　　　재료 : 납품자별, 표준별, 종류별 1회 입하량
　2) 검사단위체란 제품을 적합품, 부적합품으로 구분할 수 있는 최소 단위를 말한다. 연속체, 분체, 액체의 검사단위체는 일정한 길이, 양, 용적을 검사단위체로 한다. 검사를 실시하기 위해 채취하는 검사단위체에 대하여 명확하게 기술한다.
　　비 고 1 이산형 제품은 1개의 나사, 1자루의 연필, 1개의 전구 등이 검사단위체가 된다.
　　비 고 2 벌크(Bulk) 제품은 1코일의 전선, 50kg 포장의 시멘트, 1통의 기름 등이 검사단위체이다.

　　보 기 검사 로트(LOT) 구성 및 검사단위체 기술방법

> 6 시험 및 검사
> 6.1 검사 로트(LOT) 구성 및 검사단위체
> 합성수지 종류별, 납품업체별 1일 입고량을 검사로트(LOT)로 하고, 1포장 단위체를 검사단위체로 한다.

5.2.6.2 검사항목, 방식 및 조건, 주기
　1) 제품표준이나 재료표준에 규정한 품질특성을 검사항목으로 정한다.
　2) 검사방법에는 전수검사와 샘플링검사가 있으며 샘플링검사를 택할 때에는 검사의 타당성 검토, 즉 좋은 품질의 로트(LOT)가 불합격될 확률과 나쁜 품질의 로트(LOT)가 합격될 확률을 검사특성곡선으로 검토하여 확정한다.
　3) 검사방식 및 조건을 설정하기 위한 샘플링검사는 일반적으로 합격품질수준(AQL) 지표형 샘플링검사(KS Q ISO 2859-1)를 활용한다(부속서 A 참조).
　4) 검사 주기는 직접 검사하는 경우와 외부기관(업체포함)과의 사용계약 또는 외부 공인시험성적서를 활용하는 경우로 나누어 결정한다.
　5) 외부기관(업체포함)과의 사용계약 또는 외부 공인시험성적서 활용이 허용된 검사설비에 대해서는 시험검사 의뢰기관, 시험검사 의뢰내용, 시험검사 주기 등을 결정한다.
　6) 외부 공인시험기관의 성적서를 활용하는 경우, 다음과 같은 사항을 결정한다.
　　- 시험의뢰기관의 자격조건
　　- 시험 의뢰 대상 제품의 로트(LOT) 구성방법과 시료채취 방법
　　- 통상적인 시험인 경우 최소 1주일 주기마다 시험하되, 해당 심사기준에서 시험주기를 정한 경우에는 해당 시험주기를 적용하고 해당 심사기준에서 시험주기를 규정하지 않는 경우에는 해당시험에 소요되는 기간 및 성적서 발행기간 등을 감안하여 시험주기 설정
　　- 시료채취자, 시료채취 보고서, 공시체 제작보고서 작성방법
　　- 시험의뢰 시 시험방법, 불합도 표현여부 등 시험의뢰 내용
　　- 시험결과의 분석과 활용 방법

보 기 검사항목, 방식 및 조건, 주기 기술방법

6.2 검사항목, 방식 및 조건, 주기

1) 검사항목, 방식 및 조건, 주기는 <표 #>와 같다.

2) 샘플링, 로트(LOT)의 합격, 불합격 판정을 위한 검사방식 및 조건의 설계는 다음과 같은 순서로 하여야 한다.

(1) KS Q ISO 2859-1의 샘플링 문자표에서 지정된 로트의 크기(N)를 포함하는 행과 지정된 검사수준이 있는 열이 교차되는 란에서 샘플문자를 확인한다.

(2) 해당하는 샘플링 형식(주 샘플링표)에서 해당 샘플문자 열로부터 샘플의 크기(n)를 읽고, 샘플문자 행과 합격품질수준(AQL) 열이 교차되는 란에서 합격판정개수(Ac)와 불합격판정개수(Re)를 읽는다.

(3) 샘플링 검사방식 및 조건에 대한 설계결과를 정리한다(표 # 참조).

표 # - 검사항목, 방식 및 조건, 주기

NO	검사항목	검사방식 및 조건	주기
1	겉모양	• 검사방식 : KS Q ISO 2859-1(계수값에 의한 샘플링검사)	
		• 검사수준 : G-Ⅱ(통상검사수준Ⅱ)	
2	입도	• 검사의 엄격도 : 보통검사	1회/lot
		• 샘플링 형식 : 1회	
3	함수율	• 합격품질수준(AQL) =1.0%	
4	소성수축률	납품업체의 외부 공인시험성적서로 대체한다.	1회/lot
5	화학성분		

표 # - 샘플링 검사방식 및 조건 설계결과표

로트 크기(N)	샘플의 크기(n)	합격판정개수(Ac)	불합격판정개수(Re)

5.2.6.3 시료채취방법

1) 전수검사인 경우 시료채취방법은 기술하지 않는다.

2) 샘플링검사인 경우 검사방식 및 조건에 규정된 시료로 로트(LOT) 전체를 대표할 수 있도록 랜덤하게 채취할 수 있는 시료채취방법을 설정하여야 한다.

3) 시료채취방법의 종류에는 랜덤샘플링, 2단계샘플링, 층별샘플링, 취락샘플링 등이 있다(부속서 A 참조).

4) 시료채취방법은 해당 제품표준에 규정된 방법이 있는 경우에는 그 방법을 적용하고, 규정되어 있지 않을 경우에는 다음의 방법을 적용한다.

- 개개 제품을 식별할 수 있는 이산형 제품은 KS Q ISO 24153(랜덤샘플링 및 랜덤화 절차)를 적용한다.
- 아스팔트, 기름, 석탄, 모래 등 벌크상태 제품은 KS Q ISO 11648(집합체 샘플링의 통계적 측면)을 적용한다.

보 기 시료채취방법 기술방법

6.3 시료채취방법

6.2 검사방식 및 조건에 맞게 KS Q ISO 2859-1의 시료문자표 및 주샘플링표를 활용하여 구한 시료의 크기(n)를 Q ISO 24153(랜덤샘플링 및 랜덤화 절차)에 의거 1차로 1포장 단위체를 선택한 후 선택된 포장 단위체에서 20kg을 랜덤하게 채취한다.

5.2.6.4 시험방법

1) 채취한 시료로부터 요구하는 데이터를 얻기 위한 조사, 측정, 분석 등의 시험방법을 기술한다.
2) 시험항목별로 기술한다.
3) 자체 시험표준이나 KS 등 관련표준이 있으면 이를 인용한다.
4) 해당되는 경우, 시험방법은 다음의 순서로 세분되어도 된다.
   - 시험원리
   - 시약 및 재료
   - 시험장치
   - 시험시료 및 시편의 준비와 보존
   - 시험절차
   - 계산방법과 시험방법의 정밀도를 포함한 시험결과의 표시
   - 시험성적서

보 기 시험방법 기술방법

6.4 시험방법

시험방법은 다음의 <표 #>와 같다.

표 # - 시험방법

NO	시험항목	시험방법
1	겉모양	육안으로 확인한다.
2	입도	ASTM D123에 따른다.
3	함수율	ASTM D234에 따른다.
4	소성수축률	ASTM D456에 따른다.
5	화학성분	ASTM D678에 따른다.

5.2.6.5 판정기준
 검사단위체 및 로트(LOT)의 판정기준에 대하여 기술한다.

  보 기 판정기준 기술방법

6.5 판정기준

6.5.1 검사단위체 판정
 검사단위체 시험결과가 5 품질기준에 적합하면 적합품, 적합하지 않으면 부적합품으로 판정한다.

6.5.2 검사로트(LOT)의 판정
 검사단위체 판정결과가 3.2항의 검사방식 및 조건에 의해 설계된 합격판정개수(Ac) 조건에 해당되면 합격, 불합격판정개수(Re) 조건에 해당하면 불합격으로 판정한다.

5.2.7 불합격 로트(LOT)의 처리
 검사결과 불합격인 경우 부적합 로트(LOT)의 조치방법에 대하여 기술한다.

  보 기 불합격 로트(LOT)의 처리 기술방법

7 불합격 로트(LOT)의 처리
 합성수지 검사결과 불합격 로트(LOT)는 부적합품 관리규정에 따라 처리하여야 한다.

5.2.8 표기, 라벨링 및 포장
 해당되는 경우, 표시는 다음 사항을 포함하여 기술한다.
 - 적용할 수 있는 경우, 제조자(상호 및 주소) 또는 판매자(상호, 상표 또는 식별표시), 또는 제품
   그 자체에 대한 마크[즉, 제조자 또는 판매자의 상표, 모델 또는 형식번호, 호칭), 혹은 서로 다
   른 크기, 종류, 형식 및 등급의 식별표시를 포함하여 제품의 식별에 사용되는 표기에 대한 내용
 - 보기를 들면 팻말(때로는 '명판'이라고 함), 라벨, 날인, 색채, 실(케이블에서의)을 사용하여 제
   품의 마크를 표현하는 방법
 - 제품 또는 포장에 해당 마크가 부착되어야 할 위치
 - 제품의 라벨링 및 포장에 대한 요구사항(즉, 취급 설명서, 위험 경고사항, 제조일자)
 - 요구될 수 있는 그 외의 정보

보 기 표기, 라벨링 및 포장 기술방법

8 표기, 라벨링 및 포장

8.1 포장
　운반 및 보관이 용이하도록 25kg 크라프트지대 또는 500kg Sealing Bag으로 포장한다.

8.2 표시
　합성수지 매포장 단위체마다 다음 사항을 표시하여야 한다.
　1) 품명
　2) 등급(Grade)
　3) 색깔(Color)
　4) 로트(LOT) 번호(NO) 또는 제조연월일
　5) 중량

5.2.9 검사결과의 활용
검사결과의 활용방법에 대하여 기술한다.

　보 기 검사결과의 활용 기술방법

9 검사결과의 활용
　1) 인수검사의 중요한 품질특성에 대하여 3개월 주기로 ez spc 2.0 소프트웨어를 활용하여
　　 해석용 관리도를 작성하고, 그 결과를 공정 및 품질개선 활동에 반영하여야 한다.
　2) 3개월 주기로 합격률, 부적합(품)률, 공정능력지수를 분석하고 그 결과를 토대로
　　 자재공급업체의 변경 또는 제조공정, 제품설계, 작업방법 변경 등에 활용하여야 한다.
　3) 분석결과에 대한 개선의 필요한 경우, 시정 및 예방조치절차에 따라 조치하여야 한다.

6 관련표준
　1) 인수검사지침
　2) 중간검사지침
　3) 최종검사지침

부속서 A(참고) KS Q ISO 2859-1 계수치샘플링검사 절차-제1부 : 로트별 합격품질한계(AQL)
　　　　　　지표형 샘플링검사 적용지침
부속서 B(참고) 시험표준 작성방법

부속서 A

(참고)

KS Q ISO 2859-1

계수치샘플링검사 절차-제1부 : 로트별 합격품질한계(AQL) 지표형 샘플링검사 적용지침

A.1 개요

샘플링 검사란 로트로부터 시료를 샘플링해서 조사하고, 그 결과를 로트의 판정 기준과 비교하여 그 로트의 합격·불합격을 판정하는 검사를 말한다. KS Q ISO 2859-1 계수치샘플링검사는 거의 모든 나라에서 표준으로 채택하고 있는 샘플링 검사이다. 군수품 구입에서와 같이 다수의 공급자로부터 연속적이고 대량으로 제품을 구입하는 경우, 좋은 품질의 제품을 공급하는 공급자에게는 보다 수월한 샘플링 검사를 적용하여 품질향상에 대한 의욕을 고취시키고, 나쁜 품질의 제품을 공급하는 공급자에게는 보다 까다로운 검사를 적용하여 로트의 합격을 어렵게 함으로써 품질향상을 유도하는 샘플링 검사방법이다.

KS Q ISO 2859-1 계수치샘플링검사는 로트의 크기를 포함하는 행과 지정된 검사수준(특별검사수준 또는 통상검사수준)의 열이 만나는 란 에서 샘플(크기) 문자를 읽는다. 해당되는 주 샘플링표(검사의 엄격도별, 즉 보통검사, 까다로운 검사, 수월한 검사별로 정해진 검사형식, 즉 1회, 2회, 다회)로 부터 샘플문자표에서 찾은 샘플문자가 있는 행에서 샘플의 크기 n을 구하고, 이 샘플문자의 행과 조직이 정한 AQL이 만나는 란으로부터 합격판정갯수 Ac와 불합격판정갯수 Re를 구하여 샘플링을 하고 로트의 합격, 불합격을 판정하는 검사이다.

샘플링검사는 재료의 인장강도, 수명 시험 등의 파괴검사나 석탄, 전선, 가솔린, 볼트, 너트 등의 제품검사에 적용할 수 있는 검사방법이다.

샘플링검사가 전수검사보다 유리한 경우는 다음과 같다.

- 다수 다량의 것으로, 어느 정도 부적합품이 섞여도 괜찮은 경우이다.
- 기술적으로 보아 개별검사가 무의미한 경우로 프레스 부품, 구조품, 성형품 등에서 볼 수 있다.
- 불완전한 전수검사에 비해 신뢰성이 높은 결과를 얻을 수 있는 경우로 검사 수량과 검사 항목이 많을 경우에는 일반적으로 샘플링검사 쪽이 신뢰성이 높다.
- 검사비용을 적게 하는 편이 이익이 되는 경우로 단위당 검사비용과 부적합품으로 인한 손실비용의 합이 전수검사의 경우보다 적을 때 유리하다.
- 생산자나 납품업자에게 품질향상의 자극을 주고 싶을 경우로 전수검사 때에는 부적합품에 대해서만 조치가 취해지지만 샘플링 검사 때에는 로트단위로 합·부가 판정되므로 그 영향이 커진다.

샘플링 검사의 실시 조건은 다음과 같다.

- 검사대상 제품이 로트로 처리될 수 있어야 한다. 샘플링검사는 로트의 처리를 결정하는 행동이지 로트 내 개개의 제품을 개별적으로 처리하는 것은 아니기 때문이다.
- 합격된 로트 속에도 어느 정도의 부적합품이 섞여 들어가는 것을 허용해야 된다. 합격된 로트는 일부 샘플로만 판정된 결과이므로 검사되지 않은 나머지 물품 중에 부적합품이 전혀 없다고는 할 수 없기 때문이다.

- 로트로부터 샘플을 랜덤하게 샘플링할 수 있어야 한다. 샘플링검사는 샘플을 랜덤하게 채취하는 것이 기본 조건이며, 그렇지 않을 경우는 샘플 채취가 랜덤하게 될 수 있도록 기술적 조처를 강구해야 한다.
- 품질기준이 명확하게 정해져 있어야 한다. 즉, 객관적이고 명확한 판정기준이 제시되어야 한다.
- 계량 샘플링검사에서는 로트의 품질특성값의 분포가 대략 정규분포를 따라야 한다.

A.2 검사절차

1) 품질기준 설정

제품을 규정된 방법에 따라 시료를 시험하고 그 결과를 품질기준과 비교하여 개개의 제품에 대해서는 적합·부적합으로, 로트에 대해서는 합격·불합격 판정을 내리기 위해서는 보기의 <표 A.1>과 같이 제품의 품질특성별로 성능접근주의 원칙에 따라, 품질기준을 명확하게 설정하여야 한다. 제품의 품질특성은 중요도에 따라 '치명결함항목', '중결함항목', '경결함항목'으로 구분하거나 '중부적합', '경부적합'으로 구분할 수 있다. 이는 AQL을 정하는데 중요한 역할을 한다.

보 기

표 A.1 - 품질기준

품질특성	성능 요구사항
2. 입 도	표준체(NO7) 통과량 95 % 이상일 것
3. 소성수축률	7~13 %
4. 함수율	20 % 이하
5. 화학성분	SiO_2 : 50~75 %, Al_2O_3 : 10~35 %, Fe_2O_3 : 10.0 % 이하, CaO : 3.0 % 이하, MgO : 2.0 % 이하

2) AQL 설정

합격품질수준(AQL, acceptable quality level)은 부적합품률의 허용상한을 의미한다. 예를 들어, AQL이 1%이라면 1% 이상의 부적합품률의 로트는 받아들이지 않겠다는 의미이다. AQL은 주 샘플링표(표 A.4 ~ 표 A.6 참조)에 0.010부터 1,000까지 26단계가 있는데, 이 중 적당한 것을 골라서 설정한다. 합격품질수준(AQL)이 10 이하일 때는 부적합품률에만 사용된다.

합격품질수준(AQL)을 선정시 주의할 점은, 희망품질과 달성 가능한 품질간의 균형을 고려하여 요구품질에 맞추거나, 부적합의 등급에 따르거나 공정평균에 근거를 두어 정하는 것이 좋다. 그렇지만 공급자와 협의하에 합격품질수준(AQL)값을 계속적으로 검토하여야 할 필요도 있음을 유의하여야 한다. 보기 1과 보기 2는 미국 육군 및 해군의 합격품질수준(AQL) 지정기준이다.

보기 1 미 해군에서는 치명결함항목 0.1, 중결함항목 0.25, 경결함항목 2.5와 같이 일률적으로 합격품질수준(AQL)을 지정한다.

보기 2 미국 육군에서는 검사항목에 합격품질수준(AQL)을 지정한다(표 A.2 참조).

표 A.2 - 미 육군 합격품질수준(AQL) 지정기준

중부적합		경부적합	
검사항목의 수	AQL(%)	검사항목의 수	AQL(%)
1~2	0.25	1	0.65
3~4	0.40	2	1.0
5~7	0.65	3~4	1.5
8~11	1.0	5~7	2.5
12~19	1.5	8~18	4.0
20~28	2.5	19이상	6.5
29이상	4.0		

3) 검사수준 결정

일반적 용도의 통상검사수준에는 Ⅰ, Ⅱ, Ⅲ 3종류의 검사수준이 있는데 특별한 지정이 없으면 수준 Ⅱ를 사용한다. 검사수준은 샘플의 상대적인 크기를 의미한다. 통상검사수준 Ⅰ, Ⅱ, Ⅲ간의 샘플의 크기 비율은 대략 0.4 : 1 : 1.6으로 되어 있다.

한편 파괴검사나 비용이 많이 드는 검사(고가품)에는 특별검사수준을 사용한다. 특별검사수준은 S-1, S-2, S-3, S-4의 4종류의 수준이 있다(표 A.5 참조).

검사수준을 결정하는 일반적인 방법은 다음과 같다.

• 제품구조의 복잡성과 원가 : 구조가 단순하고 값싼 제품은 검사수준이 낮아도 된다.
• 검사비용 : 제품원가에 비해 검사비용이 싸면 높은 검사수준을 적용한다.
• 파괴검사 : 낮은 검사수준(특별검사수준, S-1, S-2, S-3, S-4)을 적용한다.
• AQL의 보증 : AQL보다 나쁜 품질의 로트를 합격시키지 않으려고 한다면 높은 검사수준을 적용한다.
• 생산의 안정 : 단속적인 생산보다 연속적인 생산에는 비교적 낮은 검사수준을 적용하며, 신제품인 경우에는 높은 검사수준을 적용한다.
• 로트 간 산포 : 로트 간 산포가 작고 언제나 합격하고 있는 경우에는 낮은 검사수준을 적용한다.
• 로트내의 품질산포 : 로트내의 품질의 산포가 기준의 폭에 비하여 작으면 낮은 검사수준을 적용한다.

4) 검사의 엄격도 결정

보통 검사, 까다로운 검사, 수월한 검사 중에서 어느 것을 적용할 것인가를 정한다. 이는 좋은 품질의 제품을 공급하는 공급자에게는 보다 수월한 샘플링 검사를 적용하여 품질향상에 대한 의욕을 고취시키고, 나쁜 품질의 제품을 공급하는 공급자에게는 보다 까다로운 검사를 적용하여 로트의 합격을 어렵게 함으로써 품질향상을 유도하기 위해서이다. 일반적으로 특별한 경우가 아니면, 계약 시

최초의 검사는 보통검사부터 시작한다. 엄격도 조정규칙은 <그림 A.1>과 같다.

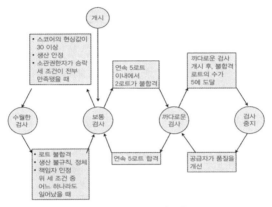

그림 A.1 - 엄격도 조정규칙

5) 샘플링 형식 결정

1회, 2회 및 다회(5회) 샘플링 형식 중에서 샘플링 형식을 정한다.

　① 1회 샘플링 검사

　　로트로부터 시료를 1회 샘플링하여, 이 시험결과로서 로트의 합격·불합격을 결정하는 방식이다(그림 A2 참조).

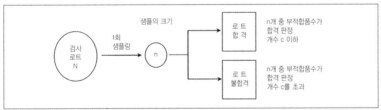

그림 A.2 - 1회 샘플링 검사

　② 2회 샘플링 검사

　1회 때, 정한 시료를 조사하여 합격·불합격·보류의 3가지 판정을 하고, 만약 보류가 된 경우에는 2회 때, 정한 시료를 조사하고 1회, 2회 조사 결과를 누계하여 그 결과에 따라 로트의 합격·불합격을 정하는 검사방식이다. 예를 들면, 로트 크기가 1,000개인 검사 로트로부터 1회 때, 50개의 시료를 샘플링하여 검사할 때, 시료중에 부적합품이 1개 이하이면 그 로트를 합격시키고, 3개 이상이면 그 로트를 불합격시킨다. 그러나 1회 때, 샘플 중 부적합품이 2개인 경우에는 다시 2회 때, 샘플로 50개를 랜덤 샘플링하여 검사한다. 1회, 2회 때의 시료를 누계한 100개 중 부적합품이 4개 이하이면 그 로트를 합격시키고, 5개 이상이면 그 로트를 불합격시킨다(표 A.3 참조).

표 A.3 - 2회 샘플링 검사

시 료	시료의 크기 n	시료 크기의 누계	합격판정개수 Ac	불합격판정개수 Re
제1시료	50	50	1	3
제2시료	50	100	4	5

③ 다회 샘플링 검사

제1시료에서 판정이 내려지지 않을 때에는 다시 제2회 또는 제3회 이상의 시료를 샘플링하여, 판정기준과 비교하고 판정하는 것을 다회 샘플링 검사라고 한다(표 A.4 참조).

표 A.4 - 다회 샘플링 검사

시 료	시료의 크기 n	시료 크기의 누계	합격판정개수 Ac	불합격판정개수 Re
제1시료	50	50	#	2
제2시료	50	100	0	3
제3시료	50	150	0	3
제4시료	50	200	1	3
제5시료	50	250	3	4

* #표는 제1시료의 결과만으로 합격판정을 내릴 수 없다.

1회, 2회 및 다회 샘플링 방식이 사용 가능할 때에 어느 것을 사용하는 가는 통상은 관리상의 곤란함과 사용 가능한 샘플링 방식의 평균 검사 개수와의 비교에 기초하여 결정한다. 관리상의 곤란함과 아이템당의 비용에 대해서는 통상 1회 샘플링 방식이 2회 및 다회 샘플링 방식보다 적다. <표 A.6> ~ <표 A.8>은 1회 샘플링 방식의 주 샘플링표이다.

6) 검사로트(LOT)의 구성 및 크기, 검사단위체 결정

같은 생산조건에서 제조된 제품을 모아서, 검사로트(LOT)의 크기를 정한다.

보기 제품(품목별, 표준별, 종류별, 1일 생산량), 재료(납품자별, 표준별, 종류별 1회 입하량)

합리적인 검사로트(LOT)를 구성하기 위해서는 다음 사항을 고려한다.

• 서로 다른 원료, 부품으로 만든 제품을 동일한 로트(LOT)로 구성하지 않는다.
• 서로 다른 생산라인, 설비라인에서 나온 제품을 동일한 로트(LOT)로 구성하지 않는다.

- 서로 다른 작업시간, 방법 등으로 제조된 제품을 동일한 로트(LOT)로 구성하지 않는다.
- 서로 다른 작업, 작업그룹이 제조한 제품은 동일한 로트(LOT)로 구성하지 않는다.

검사로트(LOT)를 구성한 후에 검사단위체를 결정한다. 검사단위체란 제품을 적합품, 부적합품으로 구분할 수 있는 최소 단위를 말한다. 예를 들면 1개의 나사, 1자루의 연필, 1개의 전구는 검사단위 이다. 연속체, 분체, 액체의 검사 단위는 일정한 길이, 양, 용적을 검사단위로 한다. 예를 들면 1코일 의 전선, 50kg 포장의 시멘트, 1통의 기름 등이다.

7) 샘플링 방식 결정

로트의 크기(N)와 합격품질수준(AQL)을 바탕으로 샘플의 크기(n)과 합격판정개수(Ac)와 불합격판 정개수 (Re)를 구한다. 샘플링 방식을 결정하는 방법은 다음과 같다.
  (1) 시료 문자를 읽는다.
    <표 A.5>를 사용하여 지정된 로트의 크기(N)를 포함하는 행과 지정된 검사수준의 열이 만나는 란에서 시료문자를 읽는다.
  (2) 해당되는 주 샘플링표(표 A.6 ~ 표 A.8)로 부터 샘플링 방식을 구한다.
    <표 A.5>에서 찾은 시료문자가 있는 행에서 시료의 크기(n)을 구하고, 이 시료문자의 행과 합 격품질수준(AQL)이 만나는 란으로부터 합격판정개수(Ac)와 불합격판정개수(Re)를 읽는다.
    상세한 방법은 본 부속서 A.3를 참고한다.

8) 샘플링

샘플링 방식에서 결정된 샘플(n)을 로트(LOT)로부터 랜덤하게 채취한다. 샘플링의 종류에는 랜덤샘 플링, 2단계샘플링, 층별샘플링, 취락샘플링 등이 있다.

① 랜덤샘플링(Random Sampling)
  모집단으로부터 그 일부를 시료로 취할 때, 같은 확률로 뽑혀지도록 하는 샘플링 방법으로 시 료의 크기가 증가할수록 샘플링의 추정정밀도가 높아진다. 랜덤샘플링에는 단순 랜덤샘플링(Simple Random Sampling)과 계통 샘플링(Systematic Sampling) 그리고 지그재그 샘플링(Zigzag Sampling)이 있다.

  비고 1 단순 랜덤샘플링(Simple Random Sampling) : 모집단의 모든 샘플링 단위가 동일한 확률로 시료로 뽑힐 가능성이 있는 샘플링 방법이다. 난수표, 주사위, 난수기, 샘플링카드 등을 활용하는 방법이다.
  비고 2 계통 샘플링(Systematic Sampling) : 시료를 시간적, 공간적으로 일정한 간격을 두고 취하는 샘플링 방법이다. 예를 들면, 모집단 크기 200개, 시료의 크기 50개라면 샘플링간격 (K=모집단 크기/시료)은 4가 된다. 1~5에서 랜덤하게 골랐더니, 2가 얻어졌다면 2를 기준 으로 4간격으로 샘플링하는 방법이다. 즉 2, 6, 10, 14, 18, 22, 26, 30, 34 ...과 같이 2를 기 준으로 하여 4간격으로 시료를 채취하는 방법이다.

비고 3 지그재그 샘플링(Zigzag Sampling) : 계통샘플링의 주기성에 의한 치우침 위험을 방지
하기 위해, 하나씩 걸러서 일정한 간격으로 샘플을 취하는 방법이다. 예를 들면, 계통샘플
링방법에서 2, 6, 10, 14, 18, 22, 26, 30, 34 ...과 같이 4간격으로 시료를 채취하였다면, 위
와 같이 밑줄 친 시료를 걸러서 2를 더한 숫자, 뺀 숫자를 반복하여 2, 12, 16, 28, 32 ...와
같이 시료를 채취하는 방법이다.

② 2단계 샘플링(Two Stage Sampling)

2단계 샘플링은 모집단을 몇 개의 서브로트(1차 샘플링 단위)로 나누고, 그 중에서 몇 개의 부
분을 1차로 샘플링을 하고, 1차 샘플링을 한 것 중에서 몇 개의 단위체 또는 단위량을 뽑는 방
법이다. 예를 들면, 한 트럭에 사과 100상자를 싣고 각 상자 속에는 50개씩의 사과가 포장되어
있을 때, 사과 9개를 샘플로 검사한다고 하면, 먼저 100개의 상자 속에서 3상자를 랜덤하게 선
택하고, 다시 각 상자에서 3개씩 사과를 뽑아서 검사한다(그림 A.3 참조).

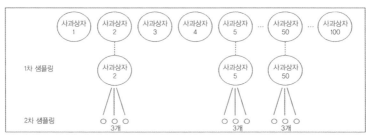

그림 A.3 - 2단계 샘플링(Two Stage Sampling)

③ 층별 샘플링(Stratified Sampling)

모집단을 공통의 요인에 의해 영향을 받고 있다고 생각되는 것, 공통의 성질, 공통의 버릇을 가
지고 있는 것으로 나누고, 각 층으로부터 각각 랜덤하게 시료를 뽑는 방법이다(그림 A.4 참조).

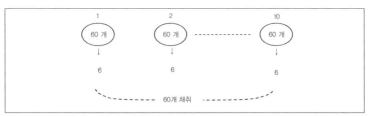

그림 A.4 - 층별 샘플링(Stratified Sampling)

비고 시간별, 작업자별, 기계장치별, 작업방법별, 원재료별, 측정검사별 등으로 층별 할 수 있다.

④ 취락 샘플링(Clustering Sampling)

취락(또는 집락, 군집) 샘플링은 모집단을 여러 개의 군집으로 나누고 그 중에서 몇 개의 군집을 랜덤하게 샘플링하고 뽑힌 군집의 제품을 모두 시료로 취하는 방법이다. 예를 들면 각 60개씩의 볼트가 들어있는 10상자의 로트가 입하되었을 때 1상자를 뽑고 그 상자의 볼트를 전부 시료로 취하는 샘플링방법이다(그림 A.5 참조).

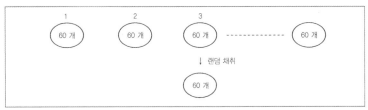

그림 A.5 - 취락 샘플링(Clustering Sampling)

해당 KS 표준에서 시료채취 방법을 규정한 경우에는 KS 표준을 준수하여야 하며, KS 표준에서 시료채취 방법을 규정하지 않는 경우, 개개 제품을 식별할 수 있는 이산형 제품일 경우에는 KS Q ISO 24153(랜덤샘플링 및 랜덤화 절차)를 적용하고, 아스팔트, 기름, 석탄, 모래 등 벌크 상태 제품은 KS Q ISO 11648(집합체 샘플링의 통계적 측면)을 적용하여 샘플을 채취한다.

9) 샘플 시험

정해진 시험방법 및 절차에 따라 샘플의 품질특성을 조사한다.

10) 판정기준에 의한 검사로트의 합격 또는 불합격 판정

샘플 시험결과를 판정기준과 비교하여 로트가 합격일 때는 그대로 받아들이고 불합격일 때에는 폐기, 선별, 재평가 등 소관 권한자가 결정한다. 그리고 합격 로트라 하더라도 샘플 중 발견된 부적합품은 적합품으로 대체한다.

11) 검사결과 기록

해당 검사성적서에 검사결과를 기록하여 보관한다.

A.3 샘플링 방식을 구하는 방법

1) 샘플문자를 읽는다.
<표 A.5>의 샘플링 문자표에서 지정된 로트의 크기(N)를 포함하는 행과 지정된 검사수준의 열이 만나는 란에서 샘플(크기) 문자를 읽는다.

2) 해당되는 주 샘플링표(표 A.6 ~ 표 A.8)로부터 샘플링방식을 구한다.
선정된 주 샘플링표에서 찾은 샘플문자가 있는 행에서 샘플의 크기(n)을 구하고, 이 샘플문자의 행과 합격품질수준(AQL)이 만나는 란으로부터 합격판정개수(Ac)와 불합격판정개수(Re)를 읽는다. 단, 합격판정개수(Ac), 불합격판정개수(Re)란에 화살표가 있는 경우에는 샘플문자와 샘플의 크기도 달라짐에 유의하여야 한다.

3) 샘플링 검사방식의 설계결과를 보기와 같이 정리한다.

보기 샘플링검사방식의 설계결과

로트 크기(N)	샘플의 크기(n)	합격판정개수(Ac)	불합격판정개수(Re)

표 A.5 - 샘플링 문자표

로트 크기	특별 검사 수준				통상 검사 수준		
	S-1	S-2	S-3	S-4	I	II	III
2 ~ 8	A	A	A	A	A	A	B
9 ~ 15	A	A	A	A	A	B	C
16 ~ 25	A	A	B	B	B	C	D
26 ~ 50	A	B	B	C	C	D	E
51 ~ 90	B	B	C	C	C	E	F
91 ~ 150	B	B	C	D	D	F	G
151 ~ 280	B	C	D	E	E	G	H
281 ~ 500	B	C	D	E	F	H	J
501 ~ 1,200	C	C	E	F	G	J	K
1,201 ~ 3,200	C	D	E	G	H	K	L
3,201 ~ 10,000	C	D	F	G	J	L	M
10,001 ~ 35,000	C	D	F	H	K	M	N
35,001 ~ 150,000	D	E	G	J	L	N	P
150,001 ~ 500,000	D	E	G	J	M	P	Q
500,001 이상	D	E	H	K	N	Q	R

표 A.6 - 보통검사의 1회 샘플링 방식(주 샘플링표)

비고
↓ 화살표 아래의 최초의 샘플링 방식을 사용한다. 만약 샘플 크기가 로트 크기 이상이면 전수검사한다.
↑ 화살표 위의 최초의 샘플링 방식을 사용한다.
Ac 합격 판정 개수
Re 불합격 판정 개수

표 A.7 - 까다로운 검사의 1회 샘플링 방식(주 샘플링표)

합격 품질 수준, AQL, 부적합품 퍼센트 및 100 아이템 당 부적합수

각 칸은 "Ac Re"(합격 판정 개수 / 불합격 판정 개수)를 나타냄.

샘플 문자	샘플 크기	0.010	0.015	0.025	0.040	0.065	0.10	0.15	0.25	0.40	0.65	1.0	1.5	2.5	4.0	6.5	10	15	25	40	65	100	150	250	400	650	1000
A	2	↓	↓	↓	↓	↓	↓	↓	↓	↓	↓	↓	↓	↓	↓	↓	↓	↓	0 1	1 2	2 3	3 4	5 6	8 9	12 13	18 19	27 28
B	3	↓	↓	↓	↓	↓	↓	↓	↓	↓	↓	↓	↓	↓	↓	↓	↓	0 1	1 2	2 3	3 4	5 6	8 9	12 13	18 19	27 28	41 42
C	5	↓	↓	↓	↓	↓	↓	↓	↓	↓	↓	↓	↓	↓	↓	↓	0 1	1 2	2 3	3 4	5 6	8 9	12 13	18 19	27 28	41 42	↑
D	8	↓	↓	↓	↓	↓	↓	↓	↓	↓	↓	↓	↓	↓	↓	0 1	1 2	2 3	3 4	5 6	8 9	12 13	18 19	27 28	41 42	↑	↑
E	13	↓	↓	↓	↓	↓	↓	↓	↓	↓	↓	↓	↓	↓	0 1	1 2	2 3	3 4	5 6	8 9	12 13	18 19	27 28	41 42	↑	↑	↑
F	20	↓	↓	↓	↓	↓	↓	↓	↓	↓	↓	↓	↓	0 1	1 2	2 3	3 4	5 6	8 9	12 13	18 19	27 28	41 42	↑	↑	↑	↑
G	32	↓	↓	↓	↓	↓	↓	↓	↓	↓	↓	↓	0 1	1 2	2 3	3 4	5 6	8 9	12 13	18 19	27 28	41 42	↑	↑	↑	↑	↑
H	50	↓	↓	↓	↓	↓	↓	↓	↓	↓	↓	0 1	1 2	2 3	3 4	5 6	8 9	12 13	18 19	27 28	41 42	↑	↑	↑	↑	↑	↑
J	80	↓	↓	↓	↓	↓	↓	↓	↓	↓	0 1	1 2	2 3	3 4	5 6	8 9	12 13	18 19	27 28	41 42	↑	↑	↑	↑	↑	↑	↑
K	125	↓	↓	↓	↓	↓	↓	↓	↓	0 1	1 2	2 3	3 4	5 6	8 9	12 13	18 19	27 28	41 42	↑	↑	↑	↑	↑	↑	↑	↑
L	200	↓	↓	↓	↓	↓	↓	↓	0 1	1 2	2 3	3 4	5 6	8 9	12 13	18 19	27 28	41 42	↑	↑	↑	↑	↑	↑	↑	↑	↑
M	315	↓	↓	↓	↓	↓	↓	0 1	1 2	2 3	3 4	5 6	8 9	12 13	18 19	27 28	41 42	↑	↑	↑	↑	↑	↑	↑	↑	↑	↑
N	500	↓	↓	↓	↓	↓	0 1	1 2	2 3	3 4	5 6	8 9	12 13	18 19	27 28	41 42	↑	↑	↑	↑	↑	↑	↑	↑	↑	↑	↑
P	800	↓	↓	↓	↓	0 1	1 2	2 3	3 4	5 6	8 9	12 13	18 19	27 28	41 42	↑	↑	↑	↑	↑	↑	↑	↑	↑	↑	↑	↑
Q	1250	↓	↓	↓	0 1	1 2	2 3	3 4	5 6	8 9	12 13	18 19	27 28	41 42	↑	↑	↑	↑	↑	↑	↑	↑	↑	↑	↑	↑	↑
R	2000	↓	↓	0 1	1 2	2 3	3 4	5 6	8 9	12 13	18 19	27 28	41 42	↑	↑	↑	↑	↑	↑	↑	↑	↑	↑	↑	↑	↑	↑
S	3150	↓	0 1	1 2	2 3	3 4	5 6	8 9	12 13	18 19	27 28	41 42	↑	↑	↑	↑	↑	↑	↑	↑	↑	↑	↑	↑	↑	↑	↑

비고

↓ 화살표 아래의 최초의 샘플링 방식을 사용한다. 만약 샘플 크기가 로트 크기 이상이면 전수검사를 실시한다.

↑ 화살표 위의 최초의 샘플링 방식을 사용한다.

Ac 합격 판정 개수

Re 불합격 판정 개수

표 A.8 - 수월한 검사의 1회 샘플링 방식(주 샘플링표)

합격 품질 수준, AQL, 부적합품 퍼센트 및 100 아이템 당 부적합수

샘플 문자	샘플 크기	0.010 Ac Re	0.015 Ac Re	0.025 Ac Re	0.040 Ac Re	0.065 Ac Re	0.10 Ac Re	0.15 Ac Re	0.25 Ac Re	0.40 Ac Re	0.65 Ac Re	1.0 Ac Re	1.5 Ac Re	2.5 Ac Re	4.0 Ac Re	6.5 Ac Re	10 Ac Re	15 Ac Re	25 Ac Re	40 Ac Re	65 Ac Re	100 Ac Re	150 Ac Re	250 Ac Re	400 Ac Re	650 Ac Re	1000 Ac Re
A	2																		1 2	2 3	3 4	5 6	7 8	10 11	14 15	21 22	30 31
B	2															0 1			1 2	2 3	3 4	5 6	7 8	10 11	14 15	21 22	30 31
C	2																	1 2	2 3	3 4	4 5	6 7	8 9	11 14	15 21	22	
D	3													0 1			1 2	2 3	3 4	4 5	6 7	8 9	10 11	14 15	21 22		
E	5											0 1			1 2		2 3	3 4	4 5	6 7	8 9	10 11					
F	8									0 1			1 2		2 3	3 4	4 5	6 7	8 9	10 11							
G	13							0 1			1 2		2 3	3 4	4 5	6 7	8 9	10 11									
H	20					0 1			1 2		2 3	3 4	4 5	6 7	8 9	10 11											
J	32						0 1			1 2	2 3	4 5	6 7	8 9	10 11												
K	50				0 1			1 2	2 3	3 4	4 5	6 7	8 9	10 11													
L	80			0 1			1 2	2 3	3 4	4 5	6 7	8 9	10 11														
M	125		0 1			1 2	2 3	3 4	4 5	6 7	8 9	10 11															
N	200	0 1			1 2	2 3	3 4	4 5	6 7	8 9	10 11																
P	315			1 2	2 3	3 4	4 5	6 7	8 9	10 11																	
Q	500	0 1																									
R	800																										

비고

↓ 화살표 아래의 최초의 샘플링 방식을 사용한다. 만약 샘플 크기가 로트 크기 이상이면 전수 검사한다.
↑ 화살표 위의 최초의 샘플링 방식을 사용한다.
Ac 합격 판정 개수
Re 불합격 판정 개수

A.4 샘플링 방식 설계 사례

다음의 보기는 어떤 제품의 인수검사에 KS Q ISO 2859-1을 적용하기 위하여 합격품질수준(AQL), 검사수준(일반검사수준 또는 특별검사수준), 로트의 크기(n), 샘플링형식을 <표 A.9>와 같이 정하고 보통검사, 까다로운 검사, 수월한 검사, 주 샘플링표(표 A.6 ~ 표 A.8)의 합격판정개수(Ac), 불합격 판정개수(Re)란에 화살표가 있는 경우 에 대한 샘플링 검사방식을 설계한 사례이다.

표 A.9 - 합격품질수준(AQL), 검사수준, 로트의 크기, 샘플링형식

- 합격품질수준(AQL) : 2.5%,
- 검사수준 : 통상검사수준 Ⅱ,
- 로트의 크기 : 1,000,
- 샘플링형식 : 1회

보기 1 보통검사를 적용하고자 하는 경우

1) <표 A.5 - 샘플링 문자표>에서 지정된 로트의 크기(N)=1,000을 포함하는 행(501~1,200)과 통상검사수준 Ⅱ가 있는 열이 교차되는 란에서 샘플문자 J를 확인한다.
2) 1회 샘플링 보통검사이므로 <표 A.6 - 보통검사의 1회 샘플링 방식(주 샘플링표)>에서 샘플문자 J열로부터 샘플의 크기(n)=80을 읽고, 샘플문자 J행과 합격품질수준(AQL)=2.5%인 열과 교차되는 란에서 합격판정개수(Ac)=5, 불합격판정개수(Re)=6을 읽는다.
3) 이를 정리하면 보통검사의 샘플링 검사방식 설계결과는 <표 A.10>과 같다.

표 A.10 - 보통검사의 샘플링검사방식 설계결과

로트 크기(N)	샘플의 크기(n)	합격판정개수(Ac)	불합격판정개수(Re)
1,000	80	5	6

보기 2 까다로운 검사를 적용하고자 하는 경우

1) 보통검사와 같이 샘플문자는 J가 되며, 1회 샘플링 까다로운 검사이므로 <표 A.7 - 까다로운 검사의 1회 샘플링 방식(주 샘플링표)>에서 샘플문자 J열으로부터 샘플의 크기(n)=80을, 샘플문자 J행과 합격품질수준(AQL)=2.5%의 열이 만나는 란으로부터 합격판개수(Ac)=3, 불합격판정개수(Re)=4를 읽는다.
2) 이를 정리하면 까다로운 검사의 샘플링 검사방식 설계결과는 <표 A.11>과 같다.

표 A.11 - 까다로운 검사의 샘플링검사방식 설계결과

로트 크기(N)	샘플의 크기(n)	합격판정개수(Ac)	불합격판정개수(Re)
1,000	80	3	4

보기 3 수월한 검사를 적용하고자 하는 경우

1) 보통검사와 마찬가지로 샘플문자는 J가 되며, 1회 샘플링 수월한 검사이므로 <표 A.8 - 수월한 검사의 1회 샘플링 방식(주 샘플링표)>에서 샘플문자 J옆으로부터 샘플의 크기(n)=32를, 이 샘플문자 J행과 합격품질수준(AQL)=2.5%의 열이 교차되는 란으로부터 합격판정개수 (Ac)=3, 불합격판정개수(Re)=4를 읽는다.

2) 이를 정리하면 수월한 검사의 샘플링 검사방식 설계결과는 <표 A.12>와 같다.

표 A.12 - 수월한 검사의 샘플링 검사방식 설계결과

로트 크기(N)	샘플의 크기(n)	합격판정개수(Ac)	불합격판정개수(Re)
1,000	32	3	4

보기 4 주 샘플링표(A.6 ~ A.8)의 합격판정개수(Ac), 불합격판정개수(Re)란에 화살표가 있는 경우

표 A.13 - 합격품질수준(AQL), 검사수준, 로트의 크기, 샘플링형식

- 합격품질수준(AQL) : 0.4%
- 검사수준 : 통상검사수준 Ⅱ
- 로트의 크기 : 1,000
- 샘플링형식 : 1회

1) <표 A.5 - 샘플링 문자표>에서 지정된 로트의 크기 N=1,000을 포함하는 행(501~1,200)과 통상검사수준 Ⅱ가 있는 열이 교차되는 란에서 샘플문자 J를 알아낸다.

2) 1회 샘플링 보통검사이므로 <표 A.6 - 보통검사의 1회 샘플링 방식(주 샘플링표)>에서 샘플문자 J열로부터 샘플의 크기(n)=80을 읽고, 샘플문자 J행과 합격품질수준(AQL)=0.4%인 열과 교차되는 합격판정개수(Ac), 불합격판정개수(Re)란을 읽으면 화살표(↓)가 있다. 화살표(↓)를 따라 내려가서 합격판정개수(Ac)=1, 불합격판정개수(Re)=2를 읽는다. 이 때 최초 샘플문자는 J였으나, K로 바뀌어 시료의 크기(n)=80이 아니라 시료의 크기(n)=125로 달라짐에 유의하여야 한다.

3) 이를 정리하면 보통검사의 샘플링 검사방식 설계결과는 <표 A.14>와 같다.

표 A.14 - Ac, Re란에 화살표가 있는 경우 검사방식 설계결과

로트 크기(N)	샘플의 크기(n)	합격판정개수(Ac)	불합격판정개수(Re)
1,000	125	1	2

A.5 로트별 AQL 지표형 샘플링 검사 절차를 적용한 사내표준 작성사례

다음은 로트별 합격품질수준(AQL) 지표형 샘플링 검사절차(KSQ ISO 2859-1)를 반영하여 작성한 자재품질 및 인수검사표준 사례이다. 이 사례는 중간검사, 최종검사에도 적용할 수 있다. 검사표준을 작성할 때 유의해야 할 사항은 검사방식 및 조건에 검사방식, 검사수준, 검사의 엄격도, 샘플링 형식, 합격품질수준(AQL)을 결정하고 포함해야 한다.

==
점토 품질·인수검사 표준
==

1 적용범위

이 표준은 주식회사 표준산업(이하 '당사'라 한다.)에서 점토기와 생산 시 원재료로 사용하는 점토의 품질 및 인수검사에 대하여 규정한다.

2 품질기준

품질기준은 표 1과 같다.

표 1 - 품질기준

품질특성	성능 요구사항
1. 겉모양	잡석, 나무뿌리 등의 사용상 해로운 이물질이 없어야 하고, 황색, 흑색 등의 고유한 색상을 지니고 있어야 한다.
2. 입 도	표준채(NO7) 통과량 95 % 이상일 것
3. 소성수축률	7~13 %
4. 함수율	20 % 이하
5. 화학성분	SiO_2 : 50~75 %, Al_2O_3 : 10~35 %, Fe_2O_3 : 10.0 % 이하, CaO : 3.0 % 이하, MgO : 2.0 % 이하

3 시험 및 검사

3.1 검사 로트(LOT) 구성 및 검사단위체

산지별 입고량을 검사로트(LOT)로 하고, 20kg의 점토를 검사단위체로 한다.

3.2 검사항목, 방식 및 조건, 주기

1) 검사항목, 방식 및 조건, 주기는 <표 2>와 같다.

표 2 - 검사항목, 방식 및 조건, 주기

NO	검사항목	검사방식 및 조건	주기
1	겉모양	• 검사방식 : KS Q ISO 2859-1(계수값에 의한 샘플링검사) • 검사수준 : G-Ⅱ(통상검사수준Ⅱ) • 검사의 엄격도 : 보통검사 • 샘플링 형식 : 1회 • 합격품질수준(AQL) =1.0%	1회/lot
2	입도		
3	함수율		
4	소성수축률	납품업체의 외부 공인시험성적서로 대체한다.	1회/lot
5	화학성분		

2) 샘플링, 로트(LOT)의 합격, 불합격 판정을 위한 검사방식 및 조건의 설계는 다음과 같은 순서로 하여야 한다.
   (1) KS Q ISO 2859-1의 샘플링 문자표에서 지정된 로트의 크기(N)를 포함하는 행과 지정된 검사수준이 있는 열이 교차되는 란에서 샘플문자를 확인한다.
   (2) 해당 샘플링 형식(주 샘플링표)에서 해당 샘플문자 열로부터 샘플의 크기(n)을 읽고, 샘플문자 행과 합격품질수준(AQL) 열이 교차되는 란에서 합격판정개수(Ac)와 불합격판정개수(Re)를 읽는다.
   (3) 샘플링 검사방식 및 조건에 대한 설계결과를 정리한다(표 3 참조).

표 3 - 샘플링 검사방식 및 조건 설계결과

로트 크기(N)	샘플의 크기(n)	합격판정개수(Ac)	불합격판정개수(Re)

3.3 시료채취방법

3.2 검사방식 및 조건에 맞게 KS Q ISO 2859-1의 시료문자표(표 A.5 참조) 및 주샘플링표(표 A.6 ~A.8 참조)를 활용하여 구한 샘플의 크기(n)를 KS Q ISO 11648 '집합체 샘플링의 통계적 측면'에 의해 랜덤하게 채취한다.

3.4 시험방법

1) 겉모양 : 육안으로 확인한다.
2) 입도 : PJS-F-101(점토입도 시험표준)에 따른다.
3) 함수율 : PJS-F-102(점토 함수율 시험표준)에 따른다.

 4) 소성수축률 : 외부공인기관에 의뢰하여 시험한다.
 5) 화학성분 : 외부공인기관에 의뢰하여 시험한다.

3.5 판정기준

3.5.1 검사단위체 판정

검사단위체 시험결과가 5 품질기준에 적합하면 적합품, 적합하지 않으면 부적합품으로 판정한다.

3.5.2 검사로트(LOT) 판정

검사단위체 판정결과가 3.2항의 검사방식 및 조건에 의해 설계된 합격판정개수(Ac) 조건에 해당되면 합격, 불합격판정개수(Re) 조건에 해당하면 불합격으로 판정한다.

4 불합격 로트(LOT)의 처리

 1) 합격 로트(LOT)는 자재관리절차에 따라 입고한다.
 2) 불합격 로트(LOT)는 부적합제품관리절차에 따라 공급자에게 반품한다.

5 표시

점토는 다음 사항을 표시하여야 한다.
 1) 품명
 2) 로트(LOT) 번호(NO)
 3) 중량

6 검사결과의 활용

 1) 인수검사의 중요한 품질특성에 대하여 3개월 주기로 ez spc 2.0 소프트웨어를 활용하여 해석용 관리도를 작성하고, 그 결과를 공정 및 품질개선 활동에 반영하여야 한다.
 2) 3개월 주기로 합격률, 부적합(품)률, 공정능력지수를 분석하고 그 결과를 토대로 자재공급업체의 변경 또는 제조공정, 제품설계, 작업방법 변경 등에 활용하여야 한다.

부속서 B
(참고)
시험표준 작성방법

B.1 일반사항

시험표준은 표 B.1과 같은 구성항목으로 작성한다. 화학제품을 위한 제품시험에는 KS M ISO 78-2(화학표준을 위한 체계-화학분석법)를 적용하여 작성한다.

B.1 - 시험표준 구성항목 및 번호부여 체계

```
1 적용범위
2 인용표준*
3 용어와 정의*
4 시험요원 자격*
5 시험원리
6 시약 및 재료
7 시험 장치
8 시험시료 및 시편의 준비와 보존
9 시험절차
10 시험 시 주의사항*
11 계산방법과 시험결과의 표시
12 관련 표준*
비고 1 * 표시는 해당 없는 경우 생략할 수 있다.
비고 2 절번호 뒤에 온점(.)점을 하지 않는다(KS A 0001 참조).
```

B.2 작성지침

B.2.1 적용범위

이 절차의 5.2.1을 참조한다.

B.2.2 인용표준

이 절차의 5.2.2을 참조한다.

B.2.3 용어와 정의

이 절차의 5.2.3을 참조한다.

B.2.4 시험요원 자격

시험요원의 자격부여가 필요한 경우, 자격기준에 대하여 기술한다.

B.2.5 시험원리

시험에 대한 기본적인 개념과 원리에 대하여 기술한다.

보 기 시험원리 기술방법

> 5 시험원리
>
> 다양한 종류의 안정화제와 혼합비로 첨가된 각각의 시험구 및 안정화제를 첨가하지 않는 대
> 조구의 용질(중금속 오염토양, 안정화제 등)이 플라스크로 주입한 용출용매와 반응하여 용해
> 되는 무기성분의 함량을 서로 비교하여 상대적인 안정화 효율 정도를 평가한다.

B.2.6 시약 및 재료

시험에 사용되는 시약과 재료 목록을 기술한다. 시약 및 재료의 기재사항은 상호 참조의 목적을 위해
오직 하나만 존재할지라도 번호를 부여한다. 절 혹은 항의 제목은 절 혹은 항 번호와 같은 행에 표기
해야 하지만, 활자표현방식(typographic presentation)은 '그 뒤에 있는 본문과는 행을 바꾸어' 보기와
같이 표기한다.

보 기 시약 및 재료 기술방법

> 6 시약 및 재료
> 6.1 일반 시험에서는 인증된 분석급 시약과 증류수를 사용한다.
> 6.2 산세척 용액 물 210 mL에 황산p(1.84g/mL) 75mL를 교반하면서 조심스럽게 혼합한다.
> 냉각한 후 질산p(1.42g/mL)를 첨가하여 용액을 완전히 혼합시킨다.
> 6.3 용매 플럭스 잔사의 제거를 위해 플럭스 제조자 또는 공급자가 추천하는 용매이다.

B.2.7 시험장치

시험을 수행하는데 필요한 장비 및 기구에 대하여 기술한다.

보 기 시험장치 기술방법

> 7 장치
> 7.1 솔더조(solder bath) 솔더 합금을 4kg 이상 넣을 수 있고, 용융 시 25mm 이상 깊이를
> 가지며 온도를 300±10℃로 유지할 수 있는 것
> 7.2 온도/습도 오븐 23±2℃의 온도와 (50±5)%의 습도를 유지할 수 있는 오븐

B.2.8 시험시료 및 시편의 준비와 보존

① 시험 전에 시편의 준비와 품질 보존 등의 사전에 준비해야 할 사항을 기술한다.
② 시험할 때의 조건, 즉 온도, 습도, 시간 등은 수치로 표시하는 것이 좋다.

보 기 시험시료 및 시편의 준비와 보존 기술방법

> 8 시험시료 및 시편의 준비와 보존
> 1) 시험편의 마찰면은 손접촉, 더러움, 먼지, 이물 등이 부착되지 않도록 취급에 주의하여야 한다.
> 2) 시험편의 두께는 균일하고, 또한 마찰면에 접은 곳 및 주름이 없어야 한다.

B.2.9 시험절차

① 시험순서가 시험결과에 영향을 미칠 수 있다면 시험순서, 방법 및 조건을 명확히 기술한다.
② 시험순서, 방법 및 조건의 설정은 기존의 관련 국제표준, KS표준, 단체표준 등을 참고하여 기술
　하거나 시험요원 개개인의 갖고 있는 지식, 기술, 경험을 근거로 기술한다.
③ 시험방법은 간단, 명료하게 기술한다.
④ 시험조건을 수치로 표시한다.

보 기 시험절차 기술방법

> 9 시험절차
> 1) 상대 재료의 마찰면을 위로 하고 신장, 휨, 주름 등이 없도록 시험테이블에 고정한다.
> 2) 미끄럼편에 시험편을 고정한다.

B.2.10 시험 시 주의사항

시험 시 안전이나 주의해야 사항에 대하여 기술한다.

보 기 시험 시 주의사항 기술방법

> 10 시험 시 주의사항
> 1) 지정된 시료와 재료를 사용해야 한다.
> 2) 액체 시료는 피부에 닿지 않도록 주의해야 한다.

B.2.11 계산방법과 시험결과의 표시

시험에서 사용되는 계산방식과 시험결과의 표시방법에 대하여 기술한다.

보 기 계산방법과 시험결과의 표시 기술방법

> 11 계산방법과 시험결과의 표시
>
>   정마찰 계수 μs의 계산은 아래 식에 의한다.
>
> $\mu s = A/B$
>
>   여기에서
>
> μs : 정마찰 계수
>
>   A : 초기운동 눈금(gr)
>
>   B : 미끄럼편의 무게(gr)
>
>   시험결과보고서에는 다음 사항을 포함하여야 한다.
>
>   · 시험일자, 시험장소, 시험항목, 계산식($\mu s = A/B$) 등

B.2.12 관련 표준

해당 시험표준에 인용 또는 참고된 관련문서(외부 출처문서 포함)를 기술한다.

보 기 관련 표준 기술방법

> 12 관련표준
>
> 1) 시험표준(SD-1234)
>
> 2) ASTM D789

B.3 시험표준 작성사례

다음은 시험표준 작성사례이다.

==

유해물질 시험표준

==

1 적용범위

이 지침은 주식회사 표준산업(이하 '당사'라 한다)의 폴리우레탄 코팅형 탄성 포장재에 함유된 유해화학물질(중금속)인 납, 카드뮴, 크롬, 수은의 시험방법에 대하여 규정한다.

2 시험원리

용해성 원소는 완구를 삼킨 후에 재료가 위산과 접촉하는 시간 동안을 가정한 상태에서 완구재료로부터 용출된다. 용해성 원소의 농도는 특정 검출 한계를 갖거나 특별히 규정되지 않은 분석 방법에 의해 정량 확인한다.

3 시약 및 재료

3.1 일반 분석에는 분석용 등급으로 인증된 시약만을 사용한다.
3.2 염산 용액 농도 (0.07± 0.005) mol/L
3.3 염산 용액 농도 약 2 mol/L

4 시험장치

4.1 pH 측정기　정밀도 ± 0.2 pH이고 상호 오염이 방지된 것
4.2 여과지　기공의 크기가 0.45 μm
4.3 원심 분리기　(5 000± 500)$g^{(1)}$의 원심 분리가 가능한 것
　　　　　　주(^{1}) g = 9.806 65 m/s^2
4.4 진탕기　37± 2℃로 온도 조절이 가능한 것
4.5 추출용기　전체 부피가 염산 추출 용액의 부피 1.6~5.0배인 것

5 시험시료 및 시편의 준비와 보존

시험편은 100mg 이상 채취한다. 시험편은 시료의 무게에 비례하여 가능한 한 큰 시료의 표면적을 얻기 위하여, 시료의 가장 얇은 부분을 갖는 부분으로부터 잘라 낸다. 각 시험편은 압축되지 않은 상태에서 약 6mm를 넘지 않아야 한다.
시험 시료의 재질이 균일하지 않으면, 100 mg 이상의 무게를 갖는 각각 다른 재질로부터 시험편을 얻는다.

6 시험절차

1) 적당한 크기의 추출 용기(5.2.6)를 사용하여 37± 2℃에서 농도 0.07 mol/L인 염산 수용액(5.1.1)의 무게가 8.1.1에 따라 준비된 시험편의 50배가 되도록 혼합하여 준비한다. 시험편의 무게가10~100mg이면, 37± 2℃에서 이 용액(5.1.1) 5.0 mL에 시험편을 혼합하여 준비한다.
2) 1분 동안 흔들고 혼합물의 pH를 확인한다. pH가 1.5 이상이면 농도 약 2 mol/L인 염산 수용액(5.1.2)을 pH가 1.0~1.5로 될 때까지 흔들면서 한 방울씩 첨가한다.
3) 혼합물은 빛을 차단하고 37± 2 ℃에서 1시간 동안 흔들어 준 다음(5.2.4) 37± 2 ℃에서 1시간 동안 방치한다.

4) 즉시 용액과 시험편을 분리한다. 먼저 여과지(5.2.2)를 이용하여 여과하고, 필요하면 5,000g 이상으로 원심 분리(5.2.3)한다. 방치 시간이 끝난 후 가능하면 빨리 분리 과정을 진행하여야 한다.

5) 추출 용액을 원소 분석 전에 하루 이상 보관할 경우에는 염산 수용액을 첨가하여 보관 용액의 농도가 약 1 mol/L 이 되도록 한다.

7 시험 시 주의사항

1) 지정된 시료와 재료를 사용해야 한다.

2) 액체 시료는 피부에 닿지 않도록 주의해야 한다.

8 계산방법과 시험결과의 표시

결과의 표시에는 최소한 다음과 같은 정보를 기록하여야 한다.

1) 시험된 제품 및 재질의 유형과 식별

2) 이 표준의 참고 사항

3) 용출된 각 원소를 측정하기 위해 사용한 방법과 검출 한계

4) 정량 원소 분석의 보정된 결과

5) 시험 일자

표준산업	절　　차	표준번호 : SA-1100
	협력업체관리	페 이 지 : 1/7

1 적용범위
　이 절차는 협력업체관리에 대하여 규정한다.

2 목적
　안정된 품질을 적기에 공급받을 수 있도록 자격과 능력을 보유한 협력업체를 선정하는데 있다.

3 용어와 정의
　이 표준의 목적을 위하여 다음의 용어와 정의를 적용한다.

　3.1
　협력업체
　물품, 용역, 외주 및 공사를 공급하는 거래처를 말한다.

4 책임과 권한

　4.1 경영책임자
　　　협력업체의 선정, 평가, 승인

　4.2 품질관리담당자
　　1) 협력업체 등록 및 취소, 관리총괄
　　2) 협력업체의 품질평가

5 업무절차

　5.1 협력업체 조사 및 평가
　　1) 품질관리담당자는 다음과 같은 경우에 협력업체 실태조사표에 의하여 대상 업체를 파악하여
　　　조사한 후, 협력업체평가서에 따라 평가하여야 한다.
　　　• 안정적인 물품구매, 용역, 외주관리 등 지속적인 거래가 요구되는 경우
　　　• 기존 협력업체가 안정적인 물품구매, 용역, 외주관리 등을 할 수 없는 경우
　　　• 협력업체 평가결과 및 기타 사유로 인하여, 거래중지 조치로 협력업체 변경이 요구될 경우
　　　• 소요량 증가로 복수 협력업체가 필요한 경우
　　　• 기타 필요한 경우

2) 평가는 최초평가, 정기평가, 특별평가로 구분하여 실시하며, 평가방법은 직접 방문평가 또는 서면평가를 실시한다.
- 최초평가는 신규업체를 대상으로 협력업체실태조사표 및 협력업체평가서에 따라 실시한다.
- 정기평가는 기존 거래업체를 대상으로 품질관리담당자가 매년 초 필요한 적정 업체를 파악하여 협력업체평가계획에 따라 협력업체실태조사표 및 협력업체평가서에 의해 실시한다.
- 특별평가는 모든 거래 업체를 대상으로 비정기적으로 시행하는 경우로서, 총체적 품질에 영향을 미치는 요소에 문제가 발생하였거나 이를 즉시 시정조치 하지 않는 업체를 대상으로 협력업체실태조사표 및 협력업체평가서에 따라 실시한다.

5.2 협력업체 선정 및 등록
1) 협력업체평가표에 의해 70점 이상이 되면 협력업체로 선정하고 협력업체등록대장에 등재한다.
2) 협력업체 평가결과에 따른 판정은 <표 1>의 기준에 따라 수행되어야 한다.

표 1 - 판정기준

평 점	선 정	재평가 기준	비 고
70점 이상	적 격	3년 주기	
70점 미만	부적격	탈락	

5.3 사후관리
1) 품질관리담당자는 협력업체가 납기 미준수 또는 저품질의 물품을 제공하는 경우, 재발되지 않도록 경고하여야 한다.
2) 협력업체가 납기 미준수 또는 저품질의 물품 제공 등의 부적합이 2회 이상 반복 시, 부적합 내용을 통지하고 특별평가를 실시하여야 한다.
3) 품질관리담당자는 다음과 같은 경우에 협력업체에 대한 등록을 취소할 수 있다.
- 부도, 경영 중단에 따른 정상적인 관계를 유지할 수 없는 경우
- 납품 물품에 대한 중대한 품질문제가 반복적으로 발생되는 업체
- 체결된 계약사항을 고의로 위반한 경우
4) 정기평가의 주기는 3년, 최초 및 특별평가는 수시로 시행한다.
5) 평가(최초, 정기, 특별)의 결과 부적격 판정을 받은 협력사는 결과를 통지 받은 날로부터 1년간 우리 사업장과 거래할 수 없으며, 처분 1년경과 후 협력사 등록 평가는 최초평가 절차에 따른다.

5.4 기 록 및 보 관

　품질관리담당자는 협력업체 선정 및 평가 등의 관한 관련 서류를 기록관리절차에 따라 5년간 보관하여야 한다.

6 관련표준

　1) 사내표준관리절차

　2) 기록관리절차

7 관련양식

　1) 협력업체실태조사표

　2) 협력업체평가서(기존업체용)

　3) 협력업체평가서(신규업체용)

　4) 협력업체등록대장

협력업체실태조사표

협력업체실태조사표

(신규/기존)

업체명		대표자명	
주 소			
전화번호		팩스번호	
사업자등록번호		품목	업종
설립일자		자본금	종업원 수
담당자		전화번호	
주 거래품목			

상기 기술한 내용에 허위가 없으며, 귀사의 협력업체 관리규정에 의거 협력업체 등록 자료를 제출합니다.

년 월 일

상 호 :

주 소 :

대 표 자 :

첨부서류 : 1. 사업자등록증 사본 1부
2. 회사 약도 1부.
3. 납품 실적 증명서 1부.
4. 대차대조표 1부.
5. 시설보유증명서 1부(해당업체에 한함).

결 재	담당	관리과장	경영책임자

SA-1100-01

협력업체평가서(기존업체용)

협력업체평가서
(기존업체용)

업체명 :

평가항목	평가내용	배점	등급					점수	비고
			매우 우수 (A)	우수 (B)	보통 (C)	불만 (D)	매우 불만 (E)		
품 질	- 물품의 시방, 표준 적합성에 맞게 제작을 하고 있는가	30	30	24	18	12	6		
가 격	- 시장가격과 비교하여 경쟁력이 있는 가격을 제시하고 있는가	20	20	16	12	8	4		
납 기	- 납기 준수는 잘 지키고 있는가.	20	20	16	12	8	4		
신뢰도	- 부적합 발생 시 대처 능력 정도 (교환, 수리, 변상, 보완)	10	10	8	6	4	2		
재무구조	- 재무구조 상태는 적정한가 * 붙임 1 참조	10	5 5	4 4	3 3	2 2	1 1		
공급능력	- 생산능력과 공급능력은 적정한가	10	10	8	6	4	2		
합 계		100	100	80	60	40	20		
특기사항									
평가팀명									
평가자			평가일시						

※ 평가의 등급 배점은 A(100%), B(80%), C(60%), D(40%), E(20%)로 구분하며, 업체별 내용을 상대
  평가하여 항목별 점수를 합산 후 최고 및 최저 점수를 제외한 나머지 점수의 평균을 합산하여
  종합점수를 산정한다.

붙임 : 경영상태 배점기준

평가항목	평가등급	평점	비고
자기자본비율	A. 40%이상 B. 30%이상 ~ 40%미만 C. 20%이상 ~ 30%미만 D. 10%이상 ~ 20%미만 E. 10%미만	5 4 3 2 1	
유동비율	A. 300%이상 B. 200%이상 ~ 300%미만 C. 100%이상 ~ 200%미만 D. 50%이상 ~ 100%미만 E. 50%미만	5 4 3 2 1	

SA-1100-02

협력업체평가서(신규업체용)

협력업체평가서

(신규업체용)

업체명 :

평가항목	평가내용	배점	등급					점수	비고
			매우우수(A)	우수(B)	보통(C)	불만(D)	매우불만(E)		
거래실적	- 대기업, 중소기업 등 거래실적 * 기준: 10건 이상, 8건 이상, 6건 이상, 4건이상, 4건이하	20	20	16	12	8	4		
가격	- 시장가격과 비교하여 적정 여부 * 기준 : 비교견적을 통해 적정 여부	20	20	16	12	8	4		
품질	- 물품의 시방, 표준 적합성에 맞게 제작을 하고 있는가. * 기준 : 시제품 및 현품 건수	20	20	16	12	8	4		
영업기간	- 5년이상, 4년이상, 3년이상, 2년이상, 1년이상	5	5	4	3	2	1		
재무구조	- 재무구조 상태는 적정한가. * 붙임 1 참조	10	5 5	4 4	3 3	2 2	1 1		
공급능력	- 생산능력과 공급능력은 적정한가. * 기준 : 업종별 별도 산정 평가	25	25	20	15	10	5		
합 계		100	100	80	60	40	20		
특기사항									
평가팀명									
평가자		평가일시							

※ 평가의 등급 배점은 A(100%), B(80%), C(60%), D(40%), E(20%)로 구분하며, 업체별 내용을 상대 평가하여 항목별 점수를 합산 후 최고 및 최저 점수를 제외한 나머지 점수의 평균을 합산하여 종합점수를 산정한다.

붙임 : 경영상태 배점기준

평가항목	평가등급	평점	비고
자기자본비율	A. 40%이상 B. 30%이상 ~ 40%미만 C. 20%이상 ~ 30%미만 D. 10%이상 ~ 20%미만 E. 10%미만	5 4 3 2 1	
유동비율	A. 300%이상 B. 200%이상 ~ 300%미만 C. 100%이상 ~ 200%미만 D. 50%이상 ~ 100%미만 E. 50%미만	5 4 3 2 1	

SA-1100-03

협력업체등록대장

협력업체등록대장

NO	업체명	대표자	전화번호	제품명	등록일

SA-1100-04

	절　　차	표준번호 : SA-1200
표준산업	경영검토	페 이 지 : 1/4

1 적용범위
　이 절차는 경영검토에 대하여 규정한다.

2 목 적
　품질경영시스템을 유지·개선하는데 있다.

3 책임과 권한

　3.1 경영책임자
　　1) 경영검토 실시
　　2) 경영검토 승인

　3.2 품질관리담당자
　　1) 경영검토계획 수립 및 보고
　　2) 경영검토 결과에 대한 후속조치

4 업무절차

　4.1 경영검토계획 수립
　　1) 품질관리담당자는 경영검토 대상에 대한 자료를 수집하고 경영검토계획을 수립하여 경영책임
　　　자에게 경영검토를 의뢰하여야 한다.
　　2) 품질관리담당자는 경영검토계획 수립 시, 경영검토사항으로 다음 사항을 포함하여야 한다.
　　　• 품질방침 및 품질목표의 달성에 관한 사항
　　　• 심사결과 : 내부심사, 고객심사, 인증심사 결과
　　　• 고객 피드백 : 고객만족도조사 결과, 고객불만처리 결과, 고객의 요구 및 기대
　　　• 프로세스성과 및 제품 적합성 : 성과지표별 성과목표 및 결과
　　　• 시정조치 및 예방조치의 결과
　　　• 이전의 경영검토에 따른 후속조치
　　　• 품질경영시스템에 영향을 줄 수 있는 변경 : 내부적 요인, 외부적 요인
　　　• 개선을 위한 제안 등

　4.2 경영검토 실시
　　1) 경영검토는 분기별로 실시한다.
　　2) 경영책임자는 경영검토 자료에 의해 경영검토를 실시하고 승인한다.

4.3 사후관리

  1) 품질관리담당자는 경영검토에 따른 제반 지시사항을 이행하며 그 결과를 유지하여야한다.

  2) 품질관리담당자는 경영검토의 결과를 다음 연도 교육훈련, 표준화 및 품질경영추진계획에 반영하여 지속적인 개선활동을 하여야 한다.

  3) 품질관리담당자는 경영검토결과에 대한 기록을 기록관리절차에 따라 관리하여야 한다.

5 관련표준

  1) 사내표준관리절차

  2) 기록관리절차

  3) 교육훈련절차

  4) 개선활동절차

부속서A(참고) 경영검토지침

부속서 A
(참고)
경영검토지침

A.1 개요

경영 검토는 경영책임자가 품질경영시스템이 제대로 수립되고 운영되는 지를 정기적으로 검토하는 것이다.

A.2 경영 검토 목적

경영 검토(management review)의 목적은 품질경영시스템이 지속적인 적절성, 충족성 및 효과성을 가지고 품질방침, 품질목표를 충족하는지를 판단하기 위한 것이다.

A.3 경영 검토 주기

경영 검토 주기는 내부 심사 주기와 마찬가지로 연 1회 이상 시행하는 것이 일반적이다.

A.4 경영 검토 내용

경영 검토 내용은 다음과 같은 것들을 포함해야 한다.

① 심사 결과: 내부 심사 결과, 고객 심사 결과, 고객 심사 결과, 인증 심사 결과
② 고객 피드백: 고객 만족, 고객 불만, 고객의 요구 및 기대
③ 프로세스 성과 및 제품 적합성: 성과 지표별 성과 목표 및 결과, 단계별 검사 및 시험 결과(제품 품질, 공정 품질, 자재 품질, 외주 품질 등)
④ 품질경영시스템에 영향을 줄 수 있는 변경 요인: 내부적 요인, 외부적 요인

이 밖에도 명시하지는 않았지만, 품질방침 및 품질목표의 달성에 관한 사항을 포함해야 한다.

A.5 경영 검토 결과

경영 검토를 시행한 결과, 다음과 같은 의사 결정 사항이 나오면 이에 상응하는 조치를 취해야 한다.

① 품질경영시스템의 효과성 및 프로세스의 효과성 개선
② 고객 요구사항과 관련된 제품 개선

③ 자원의 필요성
④ 조직 구조의 적정성
⑤ 책임과 권한의 조정 필요성 등

A.6 경영 검토 방법

경영 검토 방법은 크게 두 가지로 구분할 수 있다. 경영진 및 주요 간부가 참여하는 회의와 경영검토 보고서처럼 서면을 통해 검토하는 방법이 있다.
경영검토 내용은 광범위하고 포괄적이다. 따라서 조직의 여건에 따라 일부 항목은 검토 주기를 달리 하거나 별도로 분리하여 실시하는 방법을 택하는 것도 가능할 것이다.

표준산업	절 차	표준번호 : SB-0100
	자재관리	페 이 지 : 1/4

1 적용범위
  이 절차는 원부자재 관리에 대하여 규정한다.

2 목 적
  원부자재의 품질수준은 유지하는데 있다.

3 책임과 권한

 3.1 품질관리부서장
   1) 인수검사 사내표준 승인
   2) 원부자재 인수검사 결과 검토 및 승인
   3) 원부자재 관리 입고 및 재고관리 결과 검토 및 승인

 3.2 품질관리담당자
   1) 원부자재 입고 및 재고관리
   2) 자재별 인수검사 사내표준 작성 및 관리
   3) 원부자재 인수검사 및 기록관리

4 업무절차

 4.1 자재관리 일반
   1) 자재관리담당자는 자재가 필요한 경우, 관리부서에 자재구매를 요청하여야 한다.
   2) 품질관리담당자는 원부자재가 들어오면 발주서의 내용과 일치 여부를 확인하여야 한다.
   3) 발주서의 내용과 일치하지 않은 경우, 구매부서에 통보하여 조치를 요구하여야 한다.
   4) 발주서의 내용과 일치하는 경우, 원부자재의 종류, 수량, 입고일자 등을 원부자재에 식별표시를 하여 정해진 장소에 보관하여야 한다.
   5) 품질관리담당자는 개별 인증심사기준에서 규정한 원·부자재 및 당사에서 관리해야 하는 원부자재를 관리하여야 한다.
   6) 품질관리담당자는 한국산업표준(KS)에 따른 주요 자재명 및 자재별 검사항목을 사내표준에 규정해야 한다. 다만, 주요 자재관리 목록(부품, 모듈 및 재료 등)은 인증기관에 심사 전에 제출하여 적정성을 확인받아야 하며, 심사 후에도 변경사항이 있을 경우 인증기관의 승인을 받아야 한다. 자재관리 목록표는 표 1과 같이 관리하여야 한다.

표 1 - 자재관리 목록표

번호	자재명	용도	주요 사양(Spec.)	공급업체	변경사항

7) 인수검사 결과, 합격으로 판정된 원부자재는 선입선출(先入先出)이 가능하도록 종류, 수량, 입고일자, 검사일자 등을 원부자재에 적정한 방법으로 식별 표시를 하여 정해진 장소에 재고관리를 하여야 한다.

4.2 자재표준 규정

1) 품질관리담당자는 개별 인증심사기준에서 규정한 원·부자재별로 품질항목과 품질기준을 포함하는 자재표준을 규정하여야 한다. 자재표준은 인수검사지침과 통합하여 규정할 수 있다.

2) 품질관리담당자는 원부자재가 한국산업표준(KS)에 규정된 경우, 원부자재 품질수준을 한국산업표준(KS)이상으로 규정하여야 한다.

4.3 인수검사 규정 및 실시

1) 품질관리담당자는 원·부자재별 인수검사에 대한 필요한 사항을 별도의 지침으로 검사업무절차 5.1 검사업무 일반원칙 및 5.2 검사표준 작성지침을 참고하여 규정하여야 한다(검사업무절차 5 업무절차 참조). 인수검사지침은 자재표준과 통합하여 규정할 수 있다.

2) 샘플링검사 방법을 적용하여 인수검사지침을 규정할 때, 고려할 사항은 다음과 같다.

- 검사로트의 구성 및 검사단위체 결정 : 24시간 이내에 시험을 완료할 수 있는 항목은 종류별 1일 생산량을 1검사 로트로 적용하여도 무방하다. 시험기간이 장기간 소요되거나 외부 공인시험기관에 시험을 의뢰하여 검사를 할 경우에는 시험기간과 의뢰주기를 감안하여 로트의 크기를 정한다. 검사로트를 구성한 후에는 검사단위체를 정한다. 예를 들면 검사단위가 이산형인 경우 1개의 나사, 1자루의 연필, 1개의 전구를 검사단위로 정한다. 연속체, 분체, 액체 등 벌크(bulk) 자재인 경우에는 1코일의 전선, 50kg 포장의 시멘트, 1통의 기름 등을 검사단위로 정한다.

- 샘플링검사방식 및 조건 : 사내에서 직접 수행하는 검사항목 중, 신뢰성시험 등 시험기간이 장기간 소요되거나 외부 공인시험기관에 시험을 의뢰하는 시험항목을 제외하고는 결점수, 겉모양 등에 대한 샘플링검사방식은 계수 샘플링검사 방법을 적용한다. 검사조건에는 검사방식(KS Q ISO 2859-1, 계수값에 의한 샘플링검사), 검사수준(일반검사수준, 특별검사수준), 검사의 엄격도(보통검사, 수월한 검사, 까다로운 검사), 샘플링 형식(1회, 2회, 다회), AQL(, 합격품질수준)을 결정하여 시료 수(n) 합격판정개수(Ac), 불합격판정개수(Re)를 항목별로 KS Q ISO 2859-1의 시료표 및 주샘플링표를 참조하여 결정한다.

- 시료채취방법 : 해당 KS에서 시료채취 방법을 규정한 경우에는 KS를 준수하여야 하며, KS에서 시료채취 방법을 규정하지 않는 경우와 개개 제품을 식별할 수 있는 이산형 제품일 경우에는 KS Q ISO 24153(랜덤샘플링 및 랜덤화 절차)를 적용하고 아스팔트, 기름, 석탄, 모래 등 벌크상태 제품은 KS Q ISO 11648 집합체 샘플링의 통계적 측면을 적용한다.

- 품질항목별 시험방법 : 각 자재별 품질항목에 대한 시험방법을 해당 KS를 활용하여 규정하고, 외부공인시험기관에 시험의뢰를 할 경우, 시험의뢰 주기, 시험의뢰 내용 및 시험기관의 종류를 규정하여야 한다.

3) 인수검사담당자는 자재별 인수검사지침에 따라 인수검사를 실시하여야 한다.

4) 인수검사담당자는 다음의 어느 하나에 해당하는 경우, 인수검사를 생략할 수 있다.

- 원부자재가 KS인증제품 또는 KC인증제품, 단체인증제품인 경우
- 양질의 원부자재인 경우
- 원부자재를 자체에서 생산하는 경우

5) 인수검사담당자는 인수검사를 생략한 때에는 보기와 같이 공급업체의 시험검사성적서에 생략 사유를 기술하고 품질관리부서장의 결재를 득하여 관리하여야 한다.

보기 1 원부자재가 KS인증제품 또는 KC인증제품, 단체인증제품인 경우 : '이 제품은 KS인 증제품 또는 KC인증제품, 단체인증제품이므로 공급업체의 시험검사성적서로 인수검 사를 갈음한다.'

보기 2 양질의 원부자재인 경우 : '이 제품은 양질의 원부자재이므로 공급업체의 시험검사성 적서로 인수검사를 갈음한다.'

보기 3 원부자재를 자체에서 생산하는 경우 : '이 제품은 자체에서 생산한 원부자재이므로 인수검사를 공정관리로 갈음한다.'

4.4 통계적 품질관리 및 결과 활용

1) 품질관리담당자는 일정주기를 정하여 자재의 합격률, 사용 중 자재 부적합(품)률, 제품품질과 직접 관련이 있는 품질특성치 등의 인수검사 결과를 통계적으로 분석하여야 한다.

2) 품질관리담당자는 인수검사 분석 결과(시험성적서 포함)를 토대로 자재 공급업체 변경, 제조 공정, 제품설계 작업방법 변경 등, 다음과 같이 활용하여야 한다.

보기 인수검사 결과 분석 활용

자재명	항목	품질 기준	품질 수준			결과분석의 활용	
			평균	표준편차	c_{pk}		
A사 시멘트	강열감량	3 %	2.6	0.1	1.33	매우 안정	시멘트 실소요량 계산에 활용
	압축강도	40 Mpu	60 Mpu	5	1.33		배합설계 시 k 강도 실행
B사 시멘트	강열감량	3 %	3.6	0.7	0.87	매우 부족	공급업체 변경 검토
	압축강도	40 Mpu	30 Mpu	8	0.87		

4.5 부적합제품 관리

인수검사 결과 부적합 원부자재는 부적합제품관리절차에 따라 처리한다.

4.6 기록관리

해당되는 경우 외부공인시험기관 시험성적서, 공급업체의 시험성적서 등을 포함하여 인수검사의 관련 기록은 기록관리절차에 따라 관리하여야 한다.

표준산업	절 차	표준번호 : SB-0100
	자재관리	페 이 지 : 4/4

5 관련표준
  1) 사내표준관리절차
  2) 기록관리절차
  3) 검사업무절차
  4) 로트관리절차
  5) 통계적품질관리절차
  6) 개선활동절차
  7) 자재별 표준 및 인수검사지침

표준산업	지 침	표준번호 : SB-0101
	점토품질 및 인수검사	페 이 지 : 1/4

1 적용범위

이 지침은 주식회사 표준산업(이하 '당사'라 한다)에서 점토기와 생산 원재료로 사용하는 점토의 품질 및 인수검사에 대하여 규정한다.

2 품질기준

점토의 품질특성 및 성능 요구사항은 <표 1>과 같다.

표 1 - 점토의 품질특성 및 성능 요구사항

품질특성	성능 요구사항
1. 겉모양	잡석, 나무뿌리 등의 사용상 해로운 이물질이 없어야 하고 황색, 흑색 등의 고유한 색상을 지니고 있어야 한다.
2. 입 도	표준체(NO7) 통과량 95 % 이상일 것
3. 소성수축률	7~13 %
4. 함수율	20 % 이하
5. 화학성분	SiO_2 : 50~75 %, Al_2O_3 : 10~35 %, Fe_2O_3 : 10.0 % 이하, CaO : 3.0 % 이하, MgO : 2.0 % 이하

3 시험 및 검사

3.1 검사로트(LOT) 구성 및 검사단위체

산지별 입고량을 검사로트(LOT)로 하고 점토 20kg을 검사단위체로 한다.

3.2 검사항목, 방식 및 조건, 주기

1) 검사항목, 방식 및 조건, 주기는 <표 2>와 같다.

2) 샘플링, 로트(LOT)의 합격, 불합격 판정을 위한 검사방식 및 조건의 설계는 다음과 같은 순서로 하여야 한다.

 (1) KS Q ISO 2859-1의 샘플링 문자표에서 지정된 로트의 크기(N)를 포함하는 행과 지정된 검사수준이 있는 열이 교차되는 란에서 샘플문자를 확인한다.

(2) 해당하는 샘플링 형식(주 샘플링표)에서 해당 샘플문자 열로부터 샘플의 크기(n)를 읽고, 샘 플문자 행과 합격품질수준(AQL) 열이 교차되는 란에서 합격판정개수(Ac)와 불합격판정개수 (Re)를 읽는다.

(3) 샘플링 검사방식 및 조건에 대한 설계결과를 정리한다(표 3 참조).

표 2 - 검사항목, 방식 및 조건, 주기

NO	검사항목	검사방식 및 조건	주기
1	겉모양	• 검사방식 : KS Q ISO 2859-1(계수값에 의한 샘플링검사)	
2	입도	• 검사수준 : G-Ⅱ(통상검사수준Ⅱ) • 검사의 엄격도 : 보통검사	1회/lot
3	함수율	• 샘플링 형식 : 1회 • 합격품질수준(AQL) =1.0%	
4	소성수축률	납품업체의 외부 공인시험성적서로 대체한다.	1회/lot
5	화학성분		

표 3 - 샘플링 검사방식 및 조건 설계결과표

로트 크기 (N)	샘플의 크기 (n)	합격판정개수 (Ac)	불합격판정개수 (Re)

3.3 시료채취방법

3.2 검사방식 및 조건에 맞게 KS Q ISO 2859-1의 시료문자표(검사업무절차 표 A.5 참조) 및 주샘 플링표(검사업무절차 표 A.6~A.8 참조)를 활용하여 구한 샘플의 크기(n)를 KS Q ISO 11648 '집 합체 샘플링의 통계적 측면'에 의거하여 랜덤하게 채취한다.

3.4 시험방법

1) 겉모양 : 육안으로 확인한다.
2) 입도 : PJS-F-101(점토입도 시험표준)에 따른다.
3) 함수율 : PJS-F-102(점토 함수율 시험표준)에 따른다.
4) 화학성분 : PJS-F-103(화학성분 시험표준)에 따른다.
5) 소성수축률 : KS F 1234에 따른다. 단 외부공인기관에 의뢰하여 시험한다.

3.5 판정기준

3.5.1 검사단위체 판정

검사단위체 시험결과가 2 품질기준에 적합하면 적합품, 적합하지 않으면 부적합품으로 판정한다.

3.5.2 검사로트(LOT)의 판정

    검사단위체 판정결과가 3.2항의 검사방식 및 조건에 의해 설계된 합격판정개수(Ac) 조건에 해당
되면 합격, 불합격판정개수(Re) 조건에 해당하면 불합격으로 판정한다.

4. 불합격 로트(LOT)의 처리

  1) 합격 로트(LOT)는 자재관리절차에 따라 입고한다.
  2) 불합격 로트(LOT)는 부적합제품관리절차에 따라 처리한다.

5. 포장 및 표시

    점토는 다음 사항을 표시하여야 한다.
  1) 품명
  2) 로트(LOT) 번호(NO)
  3) 중량

6. 검사결과의 활용

  1) 인수검사의 중요한 품질특성에 대하여 3개월 주기로 ez spc 2.0 소프트웨어를 활용하여 해석용 관
    리도를 작성하고, 그 결과를 공정 및 품질개선 활동에 반영하여야 한다.
  2) 3개월 주기로 합격률, 부적합(품)률, 공정능력지수를 분석하고 그 결과를 토대로 자재공급업체의
    변경 또는 제조공정, 제품설계, 작업방법 변경 등에 활용하여야 한다.
  3) 분석결과에 대한 개선의 필요한 경우, 시정 및 예방조치절차에 따라 조치하여야 한다.

7. 기록관리

    인수검사기록은 기록관리절차에 따라 관리한다.

8 관련표준

  1) 시험·검사업무절차
  2) 자재관리절차
  3) 부적합제품관리절차
  4) 통계적품질관리절차
  5) 개선활동절차
  6) 시정 및 예방조치절차

9 관련양식

  1) 인수검사성적서

인수검사성적서

인수검사 성적서			작 성	검 토	승 인

제품명		검사자	
검사방법		검사일	
로트(LOT) 번호(NO)		수량	

검사항목	판정기준	측 정 치			판정
		n=1	n=2	n=3	

특기사항 : 검사기간이 1개월 이상 소요되는 기계적 성질, 화학적 성분 등의 검사항목은 공급처의
검사성적서로 인수검사를 갈음할 수 있다.

SB-0101-01

표준산업	지 침	표준번호 : SB 0102
	화학성분 시험	페 이 지 : 1/2

1 적용범위

이 지침은 점토에 함유된 화학성분에 대하여 시험방법을 규정한다.

2 시험원리

용해성 원소는 완구를 삼킨 후에 재료가 위산과 접촉하는 시간 동안을 가정한 상태에서 완구재료로부터 용출된다. 용해성 원소의 농도는 특정 검출 한계를 갖거나 특별히 규정되지 않은 분석 방법에 의해 정량 확인한다.

3 시약 및 재료

   3.1 일반 분석에는 분석용 등급으로 인증된 시약만을 사용한다.
   3.2 염산 용액 농도 (0.07± 0.005) mol/L
   3.3 염산 용액 농도 약 2 mol/L

4 시험장치

   4.1 pH 측정기　정밀도 ± 0.2 pH이고 상호 오염이 방지된 것
   4.2 여과지　기공의 크기가 0.45 μm
   4.3 원심 분리기　(5 000± 500)g(^{1})의 원심 분리가 가능한 것
                       주(^{1}) g = 9.806 65 m/s^2
   4.4 진탕기　37± 2℃로 온도 조절이 가능한 것
   4.5 추출용기　전체 부피가 염산 추출 용액의 부피 1.6~5.0배인 것

5 시험시료 및 시편의 준비와 보존

시험편은 100mg 이상 채취한다. 시험편은 시료의 무게에 비례하여 가능한 한 큰 시료의 표면적을 얻기 위하여 시료의 가장 얇은 부분을 갖는 부분으로부터 잘라 낸다. 각 시험편은 압축되지 않은 상태에서 약 6mm를 넘지 않아야 한다.
시험 시료의 재질이 균일하지 않으면, 100 mg 이상의 무게를 갖는 각각 다른 재질로부터 시험편을 얻는다.

6 시험절차

시험은 다음의 순서에 따라 실시하여야 한다.

a) 적당한 크기의 추출 용기(5.2.6)를 사용하여 37± 2℃에서 농도 0.07 mol/L인 염산 수용액 (5.1.1)의 무게가 8.1.1에 따라 준비된 시험편의 50배가 되도록 혼합하여 준비한다. 시험편의 무게가 10~100mg이면, 37± 2℃에서 이 용액(5.1.1) 5.0 mL에 시험편을 혼합하여 준비한다.

b) 1분 동안 흔들고 혼합물의 pH를 확인한다. pH가 1.5 이상이면 농도 약 2 mol/L인 염산 수용 액(5.1.2)을 pH가 1.0~1.5로 될 때까지 흔들면서 한 방울씩 첨가한다.

c) 혼합물은 빛을 차단하고 37± 2 ℃에서 1시간 동안 흔들어 준 다음(5.2.4) 37± 2 ℃에서 1시간 동안 방치한다.

d) 즉시 용액과 시험편을 분리한다. 먼저 여과지(5.2.2)를 이용하여 여과하고, 필요하면 5,000g 이상 으로 원심 분리(5.2.3)한다. 방치 시간이 끝난 후 가능하면 빨리 분리 과정을 진행하여야 한다.

e) 추출 용액을 원소 분석 전에 하루 이상 보관할 경우에는 염산 수용액을 첨가하여 보관 용액 의 농도가 약 1 mol/L 이 되도록 한다.

7 시험 시 주의사항

1) 지정된 시료와 재료를 사용해야 한다.
2) 액체 시료는 피부에 닿지 않도록 주의해야 한다.

8 계산방법과 시험결과의 표시

결과의 표시에는 최소한 다음과 같은 정보를 기록하여야 한다.

a) 시험된 제품 및 재질의 유형과 식별
b) 이 표준의 참고 사항
c) 용출된 각 원소를 측정하기 위해 사용한 방법과 9.에서 요구하는 방법과 다른 경우의 검출 한계
d) 정량 원소 분석의 보정된 결과, 추출 용액 중의 원소 분석 결과부터 완구 재질 중의 원소의 양(mg/kg)으로 나타낸다.
e) 시험 일자

표준산업	절 차	표준번호 : SC-0100
	공정관리	페 이 지 : 1/8

1 적용범위

　이 절차는 공정관리에 대하여 규정한다.

2 목 적

　안정된 공정관리 상태를 유지하여 제품의 품질수준을 유지하는데 있다.

3 인용표준

　다음의 인용표준은 이 표준의 적용을 위해 필수적이다. 발행연도가 표기된 인용표준은 인용된 판
만을 적용한다. 발행연도가 표기되지 않은 인용표준은 최신판(모든 추록을 포함)을 적용한다.

　KS A 3002(공정도시 기호)

4 책임과 권한

4.1 생산팀장

　1) QC공정도 작성 및 관리

　2) 공정별 작업표준 작성 및 관리

4.2 품질관리담당자

　1) 중간검사지침 작성 및 관리

　2) 통계적 품질관리

5 업무절차

5.1 공정관리

　1) 생산팀장은 <표 1>의 주요 공정을 관리하여야 한다.

표 1 - 관리대상 주요공정

NO	주요 공정명
1	계량
2	배합
3	투입
4	인장 및 절단
5	중간검사
6	제품검사

2) 생산팀장은 다음과 같이 제품의 공정별로 규정된 QC공정도 양식에 따라 QC공정도를 작성하여 공정을 관리하여야 한다.
- QC공정도는 공정명, 관리항목, 검사항목, 관리기준, 검사기준, 관리방법, 검사방법, 검사조건 등을 포함하여 작성한다.
- QC공정도의 공정도시 기호는 KS A 3002(공정도시 기호)를 인용한다.
- QC공정도의 관리항목 및 검사항목을 선정할 때에는 다음 사항을 고려한다.
  - 제품별 인증심사기준에 정한 항목
  - 고객의 사용목적에 요구되는 품질의 특성
  - 앞 공정의 품질특성 또는 제조 조건 등

3) 생산팀장은 제품의 종류나 공정의 특수성 및 제조기술의 개발로 인하여 공정수를 증감할 수 있다.

4) 생산팀장은 외주가공을 할 때에는 해당 공정에 대한 관리규정을 정하고, 그 관리규정을 외주업체가 준수하도록 하여야 한다. 외주 공정관리기준에는 해당공정을 외주 처리할 수 있는 공정 선정기준, 외주품의 품질기준과 검사방법 등을 반드시 포함하여야 한다.

5) 공정관리담당자 또는 작업자는 규정한 공정관리 사항을 이행하고 그 결과를 공정일지 또는 작업일지에 기록하여 보관 및 관리한다.

5.2 중간검사 규정 및 실시

1) 품질관리담당자는 중간검사가 필요한 해당 공정별로, 중간검사에 대한 필요한 사항을 검사업무절차 '5.1 검사업무 일반원칙'과 '5.2 검사표준 작성지침'을 참고하여 규정하여야 한다(검사업무절차 5 업무절차 참조). 중간검사지침은 공정제품의 품질기준과 통합하여 규정할 수 있다.

2) 샘플링검사 방법을 적용하여 중간검사지침을 규정할 경우 고려해야 할 사항은 자재관리절차의 4.3항의 2)를 참조한다.

3) 중간검사담당자는 중간검사지침에 따라 중간검사를 실시하여야 한다.

5.3 작업표준 작성 및 관리

1) 생산팀장은 공정별로 실제 작업과 일치하는 작업표준(설비명, 작업방법, 작업조건, 작업상의 유의사항 등)을 별도로 규정하고, 작업현장에 게시 또는 비치하여야 한다. 외국인 노동자가 작업을 할 경우, 외국인 노동자가 작업표준을 이해할 수 있도록 사진, 그림 등을 활용하여 작성하여야 한다.

2) 현장 작업자는 작업표준대로 업무를 수행하여야 한다.

3) 생산팀장은 각 공정이 항상 관리 상태에서 수행될 수 있도록 관련절차 및 작업표준을 생산담당자에 교육을 실시하여야 한다. 공정의 변화 및 표준 등을 변경할 때는 즉시, 작업표준을 제·개정하여 유효한 상태로 유지 및 관리하여야 한다.

4) 작업자는 부적합품 판정에 사용되는 부적합 유형별 한도견본에 대하여 식별 관리를 하여야 한다.

5.4 통계적 품질관리 및 결과 활용

품질관리담당자는 공정관리의 관리항목 및 중간검사의 중요한 품질특성에 대하여 3개월 주기로 ez spc 2.0 소프트웨어를 활용하여 해석용 관리도를 작성한다. 그리고 결과를 공정 및 품질개선 활동에 반영하여야 한다.

5.5 부적합제품의 관리

　　중간검사 결과, 부적합제품은 부적합제품관리절차에 따라 처리하여야 한다.

5.6 기록관리

　　공정관리의 관련 기록은 기록관리절차에 따라 관리하여야 한다.

6 관련표준

　1) 사내표준관리절차

　2) 기록관리절차

　3) 검사업무절차

　4) 자재관리절차

　5) 부적합제품관리절차

　6) 통계적품질관리절차

　7) 개선활동절차

　8) 공정별 작업표준

　9) 공정별 중간검사지침

　10) 제품별 QC공정도

7 관련양식

　1) QC공정도

부속서 A(참고) QC공정도 작성방법

QC공정도

QC공정도

공정명	도시기호	관리				검사				품질기록	관련표준	관련부서
		항목	기준	주기	방법	항목	기준	방법	조건			

SC-0100-01

부속서 A
(참고)
QC공정도 작성방법

A.1 개요

QC공정도란 규정된 요구사항에 적합한 제품을 생산하기 위하여 Sub단위 공정별로 어떤 특성을 관리하고, 검사해야 하는가를 일목요연하게 기술한 문서를 말한다. 이를 통해, 자재 투입에서 최종 제품 완성까지 공정흐름과 Sub단위 공정별 어떤 특성을 누가, 어떻게 관리·검사하는지를 쉽게 파악할 수 있다. QC공정도의 구성항목은 회사별, 생산제품에 따라 양식이 상이하나 일반적으로 <표 A.1>과 같이 구성할 수 있다.

표 A.1 - QC공정도 구성항목

1 공정명
2 도시기호*
3 사용설비·재료*
4 관리항목·기준·주기
5 검사항목·기준·방법
6 책임*
7 기록*
8 관련표준
비고　*표시는 해당 없는 경우 생략할 수 있다.

A.2 작성방법

QC공정도의 작성은 다음의 <표 A.2>의 양식에 의거하여 작성한다.

표 A.2 - QC공정도 양식

NO	공정명	도시기호	설비	구분		관리·검사			책임	관련표준/기록
				관리	검사	항목	기 준	주기		

표준산업	절 차	표준번호 : SC-0100
	공정관리	페 이 지 : 6/8

1) 공정명 : 작업 공정별 공정명을 기술한다.

보 기 공정명 기술방법

NO	공정명	도시기호	설비	구분		관리·검사			책임	관련표준/기록
				관리	검사	항목	기 준	주기		
1	성형공정									

2) 도시기호 : <표 A.2> 의 공정도시기호(KS A 3002 - 공정도시 기호 참조)를 기술한다.

표 A.3 - 공정도시기호

가 공	검 사		운 반	저 장
	품질검사	수량검사		
○	◇	□	⇨ 또는 ○	▽

보 기 도시기호 기술방법

NO	공정명	도시기호	설비	구분		관리·검사			책임	관련표준/기록
				관리	검사	항목	기 준	주기		
1	성형공정	○								

3) 사용설비·재료 : 해당 공정의 작업을 위해 사용되는 설비 및 투입재료를 기술한다.

보 기 사용설비·재료 기술방법

NO	공정명	도시기호	설비	구분		관리·검사			책임	관련표준/기록
				관리	검사	항목	기 준	주기		
1	성형공정	○	경화로(1, 2, 3로기)							

4) 관리항목 · 기준 · 주기
 - 공정변수 및 원인계 요인(품질특성에 영향을 주는 요인, 예 : 온도, 시간 등)을 기술한다.
 - 공정별 관리항목에 대한 제조 및 가공조건 등 관리조건을 기술한다.
 - 공정별 관리항목에 대한 관리주기를 기술한다.

보 기 관리항목 · 기준 · 주기 기술방법

NO	공정명	도시기호	설비	구분		관리 · 검사			책임	관련표준/기록
				관리	검사	항목	기 준	주기		
1	성형공정	○	경화로 (1, 2, 3로기)	●		온도	1번로 80±5 ℃ / 2번로 180±5 ℃ / 3번로 50±5 ℃			

5) 검사항목 · 기준 · 주기
 - 제품특성 및 결과계 요인을 기술한다.
 - 공정별 검사항목에 대한 표준 등 기술문서에 정해진 사양 · 공차를 기술한다.
 - 검사방식, 검사주기, 검사조건 등을 기술한다.

보 기 검사항목 · 기준 · 주기 기술방법

NO	공정명	도시기호	설비	구분		관리 · 검사			책임	관련표준/기록
				관리	검사	항목	기 준	주기		
1	성형공정 중간검사	◇	한도견본 줄자		●	겉모양	흠, 얼룩이 없어야 한다			
						치수	길이 +2 -0.5 cm / 나비 +2 -1 cm / 두께 ±0.2 cm			

6) 책임

  - 관리항목 및 검사항목에 대한 관리책임을 결정하고 기술한다.

보 기 책임 기술방법

NO	공정명	도시기호	설비	구분		관리 · 검사			책임	관련표준/기록
				관리	검사	항목	기 준	주기		
1	성형공정 중간검사	◇	한도견본 줄자		●	겉모양	흠, 얼룩이 없어야 한다		생산팀	
						치수	길이 +2 -0.5 cm			
							나비 +2 -1 cm			
							두께 ±0.2 cm			

7) 관련표준 기록

  - 관련표준을 기술한다.
  - 관리항목과 검사항목의 모니터링 및 측정한 실적에 대한 기록명을 기술한다.

보 기 관련표준 기록·기술 방법

NO	공정명	도시기호	설비	구분		관리 · 검사			책임	관련표준/기록
				관리	검사	항목	기 준	주기		
1	성형공정 중간검사	◇	한도견본 줄자		●	겉모양	흠, 얼룩이 없어야 한다		생산팀	공정관리 절차 작업표준
						치수	길이 +2 -0.5 cm			
							나비 +2 -1 cm			
							두께 ±0.2 cm			

표준산업	지　　침	표준번호 : SC-0101
	성형공정 중간검사	페 이 지 : 1/4

1 적용범위

　이 지침은 성형공정 중간검사에 대하여 규정한다.

2 품질기준

　성형공정 점토기와 품질특성 및 성능 요구사항은 표 1과 같다.

표 1 - 성형공정 점토기와 품질특성 및 성능 요구사항

품질특성	성능 요구사항
1. 겉모양	기와의 겉모양은 균일하고 사용상 비틀림, 균열, 모서리 깨짐, 잔구멍 등의 흠이 없어야 한다.
2. 치수	KSF 3510 5.2 치수 및 허용차에 적합하여야 한다.

3 시험 및 검사

3.1 검사로트(LOT) 구성 및 검사단위체

　생산량 3,000개를 검사로트(LOT)로 하고, 온기와 1장을 검사단위체로 한다.

3.2 검사 항목, 방식 및 조건, 주기

　1) 검사항목, 방식 및 조건, 주기는 <표 2>와 같다.

표 2 - 검사항목, 방식 및 조건, 주기

NO	검사항목	검사방식 및 조건	주기
1	겉모양	● 검사방식 : KS Q ISO 2859-1(계수값에 의한 샘플링검사) ● 검사수준 : G-Ⅱ(통상검사수준Ⅱ) ● 검사의 엄격도 : 보통검사	1회/lot
2	치수	● 샘플링 형식 : 1회 ● 합격품질수준(AQL) =1.0%	

　2) 샘플링, 로트(LOT)의 합격, 불합격 판정을 위한 검사방식 및 조건의 설계는 다음과 같은 순서로 하여야 한다.

　　(1) KS Q ISO 2859-1의 샘플링 문자표에서 지정된 로트의 크기(N)를 포함하는 행과 지정된 검사수준이 있는 열이 교차하는 란에서 샘플문자를 확인한다.

　　(2) 해당하는 샘플링 형식(주 샘플링표)에서 해당 샘플문자 열로부터 샘플의 크기(n)를 읽고, 샘플문자 행과 합격품질수준(AQL) 열이 교차하는 란에서 합격판정개수(Ac)와 불합격판정개수(Re)를 읽는다.

(3) 샘플링 검사방식 및 조건에 대한 설계결과를 정리한다(표 3 참조).

표 3 - 샘플링 검사방식 및 조건 설계결과표

로트 크기 (N)	샘플의 크기 (n)	합격판정개수 (Ac)	불합격판정개수 (Re)

3.3 시료채취방법

로트(LOT) 크기 3,000개에서 3.2 검사방식 및 조건에 맞게 KS Q ISO 2859-1의 시료문자표(검사업무절차 표 A.5 참조) 및 주샘플링표(검사업무절차 표 A.6~A.8 참조)를 활용하여 구한 샘플의 크기(n)를 KS Q ISO 24153(랜덤샘플링 및 랜덤화 절차) 의거하여 랜덤하게 채취한다.

3.4 시험방법

1) 겉모양 : 육안으로 확인한다.
2) 치수 : 기와의 길이 및 나비는 기와의 중심축에 대하여 직각으로 측정한다.

3.5 판정기준

3.5.1 검사단위체 판정

검사단위체 시험결과가 2 품질기준에 적합하면 적합품, 적합하지 않으면 부적합품으로 판정한다.

3.5.2 검사로트(LOT)의 판정

검사단위체 판정결과가 3.2항의 검사방식 및 조건에 의해 설계된 합격판정개수(Ac) 조건에 해당되면 합격, 불합격판정개수(Re) 조건에 해당하면 불합격으로 판정한다.

4. 불합격 로트(LOT)의 처리

1) 합격 로트(LOT)는 지정된 장소에 보관한다.
2) 불합격 로트(LOT)는 부적합제품관리절차에 따라 처리하여야 한다.

5. 검사결과의 활용

공정관리의 관리항목 및 중간검사의 중요한 품질특성에 대하여, 3개월 주기로 ez spc 2.0 소프트웨어를 활용하여 해석용 관리도를 작성하고, 그 결과를 공정 및 품질개선 활동에 반영하여야 한다.

6 기록관리

중간검사기록은 기록관리절차에 따라 관리한다.

7 관련표준

  1) 시험·검사업무절차

  2) 부저합제품관리절차

  3) 통계적품질관리절차

  4) 시정 및 예방조치절차

8 관련양식

  1) 중간검사성적서

표준산업	지 침	표준번호 : SC-0101
	성형공정 중간검사	페 이 지 : 4/4

중간검사성적서

<table>
<tr><td colspan="3" rowspan="2"><h2>중간검사성적서</h2></td><td>작 성</td><td>검 토</td><td>승 인</td></tr>
<tr><td></td><td></td><td></td></tr>
<tr><td>제품명</td><td></td><td>검사자</td><td colspan="3"></td></tr>
<tr><td>검사방법</td><td></td><td>검사일</td><td colspan="3"></td></tr>
<tr><td>로트(LOT)
번호(NO)</td><td></td><td>수량</td><td colspan="3"></td></tr>
<tr><td rowspan="2">검사항목</td><td rowspan="2" colspan="2">판정기준</td><td colspan="3">측 정 치</td><td rowspan="2">판
정</td></tr>
<tr><td>n=1</td><td>n=2</td><td>n=3</td></tr>
<tr><td></td><td colspan="2"></td><td></td><td></td><td></td><td></td></tr>
<tr><td></td><td colspan="2"></td><td></td><td></td><td></td><td></td></tr>
<tr><td></td><td colspan="2"></td><td></td><td></td><td></td><td></td></tr>
<tr><td></td><td colspan="2"></td><td></td><td></td><td></td><td></td></tr>
<tr><td colspan="7">특기사항 :</td></tr>
</table>

SC-0101-01

표준산업	작 업 표 준	표준번호 : SC 0102
	슬리팅공정	페 이 지 : 1/2

1 적용범위

　이 표준은 (주)표준산업(이하 '당사'라 한다)에서 제품을 생산하는 중간공정인 슬리팅공정의 작업에 대하여 규정한다.

2 사용 재료

　탄소강강대 및 용융아연도금강대 (PJS-D-110)

3 사용 설비

　본 공정에서 사용하는 설비는 <표 1>과 같다.

표 1 - 사용설비 현황

설 비 명	시 방	수 량	용 도
슬 리 터	6.0 t	1기	슬리팅 작업용
칼 날	∅360×10 t, 20 t, 25 t	68	COIL 절단용
고 무 링	폭 25~50 mm	59	COIL 누름용
칼날 SPACER	1.2~20 t	187개	칼날 폭 조정
(두께 : mm)	23~50 t	57개	

4 작업순서, 방법 및 조건

4.1 준비작업

　작업자는 <표 2>와 같이 준비 작업을 실시하여야 한다.

표 2 - 준비작업 순서 및 작업조건

순서	작업방법	작업조건
1	슬리팅 작업지시서에 따라 KNIFE의 이상유무를 확인한 뒤, 조립한다.	칼날의 마모 유무 칼날 폭 선택
2	전원스위치를 넣는다.	유압상태를 확인한다.
3	코일을 DRUM 정중앙에 맞춘다.	코일의 좌우가 대칭되게 한다.

4.2 본작업

　작업자는 다음과 같은 순서로 본작업을 실시하여야 한다.

　1) 코일드럼을 작동시켜 KNIFE에 장입시킨다.

표준산업	작업표준	표준번호 : SC-0102
	슬리팅공정	페 이 지 : 2/2

2) 빠져 나온 SKELP를 리코일러 드럼에 장입시킨다.

3) 속도를 올려 코일을 절단한다.

4) 작업 중, SKELP의 절단면을 수시로 확인하고, KNIFE 마모상태를 수시로 확인하여 마모 시 즉시 교체한다.

5) 천정 크레인을 이용하여 SKELP를 조관라인에 사용할 수 있도록 운반한다.

4.3 종료작업

작업자는 다음과 같은 순서로 종료작업을 실시하여야 한다.

1) KNIFE를 형개한 후 방청제를 도포하고, KNIFE를 형폐시킨다.

2) 제품생산이 종료 되었을 경우 전원을 OFF하고, 기계주변을 청소한다.

5 작업 시 주의사항

작업자는 작업 중 다음 사항에 주의하여야 한다.

1) 코일 및 SKELP를 적재할 때 넘어지지 않도록 주의한다.

2) 판넬조작 작업자는 작업 시, 주변에 타작업자의 위치를 확인한 후 스위치를 조작한다.

3) 작업된 SKELP는 안전한 상태에서 밴딩한다.

4) 칼날은 반드시 목재 판 위에 적재한다.

6 이상발생 시 조치사항

작업자는 작업 중 이상발생 시, 다음과 같이 조치하여야 한다.

1) 안전사고가 발생하면, 즉시 응급조치를 취하고 책임자에게 보고한다.

2) 설비사고가 발생하면, 즉시 설비의 작동을 중지하고 책임자에게 보고한다.

3) 작업자는 작업 중에 부적합품 발생 시, 작업을 중단하고 책임자에게 보고한다.

7 인계 · 인수사항

교대근무 시 다음사항을 인수 · 인계하여야 한다.

1) 기계설비의 가동상태, 조건 등 이상여부

2) 작업지시 내용 및 기타 특기사항

표준산업	절 차	표준번호 : SC-0200
	제조설비관리	페 이 지 : 1/7

1 적용범위
　이 절차는 제조설비관리에 대하여 규정한다.

2 목적
　제조설비의 기능 및 성능이 최상의 상태로 유지되도록 하는데 있다.

3 책임과 권한

　3.1 경영책임자
　　1) 제조설비 발주 승인
　　2) 제조설비 폐기 승인

　3.2 생산팀장
　　1) 제조설비 발주
　　2) 제조설비 배치 및 시운전
　　3) 윤활관리담당자 지정
　　4) 제조설비 폐기 검토 및 건의

　3.3 설비윤활관리담당자
　　1) 제조설비관리대장 및 등록 관리
　　2) 치공구 및 소모품 관리
　　3) 제조설비의 점검, 유지 및 보수 관리
　　4) 제조설비의 윤활관리

4 업무절차

　4.1 제조설비 발주
　　1) 생산팀장은 신규 시설·장비의 도입이 필요한 경우, 발주 전에 검토하여야 할 사항을 검토하고,
　　　승인권자의 결재를 득하여 신규 시설·장비를 발주하여야 한다.
　　2) 발주 전에 검토하여야 할 사항은 다음과 같다.
　　　• 제품의 품질 수준을 충족시킬 수 있는 제조설비 요건
　　　• 제조설비의 효율성
　　　• 제조설비의 안정성
　　　• 제조설비의 적합성

- 당 공장에 적합한 제조설비
- 제조설비 운전자의 편리성
- 제조설비의 유지 및 보수의 편리성
- 제조설비의 운전 시, 안전·보건 위험성 및 안전장치 필요성 등

4.2 제조설비 배치 및 운전

1) 생산팀장은 생산의 효율성을 고려하여 제조설비를 배치하고 시운전을 하여 이상 유무를 확인하여야 한다.
2) 생산팀장은 설비운전과 관리에 대한 표준을 별도로 규정하고 현장에 게시 또는 비치하여야 하며, 설비운전자는 규전된 설비운전 표준에 따라 설비를 작동하여야 한다.
3) 제조설비에 이상이 있는 경우에는 제조회사에 A/S 등 관련 조치를 요청하여야 한다.

4.3 제조설비 보유 및 등록 관리

1) 설비윤활관리담당자는 법정설비명, 보유설비명, 관리번호, 보유대수, 용량/공칭능력, 제작사, 설치 연월 등을 포함하는 제조설비의 보유 현황표를 작성하고 제조설비 보유 현황을 기록·관리하여야 한다.
2) 개별 인증심사기준에 따라, 보유해야 하는 주요 제조설비는 다음과 같다. 단, 공정관리에서 외주가공이 허용된 경우에는 예외로 한다.
   - 부품삽입설비
   - Soldering Machine
   - 금속가공 설비
   - 도장설비
   - 용접
   - 조립설비
   - 에이징 설비
3) 설비윤활관리담당자는 관리번호, 설비명, 설치 연도, 제조회사, 제원, 보수이력 등을 포함하는 제조설비관리대장을 작성하고, 보유하고 있는 제조설비별로 제조설비관리대장에 등록하여 관리하여야 한다.
4) 설비윤활관리담당자는 등록된 제조설비의 식별을 위해 <표 1>과 같이 제조설비관리표를 제조설비별로 부착하여 관리하여야 한다.

표 1 - 제조설비관리표

제조설비 관리표		
관 리 번 호		
제 조 설 비 명		
관 리 책 임 자	정	
	부	

5) 제조설비에 대한 관리번호 부여방법은 아래와 같다.

```
SIS    P  -  01
```
제조설비 일련번호
설비의 영문약자
기업의 영문약자

4.4 치공구 및 소모품 관리
 1) 설비윤활관리담당자는 치공구 및 소모부품은 활용이 용이하도록 식별표시를 관리하여야 한다.
 2) 소모품의 재고관리는 소모품 수불부로 갈음한다.

4.5 제조설비의 운전, 점검 및 유지 관리
 1) 설비윤활관리담당자는 매년 4/4분기에 제조설비의의 중요성, 긴급성 등을 고려하여 연간 예방
   보전 계획을 수립하여야 한다.
 2) 설비관리담당자는 보기와 같이 제조설비별로 설비명, 점검항목, 점검주기, 점검방법, 점검기준,
   조치사항 등을 포함하는 제조설비관리점검표를 작성하여야 한다.

보기

설비명	점검개소	점검항목	시기 운	시기 휴	주기	점검방법	점검기준	조치
부품삽입 설비	작업대	외관		○	일	육안으로 확인	청결할 것	청소
	치구	성능	○		주		지장이 없을 것	교환
금속가공 설비(절단기)	벨트	파손 및 장력		○	주	파손 및 장력상태	파손될 염려가 없고 사용상 지장이 없을 것	교환
	모터	소음, 진동		○	주	소음 및 진동상태	이상음 및 진동상태 점검	수리
	칼날	마모 여부		○	주	균열 및 파손상태	칼날면이 고르고 예리해야 할 것	교환
	페달	작동 상태	○		주	페달의 이격상태	페달이 원활하게 작동할 것	수리
	주유부	주유 상태		○	주	주유 상태	일정량 유지	주유

 3) 설비관리담당자는 제조설비관리점검표에서 정한 주기에 따라 점검을 실시하고, 조치사항 등
   점검기록을 유지하여야 한다.
 4) 제조설비관리점검표는 1년 단위로 작성하고 관리하여야 한다.

4.6 제조설비의 윤활관리
  1) 생산팀장은 윤활 관련 자격을 보유하거나 전문교육을 이수하는 등 전문지식을 가진 자를 윤활관리담당자로 지정하여야 한다.
  2) 설비윤활관리담당자는 제조설비의 윤활관리에 대한 사항을 별도의 지침에 규정하고, 지침에 따라 일상적인 관리를 하여야 한다.

4.7 제조설비의 교체 및 폐기
  생산팀장은 제조설비가 아래와 같은 경우, 승인권자의 승인을 받아 폐기할 수 있다.
  • 설비의 보수비용이 과다하여, 신규구입이 경제적인 경우
  • 설비노후로 잦은 고장이 발생하여, 제품의 품질에 문제가 발생하는 경우
  • 설비기능이 현저히 저하되어, 효율성이 떨어지는 경우
  • 기타 설비의 교체 및 폐기가 필요한 경우

4.8 기록관리
  제조설비관리의 관련 기록은 기록관리절차에 따라 관리하여야 한다.

5 관련표준
  1) 사내표준관리절차
  2) 기록관리절차
  3) 설비윤활관리지침

6 관련양식
  1) 제조설비보유현황표
  2) 제조설비관리대장
  3) 제조설비관리점검표

표준산업	절 차	표준번호 : SC-0200
	제조설비관리	페 이 지 : 5/7

제조설비보유현황표

제조설비보유현황표

NO	법정설비명	보유 설비명	관리 번호	보유 대수	용량/공칭능력	제작사	설치 년월	비고

SC-0200-01

제조설비관리대장

제조설비관리대장

설비명		제조업체			설치 년월일		
관리 번호		관리책임자			구입일/가격		
설비 개요			수리 이력				
			NO	년월일	수리 사항	수리처	금액
사진			1				
			2				
			3				
			4				
			5				
			6				
			7				
			8				
			9				
			10				
			11				
			12				
			13				
			비고				

SC-0200-02

제조설비관리점검표

제조설비관리점검표

(　　　 년도)

설비명	점검개소	점검항목	점검기준	시기		주기	점검방법	점검자	이상시 조치사항	점검기록
				운전	운휴					

비고	- 설비명 : 해당 설비명을 기재 - 점검개소 : 모터, 감속기 베어링벨트 등 설비의 부분 명칭을 기재 - 점검항목 : 모터의 작동상태, 감속기의 소음 등 해당개소의 점검내용 기입 - 점검기준 : 누수, 마모가 없을 것 등의 양호한 상태를 기록 - 시기 : 운전 또는 운휴 여부 기록 - 주기 : 월, 주, 일 등 점검주기 기록 - 점검방법 : 육안, 소리, 게이지 등 점검 도구를 기록 - 이상시 조치사항 : 수리의뢰, 부품교환 등 설비 이상시의 조치내용을 기록 - 점검기록 : 설비점검 기록부, 작업일지, 윤활일지 등 점검기록 양식명을 기록

SC-0200-03

표준산업	지　　침	표준번호 : SC-0201
	제조설비운전	페 이 지 : 1/1

1 적용범위
　이 지침은 부품삽입 설비의 운전에 대하여 규정한다.

2 설비운전지침

　2.1 운전방법 및 순서
　　1) 제어 위치를 수동(Local)으로 놓는다.
　　2) ON 버튼을 눌러 작동 상태를 확인한다.
　　3) OFF 버튼을 눌러 가동을 중지한다.
　　4) 가동 상태가 양호하면 원격제어(Remote)로 전환한다.

　2.2 운전 시 주의사항
　　1) 전동기, 벨트 등의 고정상태가 양호한지 확인한다.
　　2) 공조기 내부에 이물질이나 사람이 있는지 확인한다.
　　3) 조작 판넬에 전원 투입 시, 전기 판넬의 상태는 양호한지 확인한다.

　2.3 이상 시 조치사항
　　1) 이상발생 시, 원인을 파악하여 제거하고 업무일지에 기록하여 관리한다.
　　2) 이상발생 원인을 제거하고 장비의 리셋버튼을 누른다.
　　3) 자체 보수가 어려운 경우, 제조업체에 연락하여 A/S를 요청한다.

　2.4 인수인계 사항
　　1) 평일 당직자는 야간 근무 후, 다음 근무자에게 장비 이상 유무를 설명해 주어야 한다.
　　2) 토요일, 일요일, 공휴일 근무자는 근무 교대자에게 이상 유무를 인수인계한다.

3 관련표준
　1) 제조설비관리절차
　2) 기록관리절차

표준산업	지 침 설비윤활관리	표준번호 : SC-0202 페 이 지 : 1/2

1 적용범위
 이 지침은 제조설비의 윤활관리에 대하여 규정한다.

2 업무절차

2.1 일반사항

 1) 설비윤활관리자는 제조설비 사용설명서 등 제작업체에서 제공한 각종 정보자료를 근거로 하여 윤활관리 개소를 결정하여야 한다.
 2) 윤활유의 종류는 설비 특성에 맞는 유종 또는 제조자가 정한 기준을 고려하여 선정하여야 한다.
 3) 윤활주기는 기기의 사용빈도, 회전속도, 주위온도, 마찰부위의 재질 등을 고려하여 결정하여야 한다.

2.2 윤활관리

 1) 설비윤활관리담당자는 제조설비별로 주유 주기가 도래하면 주유 부위별로 주유를 하고, 그 결과를 보기와 같이 연간제조설비 윤활관리표에 기록하여 관리하여야 한다.

보기

설비명		윤활부위	종류	급유방법	윤활유량	윤활주기	비고
재료절단 설비	절단기	상하이동 기어	그리스	그리스 펌프	적당량	주 1회	
		고정대	오일	오일 펌프	적당량	주 1회	
	절곡기	상하이동 기어	그리스	그리스 펌프	적당량	주 1회	
		고정대	오일	오일 펌프	적당량	주 1회	
프레스	파워프레스	회전축	그리스	그리스 펌프	적당량	주 1회	
		상하이동 기어	오일	오일 펌프	적당량	주 1회	
		고정축	그리스	그리스 펌프	적당량	주 1회	
		페달부	그리스	그리스 펌프	적당량	주 1회	
용접설비	스폿 용접기	상하이동 기어	그리스	그리스 펌프	적당량	주 1회	
		고정대	오일	오일 펌프	적당량	주 1회	

2) 윤활관리자는 제조설비에 대한 윤활 실시 후, 교환하여 발생한 폐윤활유는 전량 수거하여 환경
처리 대행업체에 위탁 처리한다.

3 관련표준

1) 사내표준관리절차
2) 기록관리절차
3) 제조설비관리절차

4 관련양식

1) 연간 제조설비 윤활관리표

연간 제조설비 윤활관리표

연간 제조설비 윤활관리표

(년도)

설비명	윤활유명	윤활유양(ℓ)	주유 부위	주유 방법	주기			주유일자
					점검	주유	교환	
비고	* 주기 : 주, 월, 년으로 구분한다. * 주유일자 : 연간 주요일자를 순서대로 모두 기록한다.							

SC-0202-01

표준산업	절　　차	표준번호 : SD-0100
	설 계 및 개 발	페 이 지 : 1/4

1 적용범위

　이 절차는 제품의 설계 및 개발업무에 대하여 규정한다.

2 목 적

　제품에 대한 설계 및 개발업무를 효율적으로 수행하는데 있다.

3 용어와 정의

　이 표준의 목적을 위하여 다음의 용어와 정의를 적용한다.

　3.1

　설계 및 개발 입력

　해당 설계를 통하여 달성하여야 할 성능, 외관, 구성 및 기타 특성에 대한 요구사항

　3.2

　설계 및 개발 출력

　설계 및 개발 프로세스를 수행함으로서 얻어진 각종 결과물 또는 성과품

　3.3

　설계 및 개발 검증

　규정된 요구사항이 충족되었음을 객관적 증거를 통하여 확인하는 것

　3.4

　설계 및 개발 실현성 및 타당성 확인

　특별하게 의도된 용도 또는 적용에 대한 요구사항이 충족되었음을 객관적 증거의 제시를 통
　하여 확인하는 것

4 책임과 권한

4.1 경영책임자
1) 설계변경 승인
2) 설계 및 개발 검토, 검증, 타당성 확인결과에 대한 승인

4.2 설계부서장
1) 설계 및 개발 관리 총괄
2) 설계 및 개발 검토/검증
3) 설계 및 개발 타당성 확인
4) 설계 및 개발 변경 관리(변경사항에 대한 검토, 검증, 타당성 확인)

4.3 생산부서장
설계 및 개발 검토

4.4 영업부서장
설계 및 개발 검토

4.5 품질부서장
설계 및 개발 검토

5 업무절차

5.1 일반사항
설계부서장은 다음과 같은 설계 프로세스에 따라 설계 및 개발 업무를 수행하고 관리하여야 한다.

5.2 설계 및 개발 입력
1) 설계부서장은 설계 및 개발을 수행할 개별 프로젝트에 대하여 설계 및 개발 입력사항을 결정하고, 이에 대한 기록을 관리하여야 한다.
2) 설계 및 개발 입력사항은 다음 사항을 포함하여야 한다.
   • 제품의 기능 및 성능/성과 요구사항 : 고객 요구사항, 시장 요구에 근거한 요구사항
   • 적용되는 법적 및 규제적 요구사항 : 환경·안전·보건 등 관련 규제사항, 제조물 책임, 국가별 법규 및 표준의 차이
   • 적용 가능한 경우, 이전의 유사한 설계로부터 도출된 정보
   • 설계 및 개발에 필수적인 요구사항 : 신인성(신뢰성, 보전성, 가용성)
   • 기타 요구사항 : 경제성

5.3 설계 및 개발 출력
  1) 설계부서장은 설계 및 개발 출력물(도면, 시방서 등)을 관련 부서 등에 배포하기 전에
     경영책임자의 승인을 받아야 한다.
  2) 설계 및 개발 출력물(도면, 시방서 등)은 설계 및 개발 입력사항에 대한 검증이 가능하
     도록 다음과 같아야 한다.
     • 설계 및 개발에 대한 입력 요구사항을 충족시킬 것
     • 구매, 생산 및 서비스 제공을 위한 적절한 정보를 제공할 것
     • 재품에 대한 합격판정기준을 포함하거나 인용할 것
     • 안정하고 올바른 사용에 필수적인 제품의 특성을 규정할 것

5.4 설계 및 개발 검토
  1) 설계부서장은 승인된 설계 및 개발 출력물을 관련 부서에 배포하고, 설계 및 개발 검토
     회의를 개최하여야 한다.
  2) 설계 및 개발 검토 회의에 참석해야할 대상은 다음과 같다.
     • 설계부서장
     • 해당 설계실무자
     • 생산부서장
     • 구매부서장
     • 영업부서장
     • 품질부서장
     • 기타 설계부서장이 필요하다고 인정한 부서장
  3) 설계 및 개발 검토 회의에 참석대상자는 설계 및 개발 입력사항의 만족 여부, 법적 요건
     충족 여부, 중요 기능 및 안전 특성표시 여부 등을 검토하여야 한다.
  4) 설계부서장은 설계 및 개발 검토 회의를 개최한 때에는 회의일시, 참석자, 검토내용 등을
     기록한 회의록을 작성하고 유지하여야 한다.
  5) 설계부서장은 설계 및 검토 회의 결과 해당되는 경우, 설계 및 개발 출력물(도면, 시방서
     등)을 수정 및 보완을 할 수 있다. 이때에는 경영책임자의 승인을 득하여야 한다.

5.5 설계 및 개발 검증
  1) 설계부서장은 설계 개발 및 검토가 끝난 설계 및 개발 출력물(도면, 시방서 등)이 설계
     및 개발 입력 요구사항을 충족시키는지를 검증하여야 한다.
  2) 설계부사장은 설계 및 개발 출력물(도면, 시방서 등)에 대한 검증은 다음 중 적절한 방법
     을 선택하여 하여야 한다.
     • 시험 및 실증 : 시험 제작품을 대상으로 성능시험을 실시한다.
     • 대체 계산 : 설계 결과의 정확성 확인을 위해 처음에 계산한 방법과 다른 방법으로 확인한다.
     • 유사 설계와의 비교 : 유사한 설계 및 개발한 실적이 있는 경우, 유사 설계와 비교한다.
  3) 설계부서장은 설계 및 개발 검증 결과에 대한 기록을 유지하여야 한다.

5.6 설계 및 개발 실현성 확인/타당성 확인
  1) 설계부서장은 최종검사가 끝난 최종 제품에 대하여 고객의 요구를 충족시킬 수 있는가
     를 확인하기 위하여 설계 및 개발 실현성 확인/타당성 확인을 하여야 한다.
  2) 설계부서장은 설계 및 개발 실현성 확인/타당성 확인은 제품을 고객에게 인도하기 전
     에 실시하는 것을 원칙으로 한다. 단 가능한 경우, 제품의 사용조건하에서 실시 할 수
     있다.
  3) 설계부서장은 설계 및 개발 실현성 확인/타당성 확인 결과에 대한 기록을 유지하여야
     한다.

5.7 설계 및 개발 변경관리
  1) 설계부사장은 설계변경을 하고자 할 때에는 5.4 2) 설계 및 개발 검토 회의에 참석해야
     할 대상자가 참여하는 설계 및 개발 변경 회의를 개최하고 설계 및 개발 변경사항을 검
     토하여야 한다.
  2) 설계부서장은 설계 및 개발 변경 회의를 개최한 때에는 회의일시, 참석자, 변경사항 등을
     기록한 회의록을 작성하고 유지하여야 한다.
  3) 설계부서장은 중요한 설계 변경이 있는 경우에는 변경에 따른 타 부문의 영향평가를
     실시하여야 한다. 실시결과에 대한 기록을 유지하여야 한다.
  4) 설계부서장은 설계 변경에 따른 표준(도면, 표준, 지침, 작업표준 등) 등을 파악하고 개
     정 등의 조치를 하도록 관련 부서장에게 통보하여야 한다.
  5) 설계부서장은 설계변경과 관련된 기록을 유지하여야 한다.

6 관련표준
  1) 사내표준관리절차
  2) 기록관리절차

표준산업	절 차	표준번호 : SD-0200
	제품의 품질관리	페 이 지 : 1/4

1 적용범위
  이 절차는 제품의 품질관리에 대하여 규정한다.

2 목 적
  제품의 품질수준을 유지하는데 있다.

3 책임과 권한

 3.1 품질관리부서장
   1) 최종검사 사내표준 승인
   2) 품질개선활동 승인

 3.2 품질관리담당자
   1) 최종검사지침 제·개정 및 관리
   2) 중요 품질특성의 통계적 품질관리

4 업무절차

 4.1 제품의 품질기준 규정
   1) 품질관리담당자는 개별 인증심사기준에서 규정한 제품에 대한 품질항목과 품질기준을 포함하는
      제품표준을 규정하여야 한다. 제품표준은 최종검사지침과 통합하여 규정할 수 있다.
   2) 품질관리담당자는 제품의 품질수준을 한국산업표준(KS)이상으로 규정하여야 한다.
   3) 품질관리담당자는 제품의 품질항목 및 수준 설정 근거, 품질 미달 제품이 사용자에게 주는 영향
      등을 보기와 같이 파악하고 관리하여야 한다.

보기 건조용 시멘트 모르타르의 경우

| 항　목 | | 품질기준 | | 품질수준 | | | 기준미달제품이 시공에 주는 영향 |
		KS	당사 기준	평균값	표준 편차	C_{Pk}	
압축 강도	일반 미장용	10 이상	10.0 이상	19.01	0.99	3.0337	표면 긁힘과 포장 등 1차 작업 불량 유도됨.
	바닥용	21 이상	21.0 이상	25.01	0.60	2.228	표면강도 약화로 2차 마감재 안정성 저하
	조적용	11 이상	11.0 이상	17.00	1.32	1.515	벽돌 조적 시, 쌓기 상태 불량 발생
	뿜칠 미장용	9 이상	9.0 이상	13.38	0.56	2.607	시공장비에 의한 부착 성능 하락

4.2 제품의 최종검사 규정 및 실시

1) 품질관리담당자는 제품의 최종검사에 대한 필요한 사항을 별도의 지침으로 검사업무절차 5.1 검사업무 일반원칙 및 5.2 검사표준 작성지침을 참고하여 규정하여야 한다(검사업무절차 5 업무절차 참조). 최종검사지침은 제품표준과 통합하여 규정할 수 있다.

2) 샘플링검사 방법을 적용하여 최종검사지침을 규정할 경우 고려해야 할 사항은 자재관리절차 의 4.3항의 2)를 참조한다.

3) 최종검사담당자는 최종검사지침에 따라 최종검사를 실시하여야 한다.

4) 품질관리담당자는 외부공인시험기관 의뢰 항목의 경우 시험의뢰 주기, 시험 의뢰 내용 등을 최종검사지침에 규정하여야 한다.

5) 최종검사담당자는 제품검사결과 합격, 불합격 로트를 구분하여 적절한 장소에 보관하여야 한다.

6) 품질관리담당자는 매월 주기로 제품의 시험항목 중 중요 품질특성(개별 KS인증심사기준에서 정한 중결함 이상 품질항목)에 대하여 현장시험을 실시하고, 빈도수, 평균값, KS기준값, 현장 시험값, 오차, 오차율 등을 월별 검사평균 데이터 현황표에 기록하고 유지하여야 한다.

4.3 통계적 품질관리

1) 품질관리담당자는 일정주기를 정하여 평균값, 표준편차, 불량률 등 제품검사 결과를 분석하고 관리하야여야 한다.

2) 품질관리담당자는 제품 분석결과, 공정개선 및 품질향상에 활용할 수 있도록 주요 품질항목의 관리도 및 공정능력지수를 관리하여야 한다.

4.4 품질개선 활동

1) 품질관리담당자는 최종검사의 데이터를 활용하여 제품의 검사항목 중, 중요 품질특성에 대하여 매월 주기로 평균값, 표준편차, 불량률 등을 관리도를 활용하여 분석하고 문제가 있는 경우, 개선활동절차에 따라 품질개선을 하여야 한다.

2) 품질관리담당자는 중요 품질특성의 현장시험값이 최근 3개월의 평균값과 비교하여 ±5%의 허용 값의 한계를 벗어난 경우, 개설활동절차에 따라 품질개선을 하여야 한다.

3) 품질개선 활동은 다음과 같이 파레토도, 특성요인도 등의 QC7가지 도구를 활용하여 품질개선 활동절차에 따라 실시하여야 한다.

- 층별 : 부적합 요인(5M1E)마다 데이터를 구분해서 분석하는 기법
- 체크시트 : 데이터 수집, 문제 분석을 효율적으로 실시하기 위한 기법
- 파레토그림 : 문제의 중점화, 우선순위 파악을 위한 기법
- 히스토그램 : 데이터의 산포 상태를 파악하기 위한 기법
- 특성요인도 : 특성에 영향을 끼치는 요인을 분석하기 위한 기법
- 산점도 : 영향을 주는 2개의 인자간의 관계를 파악하는 기법
- 관리도 : 공정이 일정한 품질수준을 유지하는가를 판정하는 기법

4.5 부적합제품의 관리

최종 검사결과 부적합제품은 부적합제품 관리 절차에 따라 처리하여야 한다.

4.6 기록관리

최종검사 관련 기록은 기록관리 절차에 따라 관리하여야 한다.

5 관련표준

1) 사내표준관리 절차
2) 기록관리 절차
3) 검사업무 절차
4) 자재관리 절차
5) 개선활동 절차
6) 통계적 품질관리 절차
7) 부적합 제품관리 절차
8) 최종검사지침

6 관련양식

1) 월별 검사평균 데이터 현황표

월별 검사평균 데이터 현황표

월별 검사평균 데이터 현황표

| 구분 | | 빈도수 | 평균값 (A) | KS기준값 | 현　장 시험값 | 오차 (B) | 오차율(%) (B/A×100) |
년	월						

SD-0200-01

표준산업	지　　침	표준번호 : SD-0201
	점토기와 품질 및 최종검사	페 이 지 : 1/5

1 적용범위

이 지침은 주식회사 표준산업(이하 '당사'라 한다)에서 생산하는 점토기와의 품질기준 및 최종검사
에 대하여 규정한다.

2 품질기준
점토기와의 품질특성 및 성능 요구사항은 <표 1>과 같다.

표 1 - 점토기와의 품질특성 및 성능 요구사항

품질특성	성능 요구사항
1. 겉모양	기와의 겉모양은 균일하고 사용상 해로운 비틀림, 균열, 모서리 깨짐, 잔구멍 등의 흠이 없어야 한다.
2. 치수	KS F 3510 5.2 치수 및 허용차에 적합하여야 한다.
3. 휨파괴하중	한식기와 : 2,800이상, S형기와 및 평판형 기와 : 2,000이상이어야 한다.
4. 흡수율	그을림 기와 : 9 이하, 오지, 유약, 무유 기와 : 12 이하이어야 한다.
5. 내동해성	균열 및 박리가 없어야 한다.

3 시험 및 검사

3.1 검사 로트(LOT) 구성 및 검사단위체

　생산량 3,000개를 검사로트(LOT)로 하고, 온기와 1장을 검사단위체로 한다.

3.2 검사항목, 방식 및 조건, 주기

　1) 검사항목, 방식 및 조건, 주기는 <표 2>와 같다.

　2) 샘플링, 로트(LOT)의 합격, 불합격 판정을 위한 검사방식 및 조건의 설계는 다음과 같은 순서
로 하여야 한다.

　　(1) KS Q ISO 2859-1의 샘플링 문자표에서 지정된 로트의 크기(N)를 포함하는 행과 지정된 검
사수준이 있는 열이 교차되는 란에서 샘플문자를 확인한다.

　　(2) 해당하는 샘플링 형식(주 샘플링표)에서 해당 샘플문자 열로부터 샘플의 크기(n)을 읽고, 샘
플문자 행과 합격품질수준(AQL) 열이 교차되는 란에서 합격판정개수(Ac)와 불합격판정개수
(Re)를 읽는다.

(3) 샘플링 검사방식 및 조건에 대한 설계결과를 정리한다(표 3 참조).

표 2 - 검사항목, 방식 및 조건, 주기

NO	검사항목	검사방식 및 조건	주기	비고
1	겉모양	중간검사로 대체한다.	–	경결함 항목
2	치수			항목
3	휨파괴하중	• 검사방식 : KS Q ISO 2859-1(계수값에 의한 샘플링검사) • 검사수준 : G-Ⅱ(통상검사수준Ⅱ) • 검사의 엄격도 : 보통검사 • 샘플링 형식 : 1회 • 합격품질수준(AQL) =1.0%	1회/lot	치명 결함 항목
4	흡수율	외부 공인시험기관에 의뢰하여 시험성적서를 활용한다. • 시료채취자 : 품질관리담당자 • 시료채취방법 : 반기별 생산량(n=1, Ac=0)	6개월	중결함 항목
5	내동해성			중결함 항목

표 3 - 샘플링 검사방식 및 조건 설계결과표

로트 크기 (N)	샘플의 크기 (n)	합격판정개수 (Ac)	불합격판정개수 (Re)

3.3 시료채취방법

LOT 크기 3,000개에서 '3.2 검사방식 및 조건'에 맞게 KS Q ISO 2859-1의 시료문자표(검사업무절차 표 A.5 참조) 및 주샘플링표(검사업무절차표 A.6~A.8 참조)를 활용하여 구한 샘플의 크기(n)를 KS Q ISO 24153(랜덤샘플링 및 랜덤화 절차) 의거하여 랜덤하게 채취한다.

3.4 시험방법

1) 겉모양 : 중감검사로 갈음한다.
2) 치수 : 중간검사로 갈음한다.
3) 휨파괴하중 : KS F 3510 6.3에 따른다.
4) 흡수율 : KS F 3510 6.4에 따른다. 단 외부공인시험기관에 의뢰한다.
5) 내동해성 : KS F 3510 6.5에 따른다. 단 외부공인시험기관에 의뢰한다.

3.5 판정기준

3.5.1 검사단위체 판정

　검사단위체 시험결과가 '2. 품질기준'에 적합하면 적합품, 적합하지 않으면 부적합품으로 판정한다.

3.5.2 검사로트(LOT)의 판정

　검사단위체 판정결과가 '3.2항의 검사방식 및 조건'에 의해 설계된 합격판정개수(Ac) 조건에 해당되면 합격, 불합격판정개수(Re) 조건에 해당하면 불합격으로 판정한다.

4 불합격 로트(LOT)의 처리

　1) 합격 로트(LOT)는 창고에 입고한다.
　2) 불합격 로트(LOT)는 부적합제품관리절차에 처리하여야 한다.

5 표시

　1) 점토기와마다 표면 또는 뒷면의 잘 보이는 곳에 다음 사항을 각인하여 표시하여야 한다.
　　(1) KS마크 : KS마크 지름 15mm 이상
　　(2) 제조자명 또는 그 약호
　2) 납품서마다 다음 사항을 인쇄하여 표시하여야 한다.
　　(1) KS마크 : KS마크 지름 15mm 이상
　　(2) 표준명 및 표준번호
　　(3) 인증번호
　　(4) 제조 연월일
　　(5) 제조자명 또는 그 약호
　　(6) 인증기관명
　　(7) KS F 3510의 9항 표시사항

6 검사결과의 활용

　1) 최종검사 결과 데이터 중 중요 품질특성은 ez spc 2.0 소프트웨어를 활용하여 6개월 주기로 관리도 작성 및 분석, 공적능력지수 산출 및 분석을 하여야 한다.
　2) 검사결과 데이터를 활용하여 6개월 주기로 제품의 평균값, 표준편차, 불량률 등을 분석하여야 한다.
　3) 분석결과에 대한 개선의 필요한 경우, 시정 및 예방조치절차에 따라 조치하여야 한다.

7 기록관리

　최종검사 관련기록은 기록관리절차에 따라 관리하여야 한다.

8 관련표준

  1) 시험·검사업무절차

  2) 제품의 품질관리절차

  3) 부적합제품관리절차

  4) 통계적품질관리절차

9 관련양식

  1) 최종검사성적서

최종검사성적서

최종검사성적서		작 성	검 토	승 인

제품명		검사자	
검사방법		검사일	
로트(LOT) 번호(NO)		수량	

검사항목	판정기준	측 정 치			판 정
		n=1	n=2	n=3	

특기사항 : 중간검사와 겹치는 최종검사의 항목은 중간검사로 갈음할 수 있다.

SD-0201-01

표준산업	절 차	표준번호 : SD-0300
	부적합제품관리	페 이 지 : 1/4

1 적용범위

　이 절차는 부적합제품관리에 대하여 규정한다.

2 목 적

　적합하지 않은 원부자재, 반제품 및 제품의 사용을 방지하는데 있다.

3 용어와 정의

　이 표준의 목적을 위하여, 다음의 용어와 정의를 적용한다.

3.1

부적합제품

규정된 요구사항을 충족시키지 못하는 제품, 반제품, 원부자재

3.2

특채

규정된 요구사항에 적합하지 않는 제품을 사용하거나 불출하는 것에 대한 허가

비 고　특채는 일반적으로 부적합 특성을 갖는 제품이 합의된 시기 또는 합의된 양에 대하여 규정된 조
　　　건 내에서 인도되는 것에 국한한다. '현상태 사용(Use-as-is)'이라는 표현이 사용되기도 한다.

3.3

수리

부적합 제품에 대해 의도된 용도에 쓰일 수 있도록 하는 조치

비 고　수리는, 한때 적합했던 제품을 복구하기 위한 유지보수의 일부로서 교정조치를 포함한다. 수
　　　리는 재작업과 달리, 부적합 제품의 일부에 영향을 미치거나 부적합 제품의 일부를 변경시킬 수 있다.

3.4

재작업

부적합 제품에 대해 요구사항에 적합하도록 하는 조치

3.5

폐기

부적합 제품에 대해 원래의 의도된 용도로 쓰이지 않도록 취하는 조치

보 기　리싸이클, 파기

3.6
재등급
최초 요구사항과 다른 요구사항에 적합하도록, 부적합 제품에 대한 등급을 변경하는 것

4 책임과 권한

4.1 경영책임자
1) 부적합제품에 대한 처분방법 및 처분결과의 승인
2) 부적합원자재 및 제품에 대한 특채의 승인

4.2 품질관리담당자
1) 인수, 공정, 최종검사 시 발생한 부적합제품에 대한 식별표시
2) 인수, 공정, 최종검사에 대한 부적합제품 보고서 작성
3) 부적합 원자재와 공정 중 제품의 처분방법 검토 및 처분결과 확인

5 업무절차

5.1 부적합제품의 식별 및 조치
검사담당자는 인수, 중간, 최종검사에서 발생된 부적합제품은 <표 1>과 같이 식별하여야 한다.

표 1 - 부적합제품의 식별 및 조치

구분	부적합제품의 식별 및 조치
인수검사	·부적합제품 또는 로트에 TAG를 부착하여 지정된 장소에 보관한다.
중간검사	·공정별로 부적합제품 또는 로트에 TAG를 부착하여 공정의 지정된 장소에 보관한다.
최종검사	·부적합제품 또는 로트에 TAG를 부착하여 지정된 장소에 보관한다.

5.2 부적합제품의 기록관리
검사담당자는 인수, 중간, 최종검사에서 발생된 부적합제품은 <표 2>와 같이 기록하여 관리하여야 한다.

표 2 - 부적합제품의 기록관리

구분	부적합제품의 기록관리
인수검사	·검사담당자는 부적합 내용을 부적합현황보고서에 기록한다.
중간검사	·검사담당자는 부적합 내용을 공정일지에 기록한다.
최종검사	·검사담당자는 부적합 내용을 부적합현황보고서에 기록한다.

5.3 부적합제품의 처리

　1) 검사담당자는 인수, 중간, 최종검사에서 발생된 부적합제품은 <표 3>과 같이 처리하여야 한다.

표 3 - 부적합제품의 처리방법

구 분	부적합 분류	처리방법
인수검사	・사용이 불가능한 부적합 제품 또는 로트	반품
	・수리(작업조정)하여 사용 가능한 경우	특채
중간검사	・재작업하여 사용이 가능한 경우	재작업
	・재작업이 불가능한 경우	폐기
최종검사	・규정된 요구사항에 벗어나나 용도변경으로 사용한 경우	특채 의뢰
	・사용이 불가능한 경우	폐기

　2) 부적합제품에 대하여 재작업을 할 경우에는 중간검사지침에 따라 재검사한다.

　3) 의심스러운 원부자재 또는 제품은 부적합제품으로 평가하고 본 절차에 따라 처리한다.

5.4 시정 및 예방조치

　　부적합제품에 대하여 시정 및 예방조치가 필요한 경우, 시정 및 예방조치절차에 따라 조치하여
　　야 한다.

5.5 기록관리

　　부적합제품에 관련된 기록은 기록관리절차에 따라 관리하여야 한다.

6 관련표준

　1) 사내표준관리절차

　2) 기록관리절차

　3) 자재관리절차

　4) 시정 및 예방조치절차

　5) 자재별 인수검사지침

　6) 공정별 중간검사지침

　7) 최종검사지침

7 관련양식

　1) 부적합현황보고서

표준산업	절 차	표준번호 : SD-0300
	부적합제품관리	페 이 지 : 4/4

부적합현황보고서

부적합현황보고서

<table>
<tr>
<td rowspan="7">부
적
합
품
발
생
사
항</td>
<td>발생 일자</td>
<td></td>
<td>제품명/공정명</td>
<td></td>
</tr>
<tr>
<td>해당 팀</td>
<td></td>
<td>작성자</td>
<td></td>
</tr>
<tr>
<td colspan="4">부적합 내용 :</td>
</tr>
</table>

<table>
<tr>
<td rowspan="5">처
분
내
용</td>
<td></td>
<td>처분방법</td>
<td>검토</td>
<td>승인</td>
</tr>
<tr>
<td></td>
<td rowspan="4">☐ 재작업
☐ 특 채
☐ 반 품
☐ 폐 기</td>
<td colspan="2">/　　　　/</td>
</tr>
<tr>
<td></td>
<td colspan="2">특 기 사 항</td>
</tr>
<tr>
<td>부적합제품 처분자 :</td>
<td colspan="2"></td>
</tr>
</table>

특 기 사 항	

SD-0300-01

표준산업	절 차	표준번호 : SE-0100
	시험·검사설비관리	페 이 지 : 1/10

1 적용범위

이 절차는 시험·검사설비관리에 대하여 규정한다.

2 목 적

시험·검사설비의 효율적인 관리 및 검사 품질을 유지하는데 있다.

3 책임과 권한

3.1 경영책임자

1) 시험·검사설비 발주 승인

2) 외부기관(업체포함)과 시험·검사설비 사용계약 승인

3) 외부 공인시험기관의 성적서 활용 승인

3.2 품질관리부서장

1) 시험·검사설비 발주 검토

2) 외부기관(업체포함)과 시험·검사설비 사용계약 검토

3) 외부 공인시험기관성적서 활용 검토

3.3 품질관리담당자

1) 외부 공인시험기관성적서 활용 현황표 작성 및 관리

2) 시험·검사설비보유 현황표를 작성하고 유지 및 관리

3) 시험·검사설비의 교정, 보수, 유지, 폐기

4 업무절차

4.1 시험·검사설비 발주

1) 품질관리담당자는 신규 시험·검사설비의 도입이 필요한 경우, 발주 전에 검토하여야 할 사항을 검토하고, 승인권자의 결재를 득하여 발주하여야 한다.

2) 발주 전에 검토하여야 할 사항은 다음과 같다.

• 제품의 품질 수준을 충족시킬 수 있는 시험·검사설비 요건

• 시험·검사설비의 효율성

• 시험·검사설비의 안정성

• 시험·검사설비의 적합성

• 해당 공장에 적합한 시험·검사설비

4.2 시험·검사설비 보유 및 관리

1) 인증심사기준에서 요구하는 주요 시험·검사설비와 당사가 보유하고 관리하는 시험·검사설비는 <표 1>과 같다.

표 1 - 시험·검사설비 보유현황

법정 시험·검사설비	당사 보유 시험·검사설비
1. 치수 측정설비	치수 측정설비
2. 휨파괴하중설비	휨파괴하중설비
3. 흡수율시험설비	외부 시험설비 이용
4. 내동해성시험설비	외부 시험설비 이용

2) 품질관리담당자는 외부기관(업체포함)과의 사용 계약 또는 외부 공인시험성적서 활용이 허용된 검사설비에 대하여는 시험검사 의뢰기관, 시험검사 의뢰내용, 시험검사 주기 등을 포함하는 외부 공인시험기관성적서 활용 현황표에 기록하여 관리하여야 한다.

3) 품질관리담당자는 외부기관(업체포함)과 시험·검사설비 사용계약을 체결하여 활용하는 경우, 계약서에 다음과 같은 사항을 포함하여 계약을 체결하여야 한다.

- 계약당사자 주체
- 사용설비에 대한 시험대상 품목, 항목, 시험방법
- 시험설비의 사용자
- 시험설비의 이용 주기와 설비 사용요금 등 설비사용 조건
- 시험대상 품목의 시료채취 공시체 제작자
- 시험성적서 작성 책임자
- 시험·검사 설비관리 및 정밀도 유지 주체
- 시험·검사 결과의 기록보관과 결과의 통계적 분석 주체

4) 품질관리담당자는 외부 공인시험기관의 성적서를 활용하는 경우, 다음과 같은 사항을 결정하고, 관리하여야 한다.

- 시험의뢰기관의 자격조건
- 시험 의뢰 대상 제품의 로트 구성방법과 시료채취 방법
- 통상적인 시험인 경우 최소 1주일 주기마다 시험하되, 해당 심사기준에서 시험주기를 정한 경우에는 해당 시험주기를 적용하고 해당 심사기준에서 시험주기를 규정하지 않는 경우에는 해당시험에 소요되는 기간 및 성적서 발행기간 등을 감안하여 시험주기 설정
- 시료채취자, 시료채취 보고서, 공시체 제작보고서 작성방법
- 시험의뢰 시 시험방법, 불확도 표현여부 등 시험의뢰 내용
- 시험결과의 분석과 활용 방법

4.3 시험·검사설비의 등록 및 관리

1) 품질관리담당자는 다음의 내용을 포함하는 시험·검사설비 보유 현황표를 작성하고 유지 및 관리를 하여야 한다.

- 법정설비명
- 보유설비명
- 관리번호

- 보유대수
- 용량/공칭능력
- 제작사
- 구입연월
- 교정일자
- 교정기관 등

2) 품질관리담당자는 보유하고 있는 시험·검사설비를 시험·검사설비관리대장에 등록하고 교정 사항 등의 이력관리를 하여야 한다.

3) 품질관리담당자는 등록된 시험·검사설비를 성능이 유지될 수 있는 환경이 구비된 장소에 설치하여야 한다.

4) 품질관리담당자는 등록된 시험·검사설비의 식별을 위해 <표 2>와 같은 시험·검사설비 관리표를 시험·검사설비별로 부착하여 관리하여야 한다.

표 2 - 시험·검사설비 관리표

시험·검사설비 관리표	
관리번호	
시험·검사설비명	
교정대상여부	☐ 교정 ☐ 비교정
관 리 책임자 정	
부	

5) 관리번호 부여방법은 다음과 같다.

   SIS   T - 001

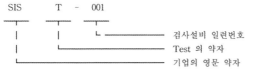

                                      검사설비 일련번호

                                        Test 의 약자

                                        기업의 영문 약자

4.4 시험실 및 시험·검사설비의 구비요건

1) 시험·검사 설비의 설치장소는 정확·정밀한 측정을 할 수 있고 전기수도 등 시험·측정을 지원할 수 있는 적절한 장소에 설치하여야 한다.

2) 시험실은 검사, 측정, 시험 장비의 취급, 보관, 보존 시 정확도와 사용적합성이 유지될 수 있도록 온도 23 ±5℃, 습도 30~60 ±20%미만의 환경 조건을 유지하여야 한다.

3) 시험·검사설비는 청결을 유지하고 무리한 충격을 주지 않아야 한다.

4.5 시험·검사설비의 보수 및 유지
  1) 시험·검사설비는 물리적인 손상, 열화 및 파손 등을 방지할 수 있게 관리하여야 하며 교정검사의 셋팅이 무효화되지 않도록 취급 및 보관하여야 한다.
  2) 품질관리담당자는 시험·검사설비의 성능의 유지 및 예방보전을 위하여 매월 주기로 시험·검사설비 점검표에 따라 점검을 실시하고 그 결과를 기록하여 관리하여야 한다.
  3) 품질관리담당자는 시험·검사설비 점검결과 수리가 필요한 경우, 사내 또는 사외수리를 결정하고 사외수리의 경우 검사설비 수리의뢰 건을 품의하여 경영책임자의 승인을 득한 후 수리, 조치하여야 한다.
  4) 수리를 완료한 시험·검사설비는 교정검사를 실시하고, 그 내역은 해당 시험·검사설비관리대장에 기록하여 관리하여야 한다.

4.6 시험·검사설비의 측정 소급성 관리
  1) 품질관리담당자는 시험·검사설비의 정밀·정확도 유지를 위하여, 연도별 시험·검사설비 교정현황표에서 정한 사내교정주기 또는 교정 유효기간 내에 국가교정기관으로부터 교정을 받아야 한다.
  2) 품질관리담당자는 교정일자, 유효기간 등의 이력을 시험·검사설비의 연도별 시험·검사설비 교정현황표에 관리하여야 한다.
  3) 교정대상 시험·검사설비 중 교정을 필하지 않았거나 유효기간이 경과한 시험·검사설비는 사용하면 안 된다.
  4) 교정성적서에 보정계수가 주어지는 경우, 시험·검사설비관리자는 보정 값(보정계수)을 시험 결과의 측정에 반영하여야 한다. 단, 보정계수가 측정값에 영향을 주지 않으면, 보정값 적용을 생략할 수 있다.
  5) 보정계수를 측정값에 보정하는 방법은 교정기관에서 제시한 방법을 따르는 것을 원칙으로 한다. 보정에 대한 별도의 방법을 제시하지 않은 경우에는 선형보간법을 활용하거나 또는 측정값과 가장 근접한 교정범위에서의 보정값을 활용한다.

4.7 시험·검사설비의 교체 및 폐기
  품질관리담당자는 시험·검사설비가 아래와 같은 경우, 승인권자의 승인을 받아 교체 또는 폐기를 할 수 있다.
  • 시험·검사설비의 보수비용이 과다하여 신규구입이 경제적인 경우
  • 시험·검사설비가 노후로 정밀·정확도에 문제가 발생하는 경우
  • 시험·검사설비 기능이 현저히 저하되어 효율성이 떨어지는 경우
  • 기타 시험·검사설비의 교체 및 폐기가 필요한 경우

4.8 기록관리
  시험·검사설비관리의 관련 기록은 기록관리절차에 따라 관리한다.

5 관련표준
　1) 사내표준관리절차
　2) 기록관리절차

6 관련양식
　1) 외부 공인기관시험성적서 활용 현황표
　2) 시험·검사설비 보유 현황표
　3) 시험·검사설비 관리대장
　4) 시험·검사설비 점검표
　5) 연도별 시험·검사설비 교정 현황표

외부 공인기관시험성적서 활용 현황표

외부 공인기관시험성적서 활용 현황표

제품명	시험검사 의뢰기관	시험검사 의뢰내용	시험검사 주 기	비 고

SE-0100-01

표준산업	절 차	표준번호 : SE-0100
	시험·검사설비관리	페 이 지 : 7/10

시험·검사설비 보유 현황표

시험·검사설비 보유 현황표

NO	법정설비명	보유 설비명	관리 번호	보유 대수	용량/공칭능력	제작사	설치년월	교정일자 교정기관	비고

SE-0100-02

시험·검사설비 관리대장

시험·검사설비 관리대장

설 비 명		제조 업체		구 입 일		
관리 번호		관리 담당		거래선/가격		
설비 개요		수리(교정) 이력				
		NO	년월일	수리(교정) 사항	수리(교정)처	금액
사진		1				
		2				
		3				
		4				
		5				
		6				
		7				
		8				
		9				
		10				
		11				
		12				
		13				
		비 고				

SE-0100-03

시험·검사설비 점검표

시험·검사설비 점검표

20 년 월 일 ~ 년 월 일

시험·검사설비명	점검항목	점검주기	점검방법	점검 기준	점검결과	조치

* 점검결과 표시 : ○ 양호, △ 교환, × 수리, □ 교정

SE-0100-04

연도별 시험·검사설비 교정 현황표

연도별 시험·검사설비 교정 현황표						
(연도)						
결재	담당자		공장장		대표이사	
NO	교정일자	시험·검사설비명	주기	교정기관	유효기간	교정비용 (원)

SE-0100-05

표준산업	절 차	표준번호 : SE-0200
	한도견본관리	페 이 지 : 1/3

1 적용범위

  이 절차는 한도견본관리에 대하여 규정한다.

2 목적

  관능검사 항목에 대하여 주관적인 판단을 방지하는 데 그 목적이 있다.

3 책임과 권한

 3.1 품질부서장

   한도견본 승인

 3.2 품질관리담당자

   한도견본 검토 및 관리

4 업무절차

 4.1 일반사항

  1) 한도견본은 현장 및 시험실 등의 지정된 장소에 보관되어야 하며, 항상 품질변동의 우려가 없도록 손실, 손상, 변질 등에 주의하여야 한다.

  2) 한도견본은 한도견본대장(별도 양식)에 등록하고, 각 한도견본에는 등록 번호를 표시하여야 한다.

  3) 사용 시에는 주관부서장의 승인을 얻고, 사용 후에는 지정된 장소에 청결히 보관하여야 한다.

  4) 한도견본은 주관적인 판단이 개입되지 않도록 엄중히 사용되어야 한다.

  5) 검사용으로 사용할 때는 해당검사 표준을 우선적으로 따라야 한다.

 4.2 점검 및 관리

  1) 품질관리담당자는 월 1회 한도견본을 점검하여, 이상 유무를 체크하여야 한다.

  2) 점검결과에 이상이 있거나 분실한 때에는 다시 제작하여 즉시 대체하여야 한다.

  3) 품질관리담당자는 6개월마다 한도견본을 교체하여야 한다. 다만 상태의 변동이 없거나 양호한 경우는 연장할 수 있다.

4.3 한도견본 판정기준

1) 관능검사 대상의 제품이 한도견본과 비교하여 우수 또는 비슷하거나 한도견본보다 일부 결함사항 등은 있으나, 품질유지에 영향을 미칠 염려가 없는 경미한 상태인 경우에는 합격으로 판정한다.

2) 관능검사 대상의 제품이 한도견본과 비교하여 그 이하이거나 품질유지에 중결함 또는 치명결함의 우려가 있는 경우에는 불합격으로 판정한다.

5 관련표준

1) 사내표준관리절차

2) 기록관리절차

3) 시험·검사설비관리절차

6 관련양식

1) 한도견본등록관리대장

표준산업	절 차	표준번호 : SE-0200
	한도견본관리	페 이 지 : 3/3

<한도견본등록관리대장>

	작 성	검 토	승 인

등록번호 :

구분	견본명		설정일			
등 록	설정사유					
	사용범위		유효기간			
	관리부서	배포일자	확 인	회수일자	확 인	점 검 일 자
관						
리						

SE-0200-01

	절　　차	표준번호 : SF-0100
표준산업	고객불만처리	페 이 지 : 1/10

1 적용범위
　이 절차는 고객불만처리에 대하여 규정한다.

2 목적
　불만사항에 대한 근본원인을 파악하여 재발을 방지하는데 있다.

3 인용표준
　다음의 인용표준은 이 표준의 적용을 위해 필수적이다. 발행연도가 표기된 인용표준은 인용된 판
　만을 적용한다. 발행연도가 표기되지 않은 인용표준은 최신판(모든 추록을 포함)을 적용한다.

　KS Q ISO 10001(품질경영-고객만족-조직의 실행규범에 대한 지침)
　KS Q ISO 10002(품질경영-고객만족-조직의 불만처리에 대한 지침)
　KS Q ISO 10003(품질경영-고객만족-조직의 외부분쟁 해결지침)

4 책임과 권한

 4.1 경영책임자
　1) 불만처리 프로세스와 방침, 목표가 조직 내에서 수립됨을 보장
　2) 조직의 불만처리 방침에 따라 불만처리 프로세스가 기획, 설계, 실행, 유지 및 지속적으로 개선됨을
　　보장
　3) 효과적이고 효율적인 불만처리 프로세스에 필요한 경영 자원(인원, 교육훈련, 절차, 문서화, 전문가의
　　지원, 자재 및 장비, 컴퓨터 하드웨어 및 소프트웨어 그리고 재정 등)의 파악 및 할당
　4) 조직 전반에 걸쳐, 불만처리 프로세스에 대한 인식 및 고객중심의 필요성 증진을 보장
　5) 불만처리 프로세스에 대한 정보는 고객, 불만제기자와 해당되는 경우 직접적으로 관련된 기타
　　관계자가 쉽게 이용할 수 있는 방법으로 의사소통됨을 보장
　6) 불만처리 경영대리인을 선임하고 ①에 기술된 책임 및 권한 이외에 추가적인 책임 및 권한을
　　명확하게 규정
　7) 모든 중대한 불만은 최고경영자에게 신속하고도 효과적으로 통보될 수 있는 프로세스를 보장
　8) 불만처리 프로세스에 대한 주기적인 경영검토를 통하여 불만처리 프로세스가 효과적이면서도
　　효율적으로 유지되고 지속적으로 개선되고 있음을 보장

 4.2 불만처리 경영대리인
　1) 성과 모니터링, 평가 및 보고에 대한 프로세스 수립
　2) 개선에 대한 권고를 포함하여 불만처리 프로세스에 대해 최고경영자에게 보고

3) 적절한 인원의 채용과 교육훈련, 기술적 요구사항, 문서화, 목표 기한 및 그 밖의 요구사항의 설정과 충족 그리고 프로세스 검토 등을 포함하여, 불만처리 프로세스의 효과적이고 효율적인 운영 유지

4.3 불만처리 프로세스에 관련된 관리자
1) 불만처리 프로세스가 실행되고 있음을 보장
2) 불만처리 경영대리인과의 연락
3) 불만처리 프로세스에 대한 인식 및 고객중심의 필요성을 증진하고 있음을 보장
4) 불만처리 프로세스에 관한 정보를 쉽게 이용할 수 있음을 보장
5) 불만처리 조치 및 결정에 대한 보고
6) 불만처리 프로세스에 대한 모니터링의 수행 및 기록 보장
7) 문제에 대한 시정조치와 향후 재발방지 조치를 취하고 이러한 조치사항이 기록됨을 보장
8) 불만처리 데이터가 경영검토 시, 이용 가능함을 보장

4.4 고객 및 불만제기자와 접촉을 하는 모든 인원
1) 불만처리에 대한 교육훈련을 받음
2) 조직이 결정한 불만처리 보고, 요구사항을 준수
3) 고객을 정중하게 대우하면서 신속히 불만에 대응해 주거나 해당 담당자에게 연결
4) 원만한 대인관계 및 의사소통 기량을 갖춤

4.5 조직의 모든 인원
1) 불만과 관련된 역할, 책임 및 권한을 인식
2) 준수해야 할 절차와 불만제기자에게 제공해야 할 정보를 인식
3) 조직에 중대한 영향을 줄 수 있는 불만을 보고

5 업무절차

5.1 불만처리 기본원칙
　전 임직원은 모든 불만처리 프로세스에서 효과적인 처리를 위하여, 다음과 같은 불만처리 기본원칙을 준수하여야 한다.

1) 공개성
불만제기 방법 및 접수처에 대한 정보는 고객 및 기타 이해관계자가 주지할 수 있도록 공개 한다.
2) 접근성
불만처리 프로세스는 모든 불만제기자가 쉽게 접근할 수 있도록 설계한다. 불만제기와 불만해결 세부사항에 관한 정보는 이용이 가능하도록 한다. 불만처리 프로세스와 지원 정보는 쉽게 이해되고 활용될 수 있도록 한다. 정보는 분명한 언어로 표현한다. 큰 활자체, 점자체 또는 오디오테이프와 같은 대안방법 등의 활용을 포함하여 제안 또는 제공된 제품에 사용된 언어 또는 형식에서 불만제기에 관한 정보 및 보조물을 이용할 수 있도록 하여 불만제기자에게 불이익이 발생하지 않도록 한다.

3) 대응성

각 불만이 접수되면 즉시, 해당 불만제기자에게 접수여부를 알려야 한다. 불만은 긴급성에 따라 신속히 처리한다. 예를 들면, 건강 및 안전에 대한 중대한 사안은 즉각 처리한다. 불만처리 진행 상황은 불만제기자에게 지속적으로 알린다.

4) 객관성

각각의 불만은 불만처리 프로세스를 통해 공정하고 객관적이며 편견 없는 방식으로 처리한다.

5) 비용

불만처리 프로세스는 불만제기자가 무료로 이용하도록 한다.

6) 기밀성

불만제기자와 관련된 개인 정보는 조직 내 불만처리 목적에 필요한 경우에만 이용한다. 고객 또는 불만제기자가 정보 공개에 대하여 동의하지 않는 한, 공개되지 않도록 보호하여야 한다.

7) 고객중심 접근방법

조직은 고객중심 접근방식을 채택하고 불만을 포함한 피드백을 긍정적으로 받아들이며 조치를 통하여 불만을 해결하려는 의지를 보여주어야 한다.

8) 책임

불만처리와 관련된 조직의 조치 및 결정과 이에 대한 보고의 책임이 명확히 수립됨을 보장한다.

9) 지속적 개선

불만처리 프로세스와 제품의 품질에 대한 지속적인 개선을 실시한다.

5.2 불만처리 프로세스

5.2.1 일반사항

모든 고객불만에 대한 사항은 <그림 1>과 같은 프로세스로 처리하여야 한다.

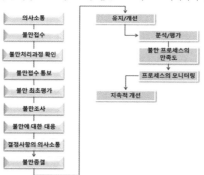

그림 1 - 고객불만처리 프로세스

5.2.2 의사소통

1) 해당 부서장은 소책자, 팜플릿 또는 전자 매체를 통하여 불만처리 프로세스 관련 정보를 고객, 불만제기자 및 기타 이해관계자가 쉽게 이용할 있도록 만들어야 한다.

2) 이러한 정보는 분명한 언어로 표현되고 합당한 범위까지 모두가 이용할 수 있는 형태로 제공되어, 불만제기자가 불이익을 당하지 않도록 하여야 한다. 이러한 정보의 보기는 다음과 같다.

- 어디에서 불만사항이 발생하였는지
- 어떻게 불만사항이 발생하였는지
- 불만제기자가 제공한 정보
- 불만처리 프로세스
- 프로세스 내 여러 단계별 소요 시간
- 해결책(외부 수단도 포함)에 대한 불만제기자의 선택사항
- 불만제기자가 불만처리 진행상황에 관한 피드백을 얻는 방법

5.2.3 불만접수

1) 해당 부서장은 고객 불만을 접수하면, 즉시 고유 식별 코드를 부여하고 불만 및 관련 정보를 고객불만처리대장 양식에 기록하여야 한다.

2) 고객불만처리대장에는 불만제기자가 바라는 해결책과 다음 사항을 포함하여 불만사항의 효과적인 처리에 필요한 모든 기타 정보를 기록하여야 한다.

- 불만 및 관련 보조 데이터에 대한 기술
- 요구된 해결책
- 불만이 제기된 제품 또는 조직의 관련 사례
- 대응 예정일
- 사람, 부서, 지사, 조직 및 세분시장에 관한 데이터
- 바로 취해진 조치(해당되는 경우)

5.2.4 불만처리 과정 확인

1) 해당 부서장은 불만의 최초 접수부터 불만제기자가 만족하거나 최종 결정이 내려질 때까지 그 과정을 확인하여야 한다.

2) 해당 부서장은 고객이 불만처리 진행상황을 요청하는 경우, 정기적으로 또는 최소한 사전에 설정된 기한 내에 불만제기자가 이용할 수 있도록 하여야 한다.

5.2.5 불만접수의 통보

해당 부서장은 불만을 접수한 경우, 접수 사실을 우편, 전화 또는 전자우편 등을 통해 불만제기자에게 즉시 통보하여야 한다.

5.2.6 불만에 대한 최초평가

해당 부서장은 불만을 접수한 후, 각 불만의 심각성, 안전 관계, 복잡성, 영향 그리고 즉각적 조치의 필요성 및 가능성 등의 기준에 의거하여 평가하여야 한다.

5.2.7 불만 조사

1) 해당 부서장은 불만과 관련된 모든 상황과 정보를 최대한의 노력을 기울여 조사하여야 한다.
2) 조사 수준은 불만의 중대성, 발생빈도 및 심각성에 비례하여야 한다.

5.2.8 불만에 대한 대응

1) 해당 부서장은 적절한 조사 후, 고객에게 문제의 시정, 향후 재발방지와 같은 대응책을 제안하여야 한다.
2) 불만에 대한 대응책은 다음을 포함한다.
   - 환불
   - 교환
   - 수리/재작업
   - 대체
   - 기술 지원
   - 정보
   - 의뢰
   - 재정 지원
   - 기타 지원
   - 보상
   - 사과
   - 감사선물 또는 기념품
   - 불만이 제기된 제품, 프로세스, 방침 또는 절차의 변경 안내
3) 고려사항에는 다음이 포함될 수 있다.
   - 불만의 모든 측면을 다룸
   - 해당하는 경우 후속조치
   - 불만제기자와 동일한 상황에 있었지만 공식적인 불만을 제기하지 않는 자에게 해결책의 제공 여부
   - 다양한 대응조치에 대한 권한의 수준
   - 관련 인원에게 해당 정보의 배포
4) 해당 부서장은 고객 불만이 즉시 해결될 수 없다면, 가능한 빠른 시일 내에 효과적인 해결을 이끌어 낼 수 있는 방법으로 처리하여야 한다.

5.2.9 결정사항 의사소통

해당 부서장은 고객 불만에 대하여 취해진 조치 또는 결정사항은 바로 불만제기자 또는 해당 관련 인원에게 의사소통하여야 한다.

5.2.10 불만 종결

1) 해당 부서장은 불만제기자가 취해진 조치 또는 결정사항을 받아들인 경우, 이를 수행하고 기록 하여야 한다.
2) 불만제기자가 취해진 조치 또는 결정사항을 거절한 경우, 불만은 미결된 상태로 유지한다. 이러 한 미결 사항은 기록하고 불만제기자에게는 이용 가능한 내부 및 외부적 대안을 알려야 한다.
3) 해당 부서장은 불만제기자가 만족할 때까지, 내부 또는 외부적으로 합당하게 선택할 수 있는 모든 방법을 동원하고 불만의 진행상황을 지속적으로 모니터링을 하여야 한다.

5.2.11 분쟁 해결

1) 해당 부시경은 조직의 모든 가능한 방법에노 불구하고 불만이 해결되지 않은 경우에는 화해, 조 정, 중재 등의 사법상의 대안적인 분쟁 해결방식(Alternative Dispute Resolution, ADR)으로 불 만을 처리하여야 한다.
2) 해당 부서장은 불만고객이 회사의 해결 노력에도 불구하고, 법적소송 등의 회사에서 정한 절차 이외의 방법으로 해결하고자 할 경우, 경영책임자의 승인을 득하여 변호사 등 법적대리인을 선 임할 수 있다.

5.2.12 시정 및 예방조치

1) 담당자는 고객불만 처리결과, 시정 및 예방조치가 필요하다고 판단되는 경우, 해당 부서장에게 시정 및 예방조치 내용을 통보하여야 한다.
2) 해당 부서장은 시정 및 예방조치절차에 따라 시정 및 예방조치를 실시하고 그 결과를 담당자 에게 통보하여야 한다.

5.2.13 사후관리

1) 담당자는 고객불만 처리과정에서 제기된 문제점을 지속적으로 관리하고 재발 방지를 위해 종사자 의 교육 훈련, 프로세스 개선, 경영검토 등에 반영하여야 한다.
2) 내부심사 주관부서장은 매년 실시되는 정기 내부심사를 통해, 접수된 모든 분쟁 및 불만사항에 대 한 처리결과, 시정 및 예방조치의 유효성에 대하여 확인하여야 한다.
3) 고객불만 처리 관련 서류는 기록관리절차에 따라 품질관리부서에서 관리하여야 한다.

6 관련 표준
 1) 표준관리절차
 2) 기록관리절차
 3) 시정 및 예방조치절차
 4) 개선활동절차
 5) 교육훈련절차
 6) 경영검토절차
 7) 품질경영추진절차

7 관련 양식
 1) 고객불만처리대장

부속서 A(참고) 고객불만처리 및 개선활동 체계표

표준산업	절　　차	
	고객불만처리	

고객불만처리대장

년　　월　　일

결재	작 성	검 토	검 토	승 인

접 수 번 호		불만 제기자	현장 또는 판매 장소	
발 생 일 자			제기자	
품　　　　명			전화번호	
표 준 및 종 류		제조로트 NO		
납 품 수 량		불만 수량		

불만 내용	
	작성자 :　　　　　　　인

불만 최초 평가	불만의 실제적 및 잠재적 영향에 대한 범위와 심각성 평가			
	심 각 성			
	복 잡 성			
	영　　향			
	즉각적인 조치의 필요성		예 □　　아니오 □	
	즉각적인 조치의 실행 가능성		예 □　　아니오 □	
	보 상 가능성		예 □　　아니오 □	

발생 원인	
	작성자 :　　　　　　　인

취해진 조치	□ 교환　　□ 반품　　□ 수리/재작업 후 인도　　□ 보상　　□사과　　□ 기타 조치

재발 방지 대책	
	작성자 :　　　　　　　인

처리 결과	
	작성자 :　　　　　　　인

불만 처리 과정	취해진 조치	일　　자	성　　명	비　　용
	불만/피해 제기자에게 접수통보			
	불만/피해 최초 평가			
	발생원인 조사			
	불만/피해 해결(조치)			
	재발방지대책 수립			
	불만/피해 종료			
	계			원

SF-0100-01

부속서 A

(참고)

고객불만처리 및 개선활동 체계표

A.1 개요

이 부속서는 고객불만처리 및 개선활동 순서에 따른 확인사항, 확인서류 등에 사례를 제시한다.

A.2 고객불만처리 체계표

순서	내용	확인서류	확인내용	담당자
불만 제기	불만고객, 불만내용	전화, 매일 등	인적사항, 불만내용, 품명, 모델명, 로트번호, 제조일자, 판매처 등	불만 제기자
불만 접수	불만고객, 불만내용	판매대장, 출고일자	로트번호, 제조일자, QC통보	접수 담당
불만 확인 통보	제조일자, 생산기호	불만처리전표, 작업일지	불만내용, 현물확인여부 판단	품질 담당
현물 확인	방문 등을 통해 정확한 상태확인	인적사항	고장현상확인 (오취급, 오사용, 마모, 미 교환)	품질, AS담당
처리안 결정	교환, 변상, 수리, 부품교환 등	현물, 작동상태, 사용상태	유상, 무상결정 (보증기간고려)	품질, 영업 팀장
고객 불만 처리	교환, 변상, 수리, 부품교환 등	불만현상애 따라 정상작동여부확인	처리만족도 조사 원인조사 장시간 소요 시 고객처리 우선(고객요구 시) 대책서, 발표회	품질, AS담당

A.3 고객불만에 대한 개선활동 체계표

순서	내용	확인서류	확인내용	담당자
원인 파악	재조일자	작업일지, 공정관리일지	정상작업 작업조건관리확인	생산, QC담당
	제품품질	제품검사성적서	검사결과 이상, 특채여부	QC담당
	생산라인(공정)확인	(공정로트추적에 의한)공정작업일지	정상작업, 작업자 작업조건관리확인	생산, QC담당

		작업일지 중간검사성적서	사용반제품 전 공정로트 반제품 품질확인(이상, 특채)	
	투입자재 상태확인	입고대장 수입검사성적서 불출대장	사용 로트 번호, 투입일자, 납품자, 자재품질상태(이상, 특채)	자재, QC담당
대책 수립	근본원인에 대한 재발방지 대책수립	특성요인도, 계통도	자재: 납품자 대책수립요구 　　　납품자 변경, 소재변경 설계: 설계변경, 취급설명서 　　　보완 공정: 공정조건변경, 공법변경 설비: 정비강화, 개·보수 신설비 　　　고려 사람: 기능향상, 교체	전부서 장 TFT
대책 실시	채택 안 실시계획수립 및 실시	개선계획서	진도관리, 관련부서 협조	주관·관 련 부서 팀장
결과 확인	개선결과 검증	개선보고서		QC팀장
불만 분석	주기적 분석(월, 분기)	불만대장, 처리전표	처리비용(건수, 출장비, 교환부품비, 처리비) 경향, 목표달설 여부 확인 주기적 보고, 회의	QC팀장

표준산업	절 차	표준번호 : SF-0200
	제품구매정보관리	페 이 지 : 1/20

1 적용범위

이 절차는 제품의 구매정보(카탈로그) 및 제품사용설명서 등의 제품정보관리에 대하여 규정한다.

2 목적

고객이 제품을 구매하기 전에 제품과 관련된 정보를 제공하여 고객이 올바른 선택을 할 수 있도록 하고, 제품을 구입한 후에는 오용을 방지하고 올바르게 사용하도록 하는데 있다.

3 인용표준

다음의 인용표준은 이 표준의 적용을 위해 필수적이다. 발행연도가 표기된 인용표준은 인용된 판만을 적용한다. 발행연도가 표기되지 않은 인용표준은 최신판(모든 추록을 포함)을 적용한다.

KS A ISO/IEC GUIDE 14(소비자를 위한 상품 및 서비스의 구매 정보에 대한 지침)

KS A ISO/IEC Guide 37(소비자 제품의 사용 설명서에 대한 지침)

KS S ISO 7010(그래픽 심볼-안전색 및 안전표지-등록된 안전표지)

KS S ISO 3864-1(그림표지-안전색 및 안전표지-제1부: 안전표지 및 안전표시의 도안 원칙)

KS S ISO 3864-2(그래픽 심벌-안전색 및 안전표지-제2부: 제품안전라벨의 디자인 원칙)

KS S ISO 3864-3(제품안전라벨과 디자인 원칙, 그래픽 심벌-안전색 및 안전표지-제3부: 안전표지용 그래픽 심벌 디자인 원칙)

KS S ISO 7001 (그래픽 심볼-공공 안내 심볼)

KS T 0008(위험물취급 주의표지)

KS A ISO/IEC Guide 50 : 2003(안전측면-어린이 안전을 위한 지침)

KS A 5561-2(고령자 및 장애인 배려 설계지침 - 제2부 : 소비생활제품의 조작성)

4 용어와 정의

이 표준의 목적을 위하여 다음의 용어와 정의를 적용한다.

4.1
구매정보(purchase information)
제품 또는 서비스를 구매하기 전, 선택하는 데 도움을 주는 정보

4.2
제품사용설명서(Instructions for use of products)
제품과 관련하여 제공하는 모든 정보

4.3
시공설명서
제품의 시공절차에 대한 정보

4.4
경고(warning)
만약 피하지 않으면 중상이나 사망을 초래할 수 있는 잠재 위험 상황을 나타내는 데 사용되는 신호
문자

4.5
경고 표지(warning sign)
특정한 잠재적 위험을 나타내는 안전표지

4.6
위해도 패널(hazard severity panel)
혼합 또는 복합제품안전라벨에서 위해성과 관련된 위험성의 분류를 나타내는 영역

4.7
라벨(label)
제품에 부착되어, 하나 이상의 제품 특성과 관련된 정보를 보여 주는 항목

4.8
제품안전 라벨(product safety label)
제품의 잠재 위해성을 제품에 표시하여, 사용자가 위해를 주의하도록 하는 그림표지

4.9
혼합제품안전 라벨(combination product safety label)
제품안전표지와(또는) 보조안전정보 및/또는 위해도 패널이 한 직사각형에 혼합되어 있는 것

4.10
복합제품안전라벨(multiple product safety label)
하나의 직사각형에 두 개 이상의 안전표지(보조안전정보나 위해도 패널 등)가 있는 제품안전라벨

4.11
신호문자(signal word)
제품안전라벨의 주의를 끌며 위험을 명시하는 낱말

4.12
보조안전정보 패널(supplementary safety information panel)
보조로 설명하는 것이 주된 목적인 안전정보나 안전정보 그림기호

4.13
의도된 사용
제품, 공정 또는 서비스 등을 공급자가 제공한 정보에 따라 사용하는 것

4.14
예상 가능한 오용
공급자가 의도하지 않는 방법으로 제품, 공정 또는 서비스를 사용하는 것

5 책임과 권한

5.1 경영책임자
1) 제품정보 승인
2) 제품정보 제·개정 승인

5.2 마케팅부장
1) 제품정보 관리 총괄
2) 제품정보 작성 및 개정

6 업무절차

6.1 구매정보(카탈로그)

6.1.1 일반원칙
1) 구매정보(카탈로그)는 제품별로 작성해야 한다. 동일제품군의 구매정보를 통합하여 작성할 때
   에는 등급 또는 종류별로 품질특성, 성능 등을 명확히 하여야 한다.
2) 구매정보(카탈로그)는 제품이 판매되는 해당 국가의 언어 표현으로 단순하고 쉽게 이해할 수
   있게 구성해야 하며, 기술적인 용어의 사용은 최소한도로 제한해야 한다.
3) 구매자가 이해할 수 있는 쉬운 언어로 정보를 제공해야 한다.
4) 제품·서비스의 특정 용어는 설명되어야 한다.
5) 용어 및 언어는 쉽고 일반적인 단어와 용어를 사용하여야 한다.
6) 제품에 대한 정보는 등급 또는 분류방식으로 관련 정보를 단순한 방식으로 제공해야 한다.
7) 사진, 그림, 기호, 축척 및 표를 활용할 때에는 그 메시지가 명백해야 한다.
8) 구매정보(카탈로그)에 인용되는 픽토그램은 KS S ISO 7001 (그래픽 심볼-공공 안내 심볼)
   등 관련 표준에 적합하여야 하며, 안전경고를 전달하기 위하여 그림문자만 단독으로 사용하여서는
   안 된다. 안전경고 방법은 본 절차서 6.2.2 경고표지 및 6.2.3 제품안전라벨 활용 원칙에 따른다.

9) 구매정보(카탈로그)에 도해를 활용할 때에는 본 절차서 6.2.4 도해활용 방법에 따른다.
10) 구매정보(카탈로그)는 제품 선전을 위한 광고 및 판촉자료와 명확히 구별되어야 한다.
11) 포괄적인 최소항목을 포함하여야 한다.
12) 구매정보(카탈로그)는 다음과 같아서는 안 된다.
- 혼란을 일으키거나 속임이 있어서는 안 된다.
- 오해를 주어서는 안 된다.

6.1.2 구매정보(카탈로그) 작성 및 활용
1) 구매정보관리담당자는 제품별로 구매정보(카탈로그)를 KS A ISO/IEC GUIDE 14(소비자를 위한 상품 및 서비스의 구매 정보에 대한 지침)에 따라 작성하고 관리하여야 한다.
2) 구매정보(카탈로그)는 해당되는 경우, 다음의 최소항목을 포함하여 작성하여야 한다.
- 제품 또는 서비스의 식별
- 제품이 제조 또는 조립된 국가
- 제조자 또는 공급자의 주소 및 성명
- 사용 조건 및 사용 제한 사항
- 필수적인 성능 특성
- 내용물, 성능, 원료 또는 크기와 같은 제품 특성
- 유지 보전 및 청소에 관한 정보
- 예비 또는 대체 부품에 대한 정보 및 이들 부품 입수 방법
- 예를 들면 방호장치와 같이 특정 환경에서 이용할 수 있는 추가부품에 대한 정보
- 알려진 위험 및 위험성을 포함한 안전 관련 사항
- 보증 및 보증서
- 불만·불평 처리 절차
- 잔여 위험성
- 특수(전문) 설치에 대한 필요성
- 주기적인 수수료, 서비스 비용, 예약금, 관련 비용, 세금과 같은 추가 비용을 포함한 제품의 총 가격
- 자원 소비, 예를 들면 사용에 필요한 에너지
- 환경적 이슈(IEC Guide 109 및 ISO Guide 64 참조)
3) 영업·마케팅 관련부서의 담당자는 고객이 당사의 제품을 구매하기 전에 객관적인 정보를 즉시 이용할 수 있도록 구매정보(카탈로그)를 제공하여야 한다.
4) 구매정보관리담당자는 구매정보(카탈로그)를 작성 또는 수정한 경우에는 구매정보(카탈로그)/제품사용설명서 평가표(부속서 B 참조)에 따라 진단을 실시하고 관련 기록을 유지하여야 한다.

6.2 제품사용설명서

6.2.1 일반원칙
1) 제품사용설명서는 사용자에게 인도되는 제품의 일부분이자 종합적인 부분으로, 제품의 올바른 사용을 증진해야 한다.
2) 제품사용설명서는 다음과 같아야 한다.
   - 제품을 명확하게 확인한다.
   - 사용자(일반인, 어린이, 장애인, 노약자 등)의 유형과 능력을 파악한다.
   - 필요하다면 제품의 의도된 사용법(제품, 공정, 서비스 등을 공급자가 제공 한 정보에 따라 사용하는 것)이 무엇인지 정의한다.
   - 제품을 올바르고 안전하게 사용하며 서비스하고 보전하는 데 필요한 모든 정보를 포함한다.
3) 제품사용설명서는 가능한 한 단순하고 간결해야 하며, 비전문가도 쉽게 이해할 수 있어야 한다. 불가피하게 기술적 용어를 사용해야 한다면 그 의미가 설명되어야 하며, 정보는 일관성 있는 용어와 단위로 표현되어야 한다.
4) 한 문장은 통상 단 하나의 명령 또는 밀접하게 관련된 몇 가지 명령만을 포함해야 한다. 의미를 명확하게 전달하기 위하여 다음 사항을 준수해야 한다.
   - 수동태보다는 능동태를 사용한다.
   - 명령을 전달할 때 약한 형태보다는 단정적인 형태로 표현한다.
   - 추상적 명사보다는 행위동사를 사용한다.
   - 사용자가 수행해야 하는 사항을 열거하기보다는 사용자에게 직접 말한다.

다음의 <표 1>은 견실한 문장 표현 방법이다.

표 1 - 견실한 문장표현 방법

제안사항	좋은 예	나쁜 예
능동태를 사용한다.	전원을 끄시오.	전원이 꺼져 있는 것을 확인하시오.
행위동사를 사용한다 - 동사로부터 파생된 명사를 사용하지 않는다.	사용하시오, 보전하시오, 피하시오.	사용, 보전, 회피.
명확히 단정적으로 주장한다.	탭(tab)을 제거하지 마시오.	탭(tab)이 제거되어서는 안 됩니다.
	배선하기 전에 전원을 끄시오.	배선하기 전에 전원이 꺼져 있는 것을 확인하시오.
지나치게 장황하지 않게 한다.	녹색 전선을 녹색 육각 스크류에 접속하시오.	접지 접속을 위해, 접지용 녹색 전선을 접지 접속용 녹색 육각 스크류에 연결하시오.
인칭대명사를 사용한다.	검은 레버를 당신 쪽으로 당기시오.	사용자는 기계 쪽으로부터 검은 레버를 당기시오.

	저희들은 당신으로부터의 비평을 환영합니다.	사용자들의 비평은 환영받을 것입니다.
같은 개념은 같은 형식으로 표현한다.	빨간 도선을 응력 릴리프 노치(strain relief notch)에 2회 둘러 감으시오. 검은 도선은 응력 릴리프 노치에 1회 둘러 감으시오.	빨간 도선을 응력 릴리프 노치(strain relief notch)에 1회 둘러 감으시오. 거기에 1회 둘러 감아 검은 도선을 노치에 연결시키시오.
비유적 표현이나 장식적 표현을 피한다.	병의 뚜껑은 수평으로 맞추시오.	용기의 최상부 표면이 경사지게 맞춰지는 일이 없도록 조정하시오.
명확성을 희생시키지 않는다.	뚜껑을 놓을 때에는, 뚜껑과 바닥의 경첩이 일렬이 되도록 맞추시오.	본체 상부는, 뒤에서 보았을 때 양쪽의 경첩기구가 일렬이 되도록 방향을 맞추시오.

5) 제품사용설명서에 인용되는 픽토그램은 KS S ISO 7001 (그래픽 심볼 - 공공 안내 심볼) 등 관련 표준에 적합하여야 하며, 안전경고를 전달하기 위하여 그림문자만 단독으로 사용하여서는 안된다. 안전경고 방법은 본 절차서 6.2.2 경고표지 및 6.2.3 제품안전라벨 활용 원칙에 따른다.

6) 제품사용설명서에 도해를 활용할 때에는 본 절차서 6.2.4 도해활용 방법에 따른다.

6.2.2 경고표시

1) 경고표시는 눈에 띄게 더 큰 활자, 다른 활자체, 색채 등을 통해 강조되어야 한다.

2) 경고에 대한 메시지는 사용자가 문제를 일으킬 것 같은 지점에서 반복하여야 한다.

3) 제품사용설명서에는 다음과 같은 제품의 위험성에 대한 경고내용을 포함하여야 한다.
- 제품이 본질적으로 지닌 위험성
- 올바른 방법으로 사용했을 때의 위험성
- 합리적으로 예상 가능한 오용을 했을 때의 위험성

4) 제품의 위험성에 대한 경고표시는 다음과 같은 세 가지 방법으로 할 수 있다.
- 제품 또는 제품설명서에 라벨을 붙이는 방법
- 제품사용설명서 내에 독립된 항목으로 문장이나 선화를 기재하는 방법
- 제품사용설명서 전체에 강조된 메시지를 배치하는 방법

5) 경고표시를 구성하고 디자인할 때 고려해야 할 사항은 다음과 같다.
- 본문이나 도해는 필수적인 것들로 제한한다.
- 경고표시의 위치와 내용, 스타일은 눈에 띄기 쉬운 것으로 한다.
- 제품을 사용하던 중 위험에 직면했을 때, 사용자든 다른 사람이든 바로 그 위치에서 적시에 경고표시를 볼 수 있는지 확인한다.
- 위험의 특성(적절하다면, 위험의 원인)을 설명한다.
- 무엇을 해야 하는지 명확한 지침을 제공한다.

- 무엇을 피해야 하는지 명확한 지침을 제공한다.
- 명확한 언어와 회화적 기호, 도해를 사용한다.
- 경고와 오보(false alarm)가 지나치게 자주 반복되면 경보에 필요한 효과는 줄어든다는 것을 명심한다.

6.2.3 제품안전라벨 활용 방법
1) 제품의 안전경고에 관해서 서술할 때에는 사용자의 주의가 제품안전라벨에 끌리도록 해야 한다.
2) 제품안전라벨을 사용할 때에는 <표 2>와 같이 위중함에 따른 계층적 구조를 사용해야 한다.

표 2 - 위해도 패널의 의미와 사용방법

패널의 바탕색	신호문자	의미/사용	위해도 패널 보기
빨강	하양	위험은 위험도가 높음을 표시 피하지 못할 경우 사망 또는 중상을 이를 수 있음	⚠ 위 험
주황	검정	경고는 위험도가 중간 정도임을 표시 피하지 못할 경우 사망 또는 중상에 이를 수 있음	⚠ 경 고
노랑	검정	주의는 위험도가 낮음을 표시 피하지 못할 경우 상해를 입을 수 있음	⚠ 주 의

3) 제품안전라벨은 제품에 따라 1개 또는 2개 이상의 안전표지를 혼합해서 사용한다. 제품안전 라벨은 다음과 같이 보조안전정보 패널과 위해도 패널을 함께 다양하게 사용할 수 있다.
(1) 보조안전 정보문구패널 사용
제품안전라벨에는 안전표지의 의미를 명확히 하기 위해 추가 정보를 담은 보조안전정보 패널을 사용할 수 있다. 보조안전정보 패널은 <그림 1>과 같은 직사각형 모양으로, 안전표지의 아래 또는 측면에 배치해야 한다.

그림 1 - 보조안전 정보문구패널 사용 레이아웃

보조안전정보문구 패널을 사용한 제품안전라벨의 보기는 <그림 2>와 같다.

그림 2 - 보조안전정보문구 패널을 사용한 제품안전라벨

(2) 보조안전정보문구 패널 및 위해도 패널 사용

제품안전라벨은 안전표지의 의미를 명확히 하는 보조안전정보 패널과 위해도 패널을 함께 사용할 수 있다. 보조안전정보문구 패널과 위해도 패널을 함께 사용한 제품안전라벨의 레이아웃은 <그림 3>과 같아야 한다.

그림 3 - 보조안전 정보문구 패널 및 위해도 패널 사용 레이아웃

보조안전정보문구 패널과 위해도 패널을 함께 사용한 제품안전라벨의 보기는 <그림 4>와 같다.

그림 4 - 보조안전정보문구 패널과 위해도 패널을 함께 사용한 제품안전라벨

(3) 위해도 패널을 포함하지 않은 혼합 제품안전라벨

혼합 제품안전라벨은 안전표지와 보조 안전 정보를 하나의 직사각형 안에 합친 것으로, 이때 보조안전정보는 문구 또는 그림기호로 나타낸다. 혼합 제품안전라벨에서 안전표지와 보조안전 정보패널은 검정색의 경계선을 사용해 구별하며, 혼합 제품안전라벨에서 보조안전정보는 안전 표지의 아래나 옆에 배치해야 한다. 위해도 패널이 포함되지 않은 혼합 제품 안전라벨의 레이아웃은 <그림 5>와 같아야 한다.

그림 5 - 위해도 패널을 포함하지 않은 혼합 제품안전라벨 레이아웃

위해도 패널이 포함되지 않은 혼합 제품안전라벨의 보기는 <그림 6>과 같다.

그림 6 - 위해도 패널이 포함되지 않은 혼합 제품안전라벨

(4) 위해도 패널이 포함된 혼합 제품안전라벨

위해도 패널이 포함된 혼합 제품안전라벨에서 위해도 패널은 세로형 라벨에서는 상단에 배치하고, 수평형 라벨에서는 보조안전정보의 상단에 배치해야 한다. 혼합 제품안전라벨에서는 안전표지와 보조안전정보 패널, 위해도 패널을 구별하는 데 검정색 경계선을 사용한다.

위해도 패널이 포함된 혼합 제품안전라벨의 레이아웃은 <그림 7>과 같아야 한다.

그림 7 - 위해도 패널이 포함된 혼합 제품안전라벨의 레이아웃

위해도 패널이 포함된 혼합 제품안전라벨의 보기는 <그림 8>과 같다.

그림 8 - 위해도 패널이 포함된 혼합 제품안전라벨

(5) 위해도 패널이 포함되지 않은 복합 제품안전라벨

복합 제품안전라벨은 2개 또는 그 이상의 안전표지와 보조안전정보 패널을 하나의 직사각형 라벨에 포함한 것이다. 복합 제품안전라벨에서는 안전표지와 보조안전정보 패널을 구별하는 데 검정 경계선을 사용해야 한다. 위해도 패널이 포함되지 않은 복합 제품안전라벨의 레이아웃은 <그림 9>와 같아야 한다.

그림 9 - 위해도 패널이 포함되지 않은 복합 제품안전라벨의 레이아웃

위해도 패널이 포함되지 않은 복합 제품안전라벨의 보기는 <그림 10>과 같다.

그림 10 - 위해도 패널이 포함되지 않은 복합 제품안전라벨

(6) 위해도 패널이 포함된 복합 제품안전라벨

복합 제품안전라벨과 혼합 제품안전라벨에서 위해도 패널의 사용은 선택사항이다. 만약 위해도 패널을 사용한다면, 신호문자는 관련된 잔류 위험을 고려한 다음 선택해 사용한다. 복합 제품 안전라벨에서 위험도가 각기 다른 여러 가지 위해를 표시하는 경우에는 가장 높은 위험도를 나타내는 신호문자를 사용해야 한다. 복합 제품안전라벨에서 안전표지, 보조안전정보 패널, 위해도 패널을 구별하는 데에는 검정 경계선을 사용해야 한다. 복합 제품안전라벨은 다양하게 표시할 수 있으므로, 제품과 제품사용자에게 가장 적합한 형태를 선택해야 한다. 위해도 패널이 포함된 복합 제품안전라벨의 레이아웃은 <그림 11>과 같아야 한다.

그림 11 - 위해도 패널이 포함된 복합 제품안전라벨의 레이아웃

위해도 패널이 포함된 복합 제품안전라벨의 보기는 <그림 12>와 같다.

그림 12 - 위해도 패널이 포함된 복합 제품안전라벨

6.2.4 도해활용 방법

　1) 제품사용설명서의 명확한 특정 정보제공을 위하여 도해를 활용할 수 있다.

　2) 도해는 본문 가까이에 배치하여야 한다.

　3) 설명이 필요한 사항을 정확히 보여줄 때에는 <그림 13>과 같은 선화를 사용한다.

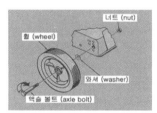

그림 13 - 선화

　4) 실제로 사용하는 제품 자체를 보여주고자 할 때에는 <그림 14>와 같은 사진을 사용한다.

그림 14 - 사진

　5) 제품의 구조를 설명할 때에는 <그림 15>와 같은 절취도를 사용한다.

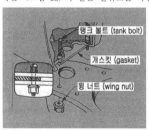

그림 15 - 절취도

6) 사용자에게 특정 부품의 집합이 어떻게 조립되어 있는지를 보여줄 때는 <그림 16>과 같은 분해입체도를 사용한다.

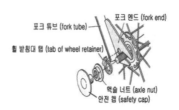

그림 16 - 분해입체도

7) 사용법이 매우 복잡하고 어려운 경우에는 <그림 17>과 같은 단계도를 사용한다.

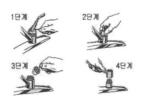

그림 17 - 단계도

8) 특정한 운용 순서가 필요하다면 흐름도를 사용한다.

6.2.5 제품사용설명서 작성 및 관리
  1) 제품사용설명서 작성담당자는 올바르고 안전한 제품 사용방법에 대한 정보를 사용자에게 제공할 수 있도록 제품사용설명서를 KS A ISO/IEC Guide 37(소비자 제품의 사용 설명서에 대한 지침)에 따라 제품의 특성에 맞게 작성하여야 한다.
  2) 제품사용설명서는 해당되는 경우, 다음 사항을 포함하여 작성해야 한다.
    • 조립 및 설치
      - 각 조립단계에서 제품의 주요 부품을 명시한 선화와 사진

- 조립 및 설치를 하는데 필요한 재료와 공구를 나열 및 준비 내용
- 포장을 개봉하는 순서
- 금지사항
* 사용방법 및 안전사항
* 보수 관리 및 보관
* 증상, 원인, 조치방법 등의 고장대책
* 제품의 폐기방법 등

3) 담당실무자는 제품사용설명서 작성 전 혹은 작성 도중에 제품사용설명서 작성 점검표(부속서 A 참조)에 따라, 제품사용설명서의 모든 구성요소가 누락되지 않도록 하여야 한다.

4) 해당 실무자는 제품이 출하될 때, 제품사용설명서를 제품에 부착 또는 별도의 부속물의 형태로 고객에게 제공하여야 한다.

5) 담당자는 제품사용설명서를 작성 또는 수정한 경우에는 구매정보(카탈로그), 제품사용설명서 평가표(부속서 B 참조)에 따라 진단을 실시하고 관련 기록을 유지하여야 한다.

6.3 사후관리

카탈로그와 제품사용설명서를 체크리스트에 따라 평가한 결과는 개선활동에 반영한다.

7 관련표준

1) 사내표준관리절차
2) 기록관리절차

부속서 A(규정) 제품사용설명서 작성 점검표
부속서 B(규정) 구매정보(카탈로그)/제품사용설명서 평가표

부속서 A
(규정)
제품사용설명서 작성 점검표

A.1 일반사항

본 부속서는 제품사용설명서의 작성 전 혹은 작성 도중에 KS A ISO/IEC GUIDE 14 및 37에서 규정한 필요사항을 누락되지 않도록 제품사용서의 본문에 확실하게 반영하기 위한 것이다.

A.2 작성 전에 확인해야 할 사항
 A.2.1 대상독자는
  - 글을 읽을 수 있는가 (어느 정도 독해할 수 있는가)
  - 영어를 읽을 수 있는가
  - 청각, 시각, 혹은 신체에 장애가 있는 사람인가
  - 판매업자인가, 일반인인가
  - 노인, 젊은이, 중년인가 아니면, 모든 연령의 사람인가.
 A.2.2 제품은
  - 위험성이 있는가
   ① 본질적인 위험인가
   ② 오용의 경우에만 위험한가
   ③ 통상 사용하고 있는 경우에도 잠재적인 위험이 있는가
  - 안전성이나 사용의 간편성을 위하여 설계변경이 필요한가
  - 융통성이 있는가. 청각, 시각, 신체에 장애가 있는 사람이 제품을 사용하는 것을 배려하고 있는가.
 A.2.3 설명서
  - 설명서의 주요 목적(경고, 손질, 폐기, 설치 등)은 무엇인가.
  - 제작 예산은 얼마인가
  - 설명에 가장 적합한 매체(라벨, 소책자, 전단, 카드의 뒷면, 비디오 테이프, 카셋트 테이프 등)는 무엇인가
 A.2.4 확인사항
  - 예상되는 제품의 사용방법 및 오용
  - 오용의 결과
  - 제품에 적용되는 표준.

A.3 작성 전, 작성 도중 본문의 확인 및 점검사항
 A.3.1 기재하여야 할 사항
  - 다음과 같은 항목의 실행을 위한 완벽한 설명

① 조립과 설치
② 손질과 사용
③ 유지관리와 보관
④ 고장대책
⑤ 제품의 안전성
⑥ 제품의 폐기
- 긴급 시, 기술적인 지원을 위한 전화번호.

A.3.2 최적 조합의 결정
- 각 요소의 구성
① 목차
② 색인
③ 용어집
④ 상호참조
⑤ 점검표 (체크리스트)

A.3.3 경고의 요구사항
- 읽기 쉽고 설득력이 있으며, 분명히 인식되는가
- (가능한 한) 제품자체에도 첨부되어, 반복적으로 경고하는가
- 명확함 : 무엇을 해서는 안 되는가. 경고를 무시하면 어떤 일이 발생하는가. 잘못된 상황이 발생하면 무엇을 해야 하는가.

A.4 작성 전이나 작성 중, 문장 작성방식과 문체의 확인 및 점검사항
A.4.1 단어의 사용방식
- 능동태
- 동작을 나타내는 동사
- 인칭대명사
- 명확한 개념과 서술
- 명확한 주장
- 정확하고 정리된 번역.

A.4.2 회피하여야 할 사항
- 지나치게 과장적인 문장
- 장식적이고 불명료한 단어
- 비유적 표현 및 머리문자만의 약어 (acronyms)
- 특수용어 (전문가용은 제외)
- 긴 문장 (30 단어 이상).

A.4.3 표현
- 유사한 개념(내용)은 유사한 형식으로

- 쉬운 표현으로
- 정보는 체계적으로 기재.

A.5 작성 전이나 작성 중, 작성기술과 배치의 확인 및 점검사항
 A.5.1 선택
  - 다음 항목들의 최적 조합을 검토한다.
   ① 도해
   ② 선화
   ③ 사진
   ④ 절취도
   ⑤ 분해입체도
   ⑥ 단계도
 A.5.2 도해의 점검 포인트
  - 설명문 가까이에 배치되어 있는가
  - 문장 중에 참조하도록 명확히 서술하고 있는가
  - 충분히 상세한가
  - 표제가 올바르게 붙어 있는가
  - 축소 혹은 확대되어도 명확한가
  - 정확하고 논리가 유지되는가
 A.5.3 결정하여야 할 사항
  - 페이지의 크기
  - 글자채
  - 글자 크기
  - 색채사용의 여부
  - 종이의 무게, 두께, 질
  - 문서방향 (가로방향, 세로방향)
  - 문장과 도해가 논리적으로 적절히 배치되었는가
 A.5.4 확인하여야 할 사항
  - 중요한 정보를 카드, 라벨, 설명서에 의해 반복적으로 제시하고 있는가
  - 설명매체에 관하여
   ① 내구성이 있는가
   ② 눈에 띄는 곳에 위치되어 있는가
   ③ 읽기 쉬운가
   ④ 재활용할 수 있는가 (선택적).

부속서 B

(규정)

구매정보(카탈로그)/제품사용설명서 평가표

B.1 일반사항

이 평가기준은 ISO/IEC GUIDE 37을 바탕으로 작성하였다. 조직은 이를 근거로 자사의 제품사용설명서를 평가할 수 있다. 평가는 매우 좋음(++), 좋음(+), 나쁨(-), 매우 나쁨(--)으로 표기된 수를 계산하여 요약할 수 있다. (-)보다 (+) 표기가 많다면 제품사용설명서는 이 평가기준을 만족하는 것이다.

B.2 구매정보(카탈로그) 평가표

평가항목	평가기준	평가의견	비고
구매정보(카탈로그)는 KS A ISO/IEC Guide 14 최소항목 요구사항에 충족하는가	① 제품 또는 서비스의 식별을 하고 있는가 ② 제품이 제조 또는 조립된 국가를 기술하고 있는가 ③ 제조자 또는 공급자의 주소 및 성명을 기술하고 있는가 ④ 사용 조건 및 사용 제한 사항을 기술하고 있는가 ⑤ 필수적인 성능 특성을 기술하고 있는가 ⑥ 내용물, 성능, 원료 또는 크기와 같은 제품 특성을 기술하고 있는가 ⑦ 유지 보전 및 청소에 관한 정보를 포함하고 있는가 ⑧ 예비 또는 대체 부품에 대한 정보 및 이들 부품 입수 방법에 대하여 기술하고 있는가 ⑨ 예를 들면, 방호장치와 같이 특정 환경에서 이용할 수 있는 추가부품에 대한 정보를 포함하고 있는가 ⑩ 알려진 위험 및 위험성을 포함한 안전 관련 사항을 기술하고 있는가 ⑪ 보증 및 보증서에 관한 사항을 기술하고 있는가 ⑫ 불만·불평 처리 절차를 기술하고 있는가 ⑬ 잔여 위험성에 대하여 기술하고 있는가 ⑭ 특수(전문) 설치에 대한 필요성을 기술하고 있는가 ⑮ 주기적인 수수료, 서비스 비용, 예약금, 관련 비용, 세금과 같은 추가 비용을 포함한 제품의 총 가격을 제시하고 있는가 ⑯ 자원 소비, 예를 들면 사용에 필요한 에너지에 관한 사항을 기술하고 있는가 ⑰ 환경적 이슈에 관한 사항을 기술하고 있는가		
비 고 평가는 매우 좋음(++), 좋음(+), 나쁨(-), 매우 나쁨(--)으로 표기된 수를 계산하여 요약할 수 있다. (-)보다 (+) 표기가 많다면 구매정보(카탈로그)는 이 평가기준을 만족하는 것이다.			

B.3 제품사용설명서 평가표

평가항목	평가기준	평가 의견	비고
1. 목차	1) 목차의 구성항목에 다음과 같은 사항이 포함되어 있는가 ● 조립과 설치 ● 손질과 사용방법, 사용 시 주의사항 ● 유지관리와 보관 ● 고장대책 ● 제품의 안전성 ● 제품의 폐기방법, 환경적 이슈 ● 색인 ● 용어와 정의		
2. 본문	1) 본문의 내용이 정보전달 원칙에 맞는가 ● 신속한 반응(예를 들면 비상사태에 대한 단순하고 쉬운 사용 　설명서)을 권장하는가 ● 복잡한 기능에 대한 학습 과정이 수립 되었는가 ● '누가, 언제, 어디서, 무엇을, 어떻게, 왜' 육하원칙에 의한 질문 　에 답변되도록 구성 되었는가 2) 단어의 사용방식이 다음과 같은가 ● 능동태인가 ● 동작을 나타내는 동사를 사용하였는가 ● 인칭대명사를 사용하였는가 ● 주장은 명확하고 단정적으로 하였는가 ● 서술된 본문의 개념은 명확한가 ● 문장의 내용이 단순하고 의미가 있는가 ● 문장이 짧은가 ● 한 문장에 한 명령이 포함 되었는가 3) 사용된 용어는 다음과 같은가 ● 잘 설명 되었는가 ● 일관적인가 ● 지나치게 과장된 내용은 아닌가 ● 장식적이고 불명료한 용어를 사용하지 않는가 ● 비유적 표현 및 약어를 사용하지 않는가 ● 특수용어를 사용하지 않는가 ● 30단어 이상 긴 문장으로 구성하지 않았는가 4) 본문의 구조는 다음과 같은가 ● 잘 구성 되었는가 ● 정보전달원칙에 따라 논리적으로 구성 되었는가 ● 기본부터 정교한 작동/기능까지 구성 되었는가 ● 기본 제품과 선택적 단위 구성 사이가 의미 있게 구분되었는가 ● 의미 있는 제목 ● 무의미한 말 회피		

3. 작성기술과 배치	1) 제품에 부착된 라벨의 정보는 다음과 같은가 ● 읽는 거리([2])에 따른 활자 크기([1])는 적절한가 ● 명도 대비([3]) 적절한가 2) 제품과 함께 제공되는 사용설명서는 다음과 같은가 ● 활자 크기([1])는 적절한가 ● 명도 대비([3]) 적절한가 ● 서로 다른 활자체, 크기 등을 사용하였는가 ● 문장과 도해가 논리적으로 적절히 배치 되었는가 ● 색상의 사용은 다음과 같은가 　－ 기능적인가 　－ 명확한가 　－ 일관되는가
4. 경고	1) 경고의 요구사항은 다음과 같은가 ● 읽기 쉽고 설득력이 있으며 분명히 인식되는가 ● 가능한 제품에도 첨부되어 반복적으로 경고하는가 ● 경고의 내용이 다음과 같이 명확한가 　－ 무엇을 해서는 안되는가 　－ 경고를 무시하면 어떤 일이 발생하는가 　－ 잘못된 상황이 발생하면 무엇을 해야 하는가
5. 언어의 표현	1) 언어가 명확히 구분 되었는가 2) 도해와 내용 사이가 명확하게 연계 되었는가 3) 도해에 명확하고 유용한 설명문이 지원 되는가 4) 언어학적 오류는 없는가
6. 도해	1) 명확하고 특정 정보 제공을 위하여 각 정보에 대한 충분한 　수의 도해가 포함 되었는가 2) 설명문 가까이에 배치되어 있는가 3) 명확히 설명되어 정보를 제공하는가 4) 필요한 경우 반복적으로 사용되는가
7. 회화적 기호 (픽토그램)	1) 표준화된 픽토그램을 활용하는가 2) 명확히 설명되었는가
8. 차례/찾아보기	1) 본문의 복잡성 및 길이에 적정한가 2) 명확하고 일관되며 유용한가 3) 유용하다면 핵심어의 목록이 있는가 4) 페이지 번호가 부여되었는가
9. 문제해결 조언	명확하고 유용하며, 안전과 관련하여 해당 내용이 모두 반영 되었는가
10. 내구성	예상된 사용에 따른 손실 및 노후화에 대한 적정한 대비책이 있는가

비 고　평가는 매우 좋음(++) 좋음(+) 및 나쁨(-) 매우 나쁨(--)로 표기된 수를 계산하여 요약할 수 있다.
(-)보다 (+) 표기가 많다면 제품사용설명서는 이 평가기준을 만족하는 것이다.
주([1]) 활자체의 x 높이가 1.5 mm 이하인 경우에는 (-) 또는 (--)으로 등급을 정한다.
　([2]) 제품 자체에 부착된 사용설명서는 서로 다른 위치에 부착되었다면 각각 별도로 평가한다.
　([3]) 명도 대비가 70 % 이하인 경우에는 (-) 또는 (--)으로 등급을 정한다.

표준산업	절 차	표준번호 : SA-1100
	환 경 및 안전관리	페 이 지 : 1/20

1 적용범위

　이 절차는 환경 및 안전관리에 대하여 규정한다.

2 목적

　임직원에게 쾌적한 근무환경을 제공하고, 화재와 질병, 자연재해 등의 안전사고를 예방하는
　데 있다.

3 책임과 권한

　3.1 환경 및 안전관리팀장
　　1) 환경 및 안전관리 총괄
　　2) 환경 및 안전관리 관련 계획 및 결과보고의 승인

　3.2 환경 및 안전관리담당자
　　1) 환경 및 안전관리 계획 수립 및 검토
　　2) 환경 및 안전관리 관련 계획 수립 및 검토, 결과의 보고

4 업무 절차

　4.1 환경 관리
　　1) 환경관리담당자는 환경 오염물질(대기, 수질, 토양, 진동, 소음, 폐기물 등)을 처리하고
　　　 관리하기 위한 환경관리계획을 수립하고, 계획에 따라 관리하여야 한다.
　　2) 환경담당자는 환경관련 법규에서 정한 환경 오염물질(대기, 수질, 토양, 진동, 소음, 폐기물
　　　 등)의 배출기준을 준수하기 위하여 시설 및 장비를 설치하고, 배출시설 및 방지시설
　　　 운영기록부를 매일 기록하고 관리하여야 한다. 또한 년 2회 전문기관에 측정을 의뢰
　　　 하여야 한다.
　　3) 배출시설 및 방지시설 운영기록부는 환경관련법에서 정한 서식을 사용한다.
　　4) 사업장 폐기물은 적법하게 처리업자에게 위탁하여 처리하고 그 내역을 사업장폐기물
　　　 관리대장에 기록 및 관리하여야 한다. 분리수거가 가능한 사업장 폐기물은 종량제 봉투
　　　 에 분리수거하여 처리한다.

　4.2 위험물 관리
　　1) 환경관리담당자는 사업장의 가스, 유류, 화공약품 등 폭발 또는 인화성 위험 물품에
　　　 대하여 지정된 장소에 잠금장치를 하여 관리하여야 한다.

2) 위험물 보관 장소에는 성상별 위험 표시를 GHS(Globally Harmonized System of classification and labelling of chemicals-화학물질 분류-표지에 관한 세계조화시스템)에 맞게 관리하여야 한다.

3) 위험물관리대장, 위험물점검표 등은 관련 법규에서 정한 서식을 활용한다.

4.3 청정활동

1) 모든 임직원은 현장의 낭비를 제거하고 쾌적한 조건에서 근무할 수 있도록 작업 공간, 부품창고, 휴게시설 등의 환경개선을 위한 청정 활동(이하 '5S'라 한다)을 지속적으로 실시하여야 하며, 환경관리담당자는 부서별로 연 2회 이상 5S활동에 대해 점검을 실시하고, 관련 기록을 유지하여야 한다.

2) 5S활동에 의해 발생한 폐기물은 관련 법규에 따라 처리한다.

3) 5S활동은 정리, 정돈, 청소, 청결, 습관화를 말하며, 활동대상 및 방법은 <표 1> 및 <표 2>와 같다.

표 1 - 5S활동 대상

구 분		활동 대상
사무부문	사 무 실	회의탁자,통로,회의실,칠판,청소도구,창문,입구,벽,조명,세면장,각종 포스터 등
	시 험 실	검사설비, 각종대장, 표준, 규칙, 규격, 작업표준, 안전표지판 등
	사무기기	컴퓨터, 전화, 복사기, FAX, 책상, 의자, 캐비닛, 시계, 휴지통 등
	서 류	서류,표준,규격,작업표준, 화일, 카탈로그, 각종양식
	기 타	공장주변, 식당 등
현장부문	작업현장	작업대,통로,조명,창문,벽,기둥,청소용구,화장실,샤워실,안전 표시판 등
	제조설비	기계, 작업대, 절단기, 지게차, 안전커버 등
	재료, 부품	원재료, 부품, 제품 등
	서 류	파일,서류,도면,작업표준,운전표준,설비대장,공정관리(검사)일지 등
	기 타	각종 작업대, 폐윤활유처리 등

표 2 - 5S활동 방법

구분	활동 방법
정리	필요한 것과 불필요한 것을 구분하고 작업현장에는 필요한 것 이외는 일체 두지 않는다.
정돈	필요한 것을 사용하기 편리한 장소에 안전한 상태로 깨끗하게 관리되어질 수 있도록 무엇이, 어디에 있는지 쉽게 알 수 있게 항상 사용하기 편리한 상태로 정위치 시킨다.
청소	작업공간 등의 바닥, 통로, 벽, 설비, 작업용구 등의 구석구석을 닦아 먼지, 더러움 등 이물질을 제거 하여 깨끗한 환경을 지속적으로 유지한다.
청결	정리, 정돈, 청소를 반복하여 쾌적한 환경을 유지함과 아울러 결함이 발견 되었을 때 이것을 한눈에 발견할 수 있는 상태로 유지하고 보다 나은 환경으로 개선한다.
습관화	정리, 정돈, 청소, 청결을 반복적으로 지켜 몸에 베이게 한다.

4.4 안전관리

　　1) 품질관리담당자는 작업수행 과정에서 발생할 수 있는 안전사고를 예방하기 위하여 연간
　　　교육훈련계획에 따라 연 1회 이상 정기교육을 실시하여야 한다. 필요시 특별교육을 실시
　　　할 수 있다.

　　2) 생산팀장은 매일 작업수행 전에 안전에 관한 교육을 실시하여야 하며, 작업자는 작업
　　　복, 보호구 등을 착용한 후에 작업에 임해야 한다.

　　3) 종사자는 시설 및 장비의 고장, 화재, 천재지변 등에 따른 사고발생시 즉시 필요한 조치
　　　를 취하고 공장장에게 보고하여야 한다.

　　4) 안전관리 관련 서식은 안전관련 법규에서 정한 서식을 활용한다.

4.5 기록관리

　　환경관리, 청정활동, 안전관리에 관련된 기록은 기록관리절차에 따라 관리하여야 한다.

5 관련표준

　1) 사내표준관리절차

　2) 기록관리절차

6 관련양식

　1) 사업장폐기물관리대장

　2) 청정활동(5S)평가 체크리스트

　3) 안전보호구지급대장

부속서 A(참고) 5S 활동지침

사업장폐기물관리대장

사업장폐기물관리대장

폐기물 처리 현황					결재
NO	위탁업체명 (주소)	처리 방법	처리량	처리일자	

SA-1100-01

청정활동(5S)평가 체크리스트

<table>
<tr><td colspan="9" align="center">청정활동(5S)평가 체크리스트</td></tr>
<tr><td colspan="2">팀   명</td><td>품질관리부</td><td colspan="2">평   가   자</td><td colspan="3">㉘</td></tr>
<tr><td colspan="2">평 가 일 시</td><td>0000. 00. 00</td><td colspan="2">평   가   자</td><td colspan="3">㉘</td></tr>
</table>

구분	NO	체크 기준	5점	3점	0점	평점	비고
정리	1	정리의 기준은 있는가?	있다	미흡하다	없다		
	2	정리의 개념을 전 구성원이 이해하고 있는가?	있다	미흡하다	없다		
	3	사용치 않는 서류, 비품, 공구 및 설비가 3일 이상 방치되어 있는가?	없다	미흡하다	있다.		
	4	통로가 표시되어 있고 지켜지고 있는가?	있다	표시만 있다	없다		
정돈	5	서류, 자재, 비품, 공구 및 설비의 보관위치(LAY OUT)가 정해져 있는가?	있다	일부만 있다	없다		
	6	서류, 자재, 비품, 공구 및 설비가 정해진 위치에 있는가?	있다	일부만 있다	없다		
	7	서류, 집기, 비품, 공구 및 설비의 품명과 관리자가 정해져 있는가?	있다	미흡하다	없다		
	8	필요한 서류, 집기, 비품, 공구 및 설비를 찾는데 걸리는 소요시간은?	2분 이내	2-5분	5분 이상		
청소	9	구역별 청소담당이 정해져 있는가?	있다	미흡하다	없다		
	10	구역별 청소상태는 양호한가?	양호	미흡하다	불량		
	11	공구, 설비 등이 사용 후 깨끗이 청소되어 보관되고 있는가?	있다.	미흡하다	없다		
	12	청소도구는 충분하며 관리 상태는 양호한가?	양호	부족하다	불량		
청결	13	구성원의 복장은 통일되고 단정한가?	그렇다	미흡하다	아니다		
	14	업무진행 및 작업 후 곧바로 청소하고 있는가?	그렇다	미흡하다	아니다		
	15	각종 부착물의 관리는 양호한가?	양호	미흡하다	불량		
	16	사무실의 환기 및 조명은 충분한가?	그렇다	미흡하다	아니다		
습관화	17	부서장이 5S 활동에 대한 의지를 갖고 있는가?	있다	미흡하다	없다		
	18	정리, 정돈, 청소, 청결, 습관화의 개념을 구성원이 이해, 숙지하고 있는가?	있다	미흡하다	없다		
	19	정리, 정돈, 청소, 청결활동이 체계적으로 이루어지고 있는가?	있다	미흡하다	없다		
	20	5S활동에 대한 반성 및 개선이 이루어지고 있는가?	있다	미흡하다	없다		
평 점 계							

평가자 의견

_____

팀장 또는 입회자 확인

SA-1100-02

안전보호구지급대장

안전보호구지급대장 지급기간 : 20 년 월					작 성	검 토	승 인	결 재

일 자	성 명	지 급 품						비 고
		안전화 안전대	안전모 보안경	방진복	방진 마스크	귀마개	면장갑	

SA-1100-03

부속서 A
(참고)
5S 활동지침

A.1 개요
이 부속서는 5S 활동에 대한 지침을 제시한다.

A.1.1 5S 활동의 정의

5S란 정리, 정돈, 청소, 청결, 생활화(습관화)를 뜻하는 것으로 현장의 낭비와 무질서를 제거하고 눈으로 보는 관리의 생활화로 밝고, 깨끗하며, 일하기 쉽고 편한 제조현장을 만드는 기본적인 활동이다.

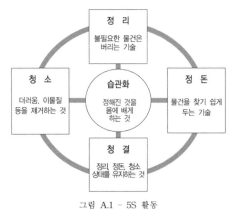

그림 A.1 - 5S 활동

A.1.2 5S 활동의 필요성

다음과 같은 문제가 발생하기 때문에, 5S 활동이 필요하다.

1) 작업능률 측면
   • 찾는 시간 및 꺼내는 시간이 많이 소요
   • 노후부품의 수리시간이 과다(過多) 소요
   • 불필요한 물품을 보관하게 되고 작업의욕이 저하
   • 필요이상의 작업 공간(Space)이 필요

- 재고조사의 시간이 과다하게 소요
2) 품질 측면
    - 무너짐, 넘어짐, 마찰 등에 의한 파손 및 불량발생
    - 이물질이 혼입되고, 이상(異常)부품 사용으로 인한 불량발생
    - 양품과 불량이 섞여 선별 or 재작업 발생
    - 선입선출(先入先出)이 불가능하게 되어 장기보관품의 부식발생
    - 변형, 변질, 노후화(老朽化)등의 현상 심화(深化)

3) 환경안전 측면
    - 작업장 Space가 좁아지고, 현장이 지저분하게 됨
    - 유해환경으로 인해 건강을 위협 받음 (분진발생, 무너짐, 넘어짐, 미끄러짐 등의 위험성)
    - 비상시 즉시 대피할 수 없어 또 다른 위험요소 발생

A.1.3 5S 활동 사전준비

5S 활동을 위해서는 다음과 같은 사전준비가 필요하다.

1) 5S 활동을 추진할 時에는 사전에 현재의 모습을 사진으로 찍어두어 활동前과 활동後를 비교하여 그 중요성을 인식할 수 있도록 한다.
2) 촬영할 때는 활동前, 後의 모습을 동일한 장소에서 동일한 방향을 보고 정점(定點)촬영하여 변화의 모습을 쉽게 알 수 있도록 한다.

활동前   활동後

그림 A.3 - 정점 촬영의 방법

A.2 5S활동의 실시 방법

A.2.1 정리

정리란 필요한 것과 불필요한 것을 사용빈도와 기간에 따라 구분하여 필요 없는 것을 제거하는 활동이다. 이는 불필요, 불요품을 제거하여 작업공간의 낭비를 막고, 찾는데 소요되는 시간을 줄여 공정(Operation)의 결품을 사전에 방지하는 것이다. 정리는 <그림 A.4>와 같은 순서로 할 수 있다.

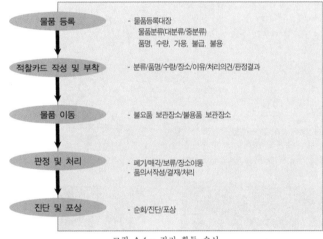

그림 A.4 - 정리 활동 순서

A.2.2 정돈

정돈이란 '누구라도 찾기 쉽고, 사용하기 쉬우며, 원위치가 용이(容易)하도록 보관하는 방법을 표준화하고 무엇이, 어디에서, 얼마만큼, 어떠한 상태로 있는가'를 한 눈에 알 수 있도록 눈으로 보는 관리를 정착시키는 활동이다.

(1) 정돈활동의 목적은 회사 내의 각종물자(공통물자, 이동물자, 보관물자)가 놓여 져야 할 위치를 명확히 지정해 둠으로써 조직 내의 제반 낭비요소를 근본적으로 줄이고 눈으로 보는 관리가 가능하도록 하는데 그 목적이 있다.

(2) 정돈활동을 생활화함으로써 회사 내의 규칙이나 규율, 작업방법 등을 무의식 상태에서도 지킬 수 있도록 항상 정해진 순서·방법대로 준수하겠다는 마음가짐을 갖게 하여, 정돈의 생활화(의식개혁)를 이루는데, 또 다른 목적이 있다.

(3) 정돈활동은 작업공간을 깨끗이 하고 청결을 유지하는 것에 있기보다는 전 구성원의 의식개혁을 통한 개인 및 전사적인 역량을 강화하는데 그 의의가 있다.

정돈은 <그림 A.5>와 같이 실시한다.

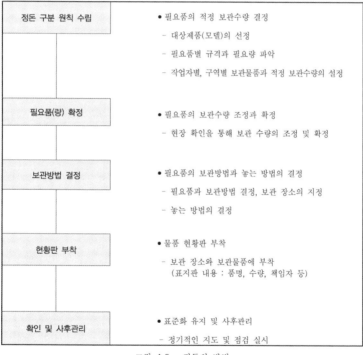

정돈 구분 원칙 수립	● 필요품의 적정 보관수량 결정 　－ 대상제품(모델)의 선정 　－ 필요품별 규격과 필요량 파악 　－ 작업자별, 구역별 보관물품과 적정 보관수량의 설정
필요품(량) 확정	● 필요품의 보관수량 조정과 확정 　－ 현장 확인을 통해 보관 수량의 조정 및 확정
보관방법 결정	● 필요품의 보관방법과 놓는 방법의 결정 　－ 필요품과 보관방법 결정, 보관 장소의 지정 　－ 놓는 방법의 결정
현황판 부착	● 물품 현황판 부착 　－ 보관 장소와 보관물품에 부착 　　(표지판 내용 : 품명, 수량, 책임자 등)
확인 및 사후관리	● 표준화 유지 및 사후관리 　－ 정기적인 지도 및 점검 실시

그림 A.5 - 정돈의 방법

정돈은 3정(定)이 포인트다. 정품, 정량, 정위치를 3정이라 하며, 무엇이, 어디에, 얼마만큼, 어떠한 상태로 있는가를 한 눈에 보아 알 수 있도록 눈으로 보는 관리를 정착시키는 활동이다. 제조현장에서는 한번 정한 것은 좀처럼 바꾸려하지 않는 것이 현실이다. 기존에 정해진 것이라 해도, 상황변화에 따라 올바른 방법으로 만들고 새롭게 정해 나가는 것이 3정이다. 제조현장은 누가 보아도 한 눈에 정상(正常)과 이상(異常)을 쉽게 구별할 수 있도록 눈으로 보는 관리가 정착 되어 있어야 한다.

1) 정품(정품목)
   보관해야 할 물건(물품)을 정하고 어떠한 방법으로 보관 할 것인가를 결정하여 물건의 품명을 표시하는 활동이다.

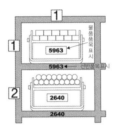

그림 A.7 - 정품

2) 정량
   사용되는 물품 상태를 파악하여 적정한 수량을 결정하고, 관리한계(管理限界)를 설정하는 활동(최대보유량, 최소보유량, 보충점 표시)이다.

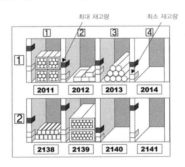

그림 A.8 - 정량

3) 정위치
- 보관물품에 대한 주소와 번지를 표시하고, 정해진 위치(Location)를 표시한다.
- 라인 물품현황판과 선반별 물품현황판을 작성하여 전체 물품 현황판을 부착 · 관리(선반 물품현황판은 선반 전면에 부착 · 관리)한다.
- 선반의 명칭과 물품 품명, 목록, 수량, 경로 등을 표시하여 위치를 쉽게 알 수 있도록 관리한다.

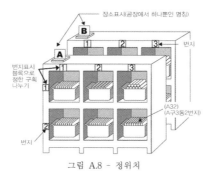

그림 A.8 - 정위치

A.2.3 청소

청소란 현장의 바닥, 벽, 설비, 비품 등 모든 것의 구석구석에 존재하는 먼지, 이물질 등을 제거하여 더러움이 없는 환경을 조성하는 것뿐만 아니라 청소를 통해 현장의 작은 결함(볼트, 너트류의 상태, 공기 또는 기름이 새는 곳, 변형된 곳, 녹이나 흠이 발생한 곳 등)을 발견하여 이로 인해 발생될 수 있는 문제를 사전에 방지하는 활동이다.
더러움이나 오염을 보고 지금 청소하지 않으면 나중에는 더욱 청소하기 곤란해진다. 뿐만 아니라, 그대로 방치 해 두면 먼지와 녹이 발생하여 설비는 기능과 성능이 떨어지고, 제조현장은 환경이 나빠지는 결과를 초래하게 되어 결국, 작업자(설비)의 능률을 저하(低下)시키게 되므로 이로 인한 낭비가 발생하게 된다.
따라서 청소를 유발시키는 진인(眞因)을 찾아내어 이를 적극 개선함으로써, 동일한 원인에 의한 문제의 재발을 방지하는 활동으로 전개시켜 나가야 한다.

A.2.4 청결

청결이란 정리-정돈-청소된 상태를 유지하고, 오염 발생원을 근원적으로 개선하는 활동이다.
1) 정리-정돈-청소를 각각의 현장에서 실시하고, 이를 일상 업무화하여 현장의 모습을 지속적으로 유지한다.

2) 주기적인 점검과 평가를 통해 습관화(생활화)를 하는 활동이 필요하다.
3) 청결활동의 정착을 위해서는 '전원참여의 활동', '정리-정돈-청소의 일상 업무화', '활동의 지속성(평가와 지도)'이 필수적인 요건이다.

A.2.5 습관화

습관화란 회사의 규율이나 규칙, 작업방법 등을 정해진 대로 준수하는 것이 몸에 배어있어 무의식 상태에서도 지킬 수 있도록 하는 활동이다.
1) 5S 활동의 습관화(생활화) 정착을 위해 현장관리자는 확고한 개선의지를 갖고, 반복적인 교육을 실시하며, 끊임없는 현장점검과 지도를 통해 문제점을 지적-개선하고 그 실시결과를 확인해야 한다.
2) 현장작업자는 5S 활동에 대한 필요성과 추진방법을 숙지하고, 자발적인 참여와 반복적인 실천을 통해 정해진 방법과 규칙을 준수해 나가야 한다.

A.3 5S 활동 체크리스트

5S 활동에 활용할 수 있는 체크리스는 '표 A.1, A.2, A.3, A.4, A.5, A.6, A.7'과 같다.

표 A.1-5S 활동계획 작성 및 진행 체크리스트

체크항목	체 크 내 용	점수
1. 추진계획의 작성	1. 그룹 내의 5S 추진계획이 작성되어 있는가(사무실 등록 요) 2. 5S 추진계획은 지연되지 않고 잘 실행되는가 3. 5S 추진계획은 알기 쉽게 작성되어 있는가 4. 5S 추진계획은 열심히 노력하도록 정성이 들어 있는가 5. 역할 분담이 잘되어 있는가 6. 5S 추진계획에 대해 구성원이 잘 알고 있는가	
2. 교육전개	7. 리더의 전달교육은 잘되고 있는가 8. 5S의 필요성에 대한 작업자의 인식상태는 양호한가 9. 리더의 교육 참가상태는 양호한가 10. 교육에 필요한 교안, 교재, 보조교재는 준비하고 있는가 11. 교육 실시계획은 단계적으로 수립하고 있는가	
3. 현황판 작성	12. 작업장의 현황판은 작성되어 있는가 13. 작성된 현황판에 먼지, 오물은 없는가(기록유지 상태) 14. 현황판은 정성들여 작성되었는가(규격, 컬러 사용) 15. 현황판의 관리담당자는 있는가	
4. 분임조의 활성화	16. 개선팀의 모임은 잘 추진되고 있는가 17. 개선팀 멤버의 출석률은 양호한가 18. 분임조 미팅 및 회합계획은 있는가	
5. 문제점 도출	19. 그룹 내의 문제점이 잘 노출되고 있으며 리스트업 되고 있는가 20. 5S에 대한 문제점이 사진으로 보관되어 있는가 21. 문제점이 방치된 곳을 사진으로 철저히 지적하였는가 22. 촬영되어 있는 사진은 잘 보이도록 보관되어 있는가	
6. 차후 활동	23. 그룹 전원이 차후에는 무엇을 할 것인가 하는 의지가 통일되어 있는가 24. 현황판 기록유지 상태는 양호한가 25. 지적 분야에 대한 대책실시 상태는 어떤가	

표 A.2-5S 활동 전반을 진단하기 위한 체크리스트 (사무실용)

5S 활동	체크항목	체크내용	점수
정리	1. 서류장 안에 불필요한 재료는 없는가	서류장 안에 회의자료 등 불필요한 자료는 없는가	
	2. 개인 책상에 불필요한 물건은 없는가	개인 책상 위, 서랍 안에 불필요한 비품 및 자료는 없는가	
	3. 불필요한 물건이 명시되어 있는가	불필요한 서류 및 물건을 한눈에 알 수 있는가	
	4. 필요, 불필요의 기준이 정해져 있는가	서류와 비품은 처분기준이 정해져 있는가	
	5. 전시물은 정리되어 있는가	기간 외의 전시, 더러움, 균형은 좋은가	
정돈	6. 서류장과 비품의 배치장소 표시는 되어 있는가	장소 표시를 모두 한눈에 알 수 있는가	
	7. 서류와 비품의 품명표시는	품명 표시가 되어, 한눈에 알 수 있는가	
	8. 서류와 비품은 사용하기 쉬운가	사용하기 쉬운 형태로 놓여 있는가	
	9. 서류와 비품은 제자리에 놓여 있는가	정해진 장소에 놓여 있는가	
	10. 통로와 전시물 등을 한 눈에 알 수 있는가	구획선과 게시판 등이 명확하게 되어 있는가	
청소	11. 바닥에 먼지와 휴지 등이 없는가	바닥이 더러워져 있지 않은가	
	12. 창과 선반에 먼지가 없는가	유리를 포함하여 더럽지 않은가	
	13. 청소 분담이 정해져 있는가	당번제와 담당자가 정해져 있는가	
	14. 쓰레기통이 넘쳐 있지 않은가	먼지와 휴지를 버리는 장치는 되어 있는가	
	15. 청소는 습관화되어 있는가	훔치기, 쓸기의 습관화는 되고 있는가	
청결	16. 배기와 환기는 좋은가	담배냄새, 온도, 습도는 적절한가	
	17. 채광은 충분한가	각도, 조도는 좋은가	
	18. 작업복은 깨끗한가	더러운 작업복을 입고 있지 않은가	
	19. 방에 들어온 느낌은 좋은가	배색, 공기, 빛 등의 환경 전체는 좋은가	
	20. 3S를 지키는 규칙이 있는가	정리·정돈·청소를 지키는 방법이 있는가	
습관화	21. 정해진 복장인가	복장이 단정한가	
	22. 아침, 저녁인사는 행해지는가	스치듯 지나치는 인사는 분명하게 말 할 수 있는가	
	23. 회의시간과 휴식시간은 지키는가	시간에 관한 결정사항을 지키고 있는가	
	24. 전화를 즐겁게 응대 하는가	용건을 분명하게 말할 수 있는가	
	25. 규칙은 지키고 있는가	한 사람 한 사람이 지키려고 하는가	

표 A.3-5S 활동 전반을 진단하기 위한 체크리스트 (현장용)

5S 활동	체크항목	체크내용	점수
정리	1. 불필요한 재료부품은 없는가 2. 불필요한 설비기계는 없는가 3. 불필요한 지그·공구·금형은 없는가 4. 불필요한 것이 명확하게 나타나 있는가 5. 필요·불필요물의 기준은 있는가	• 재고품, 제작품 중 불필요한 것은 없는가 • 설비, 기계 중에 사용하지 않는 것은 없는가 • 지그·공구, 금형, 비품류 중에 사용하지 않는 것은 없는가 • 불필요한 물품을 한눈에 알 수 있는가 • 버리기 위한 기준은 있는가	
정돈	6. 장소 표시는 되어 있는가 7. 품목 표시는 되어 있는가 8. 양 표시는 되어 있는가 9. 통로 제작 등의 구획선은 있는가 10. 보다 사용하기 쉽고 되돌려 놓기 쉬운 장치가 있는가	• 소재지 표시와 번지 표시 간판은 있는가 • 선박 품목 표시와 물품 표시는 있는가 • 최대량 재고와 최저 재고량 간판은 있는가 • 백색선 등으로 분명히 알 수 있도록 되어 있는가 • 지그·공구 등의 합리적인 배치방법은	
청소	11. 바닥에 먼지·물·기름 등이 없는가 12. 기계에 먼지·기름 누출은 없는가 13. 기계의 청소와 점검이 되고 있는가 14. 청소 분담제가 있는가 15. 청소는 습관화 되어있는가	• 바닥이 깨끗한가 • 기계청소를 계속하고 있는가 • 청소점검이 되어 있는가 • 당번제와 담당자가 정해져 있는가 • 쓸기, 닦기의 습관화는 되고 있는가	
청결	16. 배기와 환기는 좋은가 17. 채광은 충분한가 18. 작업복은 깨끗한가 19. 더럽지 않게 하는 장치 만들기 20. 3S를 지키는 규칙이 있는가	• 먼지, 냄새 등으로 공기가 탁하지 않는가 • 각도, 조도 등은 적절한가 • 기름 등으로 더러워진 작업복을 입고 있지 않는가 • 더러워져서 청소하는 것이 아니라, 더럽지 않게 하는 장치는 있는가 • 정리·정돈·청소를 지키는 장치는 있는가	
습관화	21. 정해진 복장인가 22. 아침, 저녁인사는 행해지는가 23. 흡연과 회의시간은 적절한가 24. 아침, 저녁 점검확인은 있는가 25. 규칙은 지키고 있는가	• 복장이 단정한가 • 스치듯 지나치는 인사는 분명하게 말할 수 있는가 • 장소와 시간은 지켜지고 있는가 • 규칙과 작업방법은 잘 지키고 있는가 • 한 사람 한 사람이 지키려고 하는가	
전체	평점	합계	

표 A.4-정리단계 평가 체크리스트

체크항목	체 크 내 용	점수
1. 불필요품 (불용품, 불요품)	1. 그룹 내에 필요한 물품의 적재 장소는 설정되어 있는가 (불필요품의 구분 보관) 2. 불요품, 불용품에 대한 보관 장소 사진은 있는가 3. 불용품은 '불요품'과 구분되어 있는가 (불요품 보관 장소에 사진이 붙어 있는가) 4. 불요품의 판정은 완료 되었는가	
2. 재료, 가공 품 완성품	5. 작업대의 컨베이어 밑부분 서랍에 양품과 부적합품 등을 판단할 수 없는 가공 　품, 완성품이 놓여 있지 않은가 6. 1년여 동안이나 사용하지 않는 제품, 가공품, 부품, 재료 등이 방치되어 있지 않은가 7. 테스트 제품, 견본, 가공품이 여기저기 방치되어 있지 않은가 8. 녹이 슨 제품, 재료 가공품, 완성품이 방치되어 있지 않은가	
3. 기계, 금형, 지그·공 구, 계측기	9. 사용하지 않는 구형 설비측정기 등이 작업장 내에 방치되어 있는가 10. 파손 및 수명이 다 된 물건, 수리 불가능한 기계, 금형, 지그·공구, 계측기가 　작업장 내에 방치되어 있지 않은가 11. 1년여를 사용하지 않는 기계, 지그·공구 등이 방치되어 있지 않은가 12. 녹슨 지그·공구, 계측기, 비품 등이 방치되어 있는가 　(미결로 늦어지는 지그·공구, 계측기, 비품 등이 방치되어 있는가) 13. 한 개씩 보관하는 용기 안에 오물, 줄, 지그 등이 동시에 보관되어 있는가 14. 전극 및 검사용 측정기의 청소 상태의 미처리 부분은 없는가 　(비품이나 재료 등 결정된 수량 이상의 것은 없는가)	
4. 깔판, 대차, 제품상자	15. 대차 깔판, 상자, 제품상자 등 사용하지 않는 용기비품 등이 작업장에 방치되 　어 있나(불필요한 유압상자, 드럼통이 작업장에 놓여 있는가) 16. 불필요한 캐비닛, 사물함, 작업대 등이 놓여 있는가	
5. 서류, 대차, 제품상자	17. 캐비닛, 사물함 등에 불필요한 서류, 도면, 문서 등이 놓여 있는가 18. 작업표준, 서류, 생산관리표 등에 문자가 지워졌거나 커버가 파손되어 있는가 19. 캐비닛, 사물함, 작업대의 서랍 등에 사물이 놓여 있는가 　- 작업장에 개인의 사물이 놓여 있는가 　- 장갑 등에 결정된 수량 이외의 것이 보관되어 있는가 　- 작업대나 책상서랍 속에 사용하지 않는 장갑 등이 있는가 20. 사용하지 않는 불필요한 청소도구가 놓여 있는가	
6. 분임조의 활성화	21. 개선팀 회합 (목표 : 3회)　　출석률 (목표 : 90% 이상) 22. 5S의 잠지, 교육실시 상태는 양호한가(목표 : 월2회) 23. 5S에 대한 분임조원의 작업장 개선·제안 제출은 하고 있는가	
7. 기 타	24. 방치된 공사용 자재는 없나 (작업장 내에 불필요한 선은 없나) 25. 불필요한 공장 외부시설, 설치물은 없는가	

표 A.5-정돈단계 평가 체크리스트

체크항목	체 크 내 용	점수
1. 정리 상황	1. 전 단계(정리)의 상태가 잘 유지되고 있는가	
2. 일상 청소	2. 벽, 천정, 설비 보관대, 지그·공구 등에서 먼지, 오물 등이 나타나고 있지 않은가	
3. 보관 장소	3. 보관 장소 표시는 되어 있는가 4. 보관 장소는 제품별, 기계별, 기능별, 종류별, 분야별 등으로 구분되어 있는가	
4. 보관하는 물품	5. 필요한 것을 사용 장소 가까이에 보관하였는가 6. 필요한 수량(표준량)은 정해져 있는카 7. 파손품은 수리나 보수가 되어 있는가	
5. 보관하는 방법	8. 운반이 쉽도록 놓여 있는가 9. 잡기 쉽도록 놓여 있는가 (수량 파악이 쉬운가) 10. 녹이나 먼지에 오염되지 않도록 보관되어 있는가 (지저분하지 않도록 보관 되어 있는가) 11. 안전하게 보관되어 있는가 　(예) - 소화기 앞에는 물건을 놓지 않는다 　　　- 위험물 보관 시, 위험 표시판을 붙인다 　　　- 회전물이 있는 곳에서는 커버를 붙인다 　　　- 물건을 세워 놓거나 겹처 놓지 않는다	
6. 표시 방법	12. 보관 장소 표시가 알기 쉬운가(보관물 품종 표시가 있는가) 13. 상자, 케이스, 서랍, 캐비닛 등에 무엇을 넣었는지 표시가 되어 있는가 (명칭 및 책임자명) 14. 수량의 표시가 필요한 곳에 되어 있는가 15. 기능별, 기계별, 품종별, 종류별 놓는 장소, 놓는 방법, 부적합품 등의 구분이 쉽게 색으로 표시되어 있는가(설비, 보관대, 캐비닛 등에 책임자명이 있는가) 16. 설비 및 통로 안전 표시 등을 색으로 구분해 표시했는가 17. 휴지, 정전 등의 표시가 있는가 18. 위험, 주위를 요하는 곳에 표시가 있는가	
7. 개선, 분임조 활성화	19. 개선팀 회합(개최 목표 : 월3회 이상) 20. 분임조 회합(출석률 : 90% 이상) 21. 5S 전달 교육은 잘되고 있는가 22. 5S 활동에 대한 개선·제안은 활성화되어 있는가	
8. 기타	23. 가연성, 위험물 등이 구분되어 보관되어 있는가 24. 부적합품, 수리품 등의 적재 장소가 구분되어 있고 처리방법은 명확한가 25. 벽, 바닥, 통로의 구획선 및 표시물의 유지·보수작업은 잘되고 있는가	

표 A.6-청소단계 평가 체크리스트

체크항목	체 크 내 용	점수
1. 기계설비	1. 먼지, 기름, 찌꺼기, 스크랩, 이물 등이 설비 등에 붙어 있지 않는가 2. 볼트, 너트의 풀림은 없는가 3. 금형, 고정 지그 등이 혼들리지 않는가 4. 지그·공구, 계측기는 깨끗한가 5. 기계 본체에 불필요한 부품 등이 방치되어 있지 않는가 6. 기름, 물, 절삭유 등이 흘러내리지 않는가 7. 라벨, 명판은 깨끗하고 보기 쉬운가 8. 점검기준표에 의한 설비점검은 실제로 이행되는가 9. 설비 이상발생 등에 대한 이력사항이 정확히 기재되어 있는가	
2. 작업장, 바닥	10. 바닥에 휴지, 쓰레기는 없는가 11. 통로의 구획선은 명확한가 12. 통로에 물품, 스크랩 등이 있지 않는가 13. 바닥에 기름이 새어 나오는 경우는 없는가 14. 작업장 구석진 곳의 청소상태는 양호한가 15. 바닥에 기름, 먼지가 찌들어 있지 않는가 16. 설비 주위에 기름이 묻어 있지 않는가 17. 설비 사이에 걸레, 장갑 등이 놓여져 있지 않는가 18. 물건, 지그·공구, 계측기 등이 바닥에 직접 놓여져 있지 않는가	
3. 벽, 천정	19. 벽, 천정의 균열은 없는가 20. 출입구의 문은 제대로 달려 있고 닫혀 있는가 21. 건물의 유리창은 깨끗한가 22. 철판, 자재가 벽에 기대어 있지 않는가 23. 벽에 직접 지그·공구가 걸려 있지 않는가 24. 작업지도서, 작업표준서, 제조공정도의 부착 활용상태는 어떤가 25. 배선, 배관은 정돈되고 표시(색)되어 있는가	

표 A.7-청결 단계 평가 체크 리스트

체크항목	체 크 내 용	점 수
1. 정리 상태	1. 불필요품을 현장에서 제거하고 있는가	
2. 정돈 상태	2. 선반, 작업대의 설치는 올바른가	
	3. 적정 보관수량 설정과 기준은 지켜지고 있는가	
	4. 입출고가 쉽게 되어 있는가	
	5. 수량파악은 한눈에 가능한가	
	6. 파손, 녹, 먼지 등의 방지 대책은 있는가	
	7. 표시, 표지상태는 한눈에 알 수 있는가	
	8. 모든 물품은 즉시 사용할 수 있는 상태인가	
3. 청결 상태	9. 먼지, 이물의 제거 상태는 양호한가	
	10. 구석진 곳, 기계, 선반 밑의 청결상태는 어떤가	
	11. 기계, 설비의 청소, 청결과 소음, 회전부, 이음부의 동작성	
	12. 기계 흔들림, 볼트, 너트의 조임 상태는 어떤가	
	13. 지그·공구의 청소상태는 양호한가	
	14. 표시판, 라벨의 청결상태는 어떤가	
	15. 송유관 이음쇠 등의 누수방지는 되어 있는가	
	16. 제품의 청결을 위한 대책은 있는가	
	17. 작업자의 작업복, 안전화 등 착용상태는 양호한가	
	18. 관리자(해당 부서장)의 청결 추진 열의는 있는가	
	19. 부품, 반제품의 손상 방지대책은 있는가	
	20. 부적합 보관이나 표시 등은 잘 하고 있는가	
	21. 설비 사이에 장갑, 걸레, 이물 등은 없는가	
	22. 쓰레기통, 재떨이 등의 관리는 제대로 되는가	
	23. 오염 발생원의 근본개선은 무엇인가	
	24. 청소 곤란부위의 개선은 하고 있는가	
	25. 개인별 청소 담당구역은 구분되어 있는가	

표준산업	절　　차	표준번호 : SF-0400
	교육훈련	페 이 지 : 1/7

1 적용범위
　이 절차는 교육훈련에 대하여 규정한다.

2 목 적
　체계적으로 교육훈련을 실시하여, 업무수행능력을 향상시키고 업무를 효율적으로 수행하여 조직의 역량을 강화하는데 있다.

3 용어와 정의
　이 표준의 목적을 위하여 다음의 용어와 정의를 적용한다.

　3.1
　적격성
　직무수행에 있어서의 지식, 기량 및 행동의 적용

　3.2
　교육훈련
　요구사항을 충족시키기 위한 지식, 기량 및 행동을 제공하고 개발하는 프로세스

4 인용표준
　다음의 인용표준은 이 표준의 적용을 위해 필수적이다. 발행연도가 표기된 인용표준은 인용된 판만을 적용한다. 발행연도가 표기되지 않은 인용표준은 최신판(모든 추록을 포함)을 적용한다.

　KS Q 10015(품질경영 – 교육훈련지침)

5 책임과 권한

　5.1 교육훈련 주관부서장
　　1) 연간교육훈련계획 수립
　　2) 교육훈련 실시 및 실적 집계
　　3) 교육훈련 관련 기록의 유지관리

　5.2 해당 부서장
　　1) 소속 부서의 교육훈련 필요성 파악
　　2) 특별교육훈련 실시 의뢰
　　3) 교육훈련 실시 및 교육결과 평가

6 업무절차

6.1 일반사항

교육훈련담당자는 <그림 1>과 같은 단계로 교육훈련업무를 수행하여야 한다.

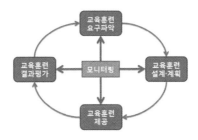

그림 1 - 교육훈련단계 모델

6.2 교육훈련 필요성 파악 및 계획 수립
1) 각 부서장은 제품의 품질에 영향을 미치는 직원의 각 직무에 대한 적격성을 규정하고, 직무를 수행할 인원의 적격성을 평가 및 적격성의 차이를 줄이기 위한 계획을 개발하여야 한다.
2) 적격성의 규정은 조직의 현재 요구되는 필요성을 인원의 적격성과 비교한 분석을 기초로 하여야 한다.
3) 적격성 요구사항을 규정할 때, 다음과 같은 내부·외부의 다양한 출처에서 끌어낼 수 있다.
   a) 업무 프로세스에 영향 요인 또는 조직에 의하여 공급되는 제품의 성격의 영향을 주는 조직상의 변동 또는 기술상의 변화
   b) 과거 또는 현재의 교육훈련 프로세스로부터의 기록된 자료
   c) 특정 직무를 수행하기 위한 인원의 적격성에 대한 조직의 평가
   d) 임시직을 포함하는 노동변화 또는 계절적 고용변동 기록
   e) 특정 직무의 수행을 위하여 필요한 사내 및 사외 자격 인증
   f) 개인개발이 조직의 목표에 기여할 것이라고 인식하는 종업원으로부터의 기회의 요청
   g) 고객불만 또는 부적합보고서로 인한, 프로세스 검토 및 시정조치의 결과
   h) 조직, 조직의 활동 및 자원에 영향을 주는 법률, 규정 및 이행지침
   i) 새로운 고객 요구사항을 파악하거나, 또는 예상하는 시장조사
4) 적격성 검토는 각각 프로세스에 요구되는 적격성을 나타내고 있는 문서, 그리고 개별 인원들의 적격성을 열거하고 있는 기록에 대하여, 다음의 방법으로 정기적으로 하여야 한다.

a) 종업원, 감독자 및 관리자와의 면담/설문조사

b) 관찰

c) 그룹토의

d) 주제 관련 전문가로부터 의견 등

5) 각 부서장은 매년 11월 말까지 적격성 평가결과와 기타 교육의 필요성을 파악하여 교육훈련 주관부서장에게 통보하여야 한다.

6) 교육훈련 주관부서장은 매년 각 부서의 직원에 대한 적격성 평가 결과, 교육훈련의 제약사항(예, 재정 상황, 조직의 방침요구사항 등), 교육훈련 방법(예, 사내 또는 사외, 집합교육, 원격교육 등) 및 선정기준, 조직의 품질 및 교육훈련 방침, 품질경영 요구사항, 자원관리, 내부심사, 고객불만처리, 고객만족도조사, 시정 및 예방조치, 경영검토 결과, 안전관리 등을 고려하여 관리자 등 직원에 대한 연간교육훈련계획을 수립하여야 한다.

7) 연간교육훈련계획을 수립할 때, 포함하여야 할 사항은 다음과 같다.

- 조직의 목표 및 요구사항
- 교육훈련 필요성
- 교육훈련 목표
- 피교육생 대상 그룹 또는 대상 인원
- 교육훈련방법(사내 및 사외 교육훈련 및 워크숍, 자가훈련, 원격학습 등) 및 내용
- 일정계획
- 자원 및 재정의 요구사항
- 교육훈련 평가기준
- 모니터링 절차

8) 교육훈련 주관부서장이 교육훈련계획 수립 시에, 포함하여야 할 과정, 대상, 시간, 주기, 내용은 <표 1>과 같다.

표 1 - 교육훈련계획 수립 시, 포함하여야 할 과정, 대상, 시간, 주기, 내용

구분	과정	대상	시간	주기	내용
KS인증 교육 (전문교육 기관)	경영간부	관리자의 30%	16	3년	산업표준화 및 품질경영의 추진전략, KS인증제도의 최근 동향 및 이슈, 사내표준화 및 품질경영 추진 기법사례, 산업표준화와 품질경영 추진을 위한 경영간부의 역할, 표준화 관계법규 및 국가표준 시책 등
	품질관리 담당자	품질관리 담당자	16	3년	산업표준화법규, 산업표준화와 품질경영의 개요, 통계적인 품질관리기법, 사내표준화 및 품질경영의 추진 실시, KS인증제도 및 사후관리 실무, 품질관리담당자의 역할 등
법정교육	관련 법규 요구 과정	관련자	해당 시간	해당 주기	해당 법령에서 정한 내용

6.3 교육훈련계획의 통보
 1) 교육훈련 주관부서장은 각 부서별 대상자에게 교육훈련계획을 통보하고 교육훈련을 실시하거
  나 해당 부서에서 실시토록 하여야 한다.
 2) 교육훈련 주관부서장은 추가적으로 교육훈련이 필요할 경우, 경영책임자의 승인을 얻어 실시할
  수 있다.
 3) 교육대상자는 해당 과정에 반드시 참가하고 소정의 교육을 성실히 이수하여야 한다. 다만,
  부득이한 사유로 참가할 수 없는 경우에는 소속 부서장의 확인을 받아 교육주관 부서에 통보
  하여야 한다.

6.4 교육훈련의 실시
 1) 교육훈련 주관부서장 또는 해당 부서장은 교육훈련계획에 따라 필요한 강사의 선정, 교육훈련
  장비 및 교육교재의 준비, 교육장소 및 시간을 배정하여 교육을 실시하여야 한다.
 2) 해당 부서장은 교육훈련 후, 교육결과보고서를 작성하고 관리하여야 한다.

6.5 교육훈련 평가 및 기록관리
 1) 교육훈련 주관 부서장 또는 해당 부서장은 교육실시 후, 교육소감 설문서 작성 또는 학습평가
  를 실시하여야 한다.
 2) 해당 부서장은 교육훈련 평가 관련 기록을 기록관리절차에 따라 관리하여야 한다.

6.6 교육훈련 평가에 대한 모니터링 및 Feed-back
 1) 교육훈련 주관 부서장 또는 해당 부서장은 교육기간 동안 모니터링을 실시하고 모니터링 결과
  및 평가결과에서 제기된 문제점 등, 개선해야 할 사항은 반드시 차기 교육계획에 반영하여야
  한다.
 2) 해당 부서장은 교육훈련 실시 후, 관찰된 사항에 대하여 적절한 조치를 취하여야 한다.

7 관련표준
 1) 사내표준관리절차
 2) 기록관리절차
 3) 내부심사절차
 4) 고객불만처리절차
 5) 경영검토절차
 6) 시정 및 예방조치절차

8 관련양식
 1) 연간교육훈련계획서
 2) 사내교육훈련결과보고서
 3) 사외교육훈련결과보고서

표준산업	절 차	표준번호 : SF-0400
	교육훈련	페 이 지 : 5/7

연간교육훈련계획서

회사명	연간교육훈련계획서								결 재	작성자	대표이사
										작성일자	

과정명	교육구분		교육장소 /기관	교육기간	교육일정				교육대상자	비고
	사내	사외			1/4	2/4	3/4	4/4		

SF-0400-01

사내교육훈련결과보고서

회사명	사내교육훈련결과보고서	결재	작 성	검 토	승 인

과 정 명	
교육일자	년 월 일 ~ 년 월 일 총 ( )HR
교육장소	강 사 명 (인)
교육인원	대 상 : 명 중 명 참가 (출석명부 참조)
교육훈련내용	

참석자 명단(* 수강인원이 많은 경우, 별도 첨부 가능)

No.	성 명	No.	성 명	No.	성 명	No.	성 명	No.	성 명
1		6		11		16		21	
2		7		12		17		22	
3		8		13		18		23	
4		9		14		19		24	
5		10		15		20		25	

첨부자료	☐ 교육교안 ☐ 기 타 :

SF-0400-02

사외교육훈련결과보고서

회사명	사외교육훈련결과보고서	결재	작성	검토	승인

소　속		직　급		성　명	
과정명					
훈련일정	년　　월　　일　～　　월　　일　　　총 (　　) HR				

교육훈련내용

*별첨자료 :　□ 교육일정표
　　　　　　□ 교 재
　　　　　　□ 기 타 :

SF-0400-03

부록2. **공장심사보고서**

이 부속서는 제품인증의 공장을 심사하는 보고서로 인증기관은 다음의 공장심사보고서에 따라 심사를 수행하여야 한다.

1. 공장심사 현황

회사명(공장)		대표자		
소재지		전화번호		
		E-mail		
표준번호(표준명)		종류·등급·호칭 또는 모델		
사업자 등록번호		사업자 단위 과세 해당 여부	☐ 해당 ☐ 비해당	
신청일자		심사일자		
심사결과 요약				

	심사사항	전체 평가항목수 (핵심품질)	적합 평가항목수	부적합 평가항목 수		종합판정
				개선조치 평가항목수 (일반품질)	확인심사 평가항목수 (핵심품질)	
심사 결과	1. 품질경영	5(1)				
	2. 자재관리	6(1)				
	3. 공정·제조설비 관리	8(1)				☐ 적합
	4. 제품 관리	6(2)				☐ 부적합
	5. 시험·검사설비 관리	3(1)				
	6. 소비자보호 및 환경·자원 관리	5(1)				
	계	33(7)				

※ 개선조치 평가항목 및 확인심사 평가항목: 공장심사 평가항목 중 ★표시된 핵심품질은 확인심사 평가항목이고, 그 외의 것은 일반품질로 개선조치 평가항목이다.

위와 같이 공장심사 결과를 보고합니다.

                                                        년   월   일

기관명: 인증심사원   성명 _____ (인/서명)

기관명: 인증심사원   성명 _____ (인/서명)

비고 1 적용근거 및 특례: 본 공장심사보고서의 평가항목은 산업표준화법 시행규칙 별표 8(인증심사기준)을 기반으로 작성한다. 단, 인증 품목별 특성에 따라 KS 및 KS별 인증심사기준에 심사사항 및 심사기준을 별도로 정한 경우, 이에 따라 심사사항 및 평가항목을 조정할 수 있다.

비고 2 종합 판정 방법은 '적합', '부적합'으로 구분한다.

비고 3 모든 평가항목이 적합('예'로 평가)한 경우 종합판정을 '적합'으로 한다.

비고 4 심사 시 '아니오'로 판정된 평가항목에 대해서는 부적합 보고서를 작성하고 부적합 개선조치를 요구한다.

비고 5 신청품목으로 품질경영시스템(ISO 9001)을 인증받은 기업의 품질경영 평가항목은 평가를 생략하여 모두 '예'로 판정한다. 단, 생략을 받으려는 인증기업은 인증 신청 시 ISO 인증서 및 문서화된 중요 정보(내부심사 결과, 경영검토 결과, 부적합 시정조치 결과 등)를 인증기관에 제출하여야 한다.

2. 공장의 일반현황

• 종업원(C) 현황
단위: 명

총인원(합계)	사무직	기술직	생산직

• 공통 생산현황

총 자본금	백만원	공장 판매실적(A)(연)	백만원
경상 이익(B)(연)	백만원	1인당 매출액(A/C)	백만원
1인당 부가가치액 (B/C)	백만원	연구개발 투자비 (연구개발비/A)	%
KS 보유수	종	기타 인증수	의무 ( )개
			임의 ( )개
기타 생산품		제품에 대한 원자재의 원가 비율	%
원자재 공급업체의 독과점 상태	상 ( ), 중 ( ), 하 ( ) (해당란에 ○표 하시오)		
회사 연혁			
특기 사항			

• 품목별 생산현황

표준 번호	KS	KS	KS
생산 능력(연)	(단위)	(단위)	(단위)
생산 실적(연)	(단위)	(단위)	(단위)
판매 실적(연)	백만원	백만원	백만원
수출 실적(연)	백만원	백만원	백만원
KS제품 생산계획(연)	(단위)	(단위)	(단위)
소요 원자재			
한국으로의 수출 실적 (해외기업에 한함)	(단위) US$	(단위) US$	(단위) US$

※ 품목이 4개 이상인 경우 '품목별 생산현황표'를 복사하여 다음 페이지에 추가 작성 요망

3. 공장심사 평가항목

1. 품질경영: 일반품질(4항목), 핵심품질(1항목) ※ ISO 9001 인증기업은 품질경영 관리 평가항목(1.1~1.5) 모두 적합(예)으로 평가	적합 여부	
1.1 경영책임자가 표준화 및 품질경영에 대한 중요성을 인식하고 회사 전체 차원의 활동을 위하여 조직의 책임과 권한을 명확히 하고 있는가? 비고: 경영책임자 – 인사권, 예산집행권, 자원의 폐기결정권을 갖고 있는 공장(회사)의 최고위자	예 ☐	아니오 ☐
1.2 [★ 핵심품질] KS 최신본을 토대로 사내표준 및 관리규정을 제·개정 관리하고, 관련 업무를 사내표준에 따라 추진하고 있는가? 비고: 사내표준 구축 및 품질경영, 제품·중간·인수검사 표준, 시험표준, 설비관리, 작업장 환경, 소비자보호 등과 관련된 KS	예 ☐	아니오 ☐
1.3 품질경영에 대한 계획을 수립·실행하고, 매년 자체점검을 실시하여 그 결과를 표준화 및 품질경영 관리에 반영하고 있는가? 비고 • 자체점검 주기(내부심사 등, 연 1회 이상) • 품질경영 계획은 품질방침 및 측정 가능한 품질목표 등 포함	예 ☐	아니오 ☐
1.4 품질경영부서(또는 품질관리담당자)의 업무내용과 책임·권한을 구체적으로 규정하고 있으며, 그 부서(또는 품질관리담당자)가 전문성을 가지고 독립적으로 운영되고 있는가? 비고: 종업원 20인 이하 소기업의 경우, 품질관리담당자 독립적 운영 시 적합(예)으로 평가	예 ☐	아니오 ☐
1.5 제안 활동 또는 소집단 활동 등을 통해 지속적인 품질 개선활동을 실시하고 있는가? 비고: 소집단 활동(학습조직, TFT, 분임조 등)	예 ☐	아니오 ☐

2. 자재관리: 일반품질(5항목), 핵심품질(1항목)	적합 여부	
2.1 [★ 핵심품질] 주요 자재관리(부품, 모듈 및 재료 등) 목록을 사내표준에 규정하고 있고, 심사 전에 인증기관에 제출하여 적정성을 확인받았으며, 변경사항이 있을 경우 인증기관에 지속적으로 승인을 받고 그 기록을 보관하고 있는가?	예 ☐	아니오 ☐
2.2 자재에 대한 품질항목과 품질기준을 제품 특성에 맞게 KS를 활용하여 KS 인증제품 생산에 적합하도록 사내표준에 규정하고 있는가?	예 ☐	아니오 ☐
2.3 사내표준에서 규정한 자재에 대한 인수검사 규정 내용이 제품의 품질을 보증할 수 있도록 합리적으로 되어 있는가? 비고: • 자재의 품질보증을 위해 자재별로 로트의 크기, 시료채취방법, 샘플링 검사 방식 및 조건, 시료 및 자재의 합격 및 불합격 판정기준, 불합격 로트의 처리방법, 품질항목별 시험 방법 등을 사내표준에 규정 • 공인 시험·검사기관에 시험의뢰를 할 경우 시험의뢰 주기, 시험 의뢰 내용(시험항목) 등을 규정 • 자재공급업체의 시험성적서 활용 시 입고되는 자재와 시험성적서에 기재된 자재와의 로트 일치성 확인	예 ☐	아니오 ☐
2.4 인수검사를 자체에서 수행할 경우, 검사능력을 보유한 검사자가 인수검사를 실시하여 그 결과에 따라 합격, 불합격 로트를 구분하여 적합한 장소에 보관·관리하고 있는가? 비고: • 인수검사를 자체에서 수행하지 않은 경우 그 자재를 적합한 장소에 보관한 경우에 적합(예)으로 평가 • 검사능력: 검사표준 준수 여부(시료채취, 시험절차, 판정), 시험·검사 설비 조작, 시험숙련도, 관련 계산식 활용, 응급처치 능력 등	예 ☐	아니오 ☐
2.5 자재 인수검사 규정에 따라 실시한 결과(공인 시험·검사기관 시험성적서, 공급업체의 시험성적서 포함)를 기록·보관하고 있는가?	예 ☐	아니오 ☐
2.6 인수검사 결과를 분석, 활용하고 있는가? 비고: 일정주기를 정하여 합격률, 사용 중 자재 부적합(품)률, 제품품질과 직접관련 품질특성치 등을 분석하고 그 결과를 토대로 자재 공급업체의 변경 또는 제조공정, 제품설계, 작업방법 변경 등에 대한 후속조치의 실행 등	예 ☐	아니오 ☐

3. 공정·제조설비 관리: 일반품질(7항목), 핵심품질(1항목) ※ 외주공정이 있는 경우 공장심사 시 외주가공업체에 대한 현장 확인을 실시할 수 있음	적합 여부	
3.1 공정별 관리항목과 항목별 관리사항들을 사내표준에 규정·이행하고, 그 결과를 기록하여 보관하고 있으며 주요 제조설비명을 사내표준에 구체적으로 규정하고 있는가? 비고 • 관리방법, 관리주기, 관리기준, 관리결과의 해석, 관리데이터의 활용방법 등 각 공정별 관리규정을 KS에서 정하거나 제품에 필요하다고 판단되는 항목을 사내표준에 규정 • 공정을 외주하여 보유하지 않은 제조설비가 있는 경우, 외주공정·업체 선정기준, 관리방법을 규정한 사내표준 보유 및 준수 여부(보유: 소유 또는 배타적 사용이 보장된 임차)	예 ☐	아니오 ☐
3.2 공정별 중간검사에 대한 검사항목과 항목별 검사 방법을 사내표준에 규정·이행하고, 그 결과를 기록·보관하고 있는가?	예 ☐	아니오 ☐
3.3 주요 공정관리(자체공정 및 외주공정 포함) 항목에 대하여 공정능력지수를 파악하고 공정 및 제품품질 관리에 활용하고 있는가? 비고: 주요 공정관리 항목에 대한 공정능력지수를 파악할 수 없는 공정은 적합(예)으로 평가	예 ☐	아니오 ☐
3.4 [★ 핵심품질] 공정별 작업표준을 사내표준에 규정하고 있고 현장작업자가 작업표준을 이해하며 표준대로 작업을 실시하고 있는가? 비고: • 작업표준에는 작업 내용, 작업 방법, 이상발생 시 조치사항, 작업교대 시 인수인계 사항 등을 규정하고 실제작업 내용과 일치 여부 • 외국인 노동자가 작업을 할 경우 작업표준을 이해할 수 있도록 사진, 그림 등 활용	예 ☐	아니오 ☐
3.5 부적합품은 적절한 식별 관리를 하고 있으며, 공정 부적합에 대한 원인분석과 재발방지 조치를 구체적으로 취하고 있는가? 비고: 유형별 부적합 견본 보유 및 관리가 필요한 제품의 경우 이를 확인	예 ☐	아니오 ☐
3.6 사내표준에 규정되어 있는 제조설비를 보유하고 있으며, 제조 공정별로 설비배치 상태가 합리적인가? 비고 • 제조설비: 제품생산이 가능한 성능과 제원 및 용량을 구비 • 공정관리 사내표준에서 외주가공에 대하여 적합하게 규정·관리하고 있는 제조설비는 보유하지 않아도 좋다.	예 ☐	아니오 ☐

3.7 설비의 운전과 관리에 대한 기준을 사내표준에 규정하고 설비별 운전 표준에 따라 설비를 적정하게 운전하고 있으며, 설비의 이력 · 제원, 수리 및 부품 교환 내역 등을 기록한 설비 관리대장(또는 이력카드)을 관리하고 있는가?	예 ☐	아니오 ☐
비고: 정밀도 유지가 필요한 설비는 적정하게 교정하여야 한다.		

3.8 설비의 예방보전을 위해 설비윤활관리에 대하여 규정하고, 설비관리 능력 및 전문지식을 보유한 담당자를 지정하여 윤활관리를 실시하고 있으며, 주기적으로 점검, 기록, 관리하고 있는가?	예 ☐	아니오 ☐
비고: • 설비의 원활한 운전을 위하여 각 설비별, 부위별로 적정 윤활유의 선택기준, 윤활유의 양, 윤활주기, 폐윤활유 처리방법 등을 사내표준에 규정하여 실시(설비관리 규정에 포함 관리 가능) • 설비윤활관리가 필요하지 않은 경우는 적합(예)으로 평가		

4. 제품관리: 일반품질(4항목), 핵심품질(2항목)	적합여부

4.1 제품의 설계 및 개발절차, 해당제품의 품질항목과 기준을 KS에 적합한 수준으로 사내표준에 규정하고 있는가?	예 ☐	아니오 ☐
비고: 제품의 설계 및 개발절차에 관한 사항은 해당 프로세스가 있는 경우에만 해당하고 그 외의 제품은 해당제품의 품질항목과 기준을 KS에 적합한 수준으로 사내표준에 규정하고 있는 경우 적합(예)으로 평가		

4.2 로트 품질을 보증할 수 있도록 제품검사 내용을 사내표준에 규정하고 있는가?	예 ☐	아니오 ☐
비고: • 로트 품질 보증 규정: 로트의 구성 및 크기, 시료채취방법, 샘플링 검사방식 및 조건, 시료 및 로트의 합격 및 불합격 판정기준, 불합격로트의 처리방법 등 • 공인 시험·검사기관 성적서를 활용하거나 계약에 의해 외부설비를 사용하는 경우 시험검사 주기는 설비를 보유한 업체가 실시하는 주기와 동등한 수준으로 설정하여 실시하여야 한다. (주기가 심사기준에 명시된 경우는 심사기준의 주기를 따른다)		

4.3 제품시험은 제품품질 항목별로 KS 표준과 사내표준에 규정한 기준과 절차·방법에 따라 실시하고 있고, 검사 후 합격·불합격 로트를 구분하여 적절한 장소에 보관하고 있으며, 품질미달 제품이 사용자에게 미치는 영향을 파악하고 있는가?	예 ☐	아니오 ☐
비고: 공인 시험·검사기관 의뢰 항목의 성적서는 검사방법에서 정한 주기(횟수)에 일치되는 수만큼 보유하여야 한다.		

4.4 [★ **핵심품질**] 제품검사 담당자가 자체에서 실시하는 제품시험을 수행할 수 있는 능력을 보유하고 있는가?	예 ☐	아니오 ☐
비고: 검사능력-검사표준 준수여부(시료채취, 시험절차, 판정), 시험·검사 설비조작, 시험숙련도, 관련 계산식 활용, 응급처치 능력 등		

4.5 [★ **핵심품질**] 중요 품질항목에 대한 현장 입회시험을 실시하여 그 결과가 KS 표준에 적합하고, 과거 자체적으로 시행한 품질검사결과의 평균값과 비교하여 사내표준에서 정한 허용값 한계 내에 있는가?	예 ☐	아니오 ☐
비고: • 품질검사 결과 과거 적용기간: 인증심사 3개월, 정기심사 12개월, 공장 또는 사업장 이전심사 3개월 • 중요 품질항목에 대한 현장 입회시험 항목의 결정은 KS별 인증심사기준의 '제품시험 결과에 따른 결함 구분' 중에서 중결함 이상의 검사항목 중 1개로 한다. • 현장 입회시험이 어려운 중요 품질항목은 시료채취 후 제품심사를 실시할 수 있다.		

4.6 제품검사 결과 데이터를 분석하여 제품품질 및 품질시스템 개선에 반영, 활용하고 있는가?	예 ☐	아니오 ☐
비고: 데이터 분석(일정주기를 정하여 평균값, 표준편차, 불량률 등의 분석 여부)		

5. 시험·검사설비 관리: 일반품질(2항목), 핵심품질(1항목) ※ 외부설비를 사용한 경우 공장심사 시 해당 외부설비 업체에 대한 현장확인을 실시할 수 있음	적합 여부	

5.1 [★ **핵심품질**] KS에서 정하고 있는 제품 품질항목에 대한 시험·검사가 가능한 설비를 인증심사기준에 따라 사내표준에 구체적으로 규정하고 보유하고 있는가?	예 ☐	아니오 ☐
비고: 시험·검사 설비를 외주하는 경우에는 아래 사항 적용 • 외부 기관(업체 포함)과의 사용 계약 또는 공인 시험·검사기관 시험성적서를 활용하는 설비에 대하여 시험검사 의뢰 내용, 시험검사 주기 등 외부설비 이용에 대하여 구체적으로 규정하여 실시 • 시험검사 의뢰는 해당설비로 실시하는 인수검사, 공정검사, 제품검사에 대하여 각각 구분하여 실시 • 시험검사 의뢰주기는 설비를 보유한 업체가 실시하는 수준과 동일한 횟수로 시험검사를 의뢰하여 성적서를 보유 • 시험검사 주기를 KS 또는 인증심사기준에 명시한 경우에는 그 주기를 따름		

5.2	시험·검사 설비의 설치장소 및 환경이 적정하고, 성능 유지를 위해 각 설비의 관리항목을 규정, 주기적으로 점검하고, 그 결과를 기록·보관하여 설비관리에 활용하고 있는가?	예 ☐	아니오 ☐
	비고: • 환경(온도, 습도, 조명, 전기, 수도시설 등), 시험을 할 수 있는 적절한 공간의 확보 여부 • 설비관리항목(점검항목·점검 주기·점검방법 등)		
5.3	시험·검사설비의 측정표준 소급성(정밀·정확도 유지) 체계를 구체적으로 규정(대상설비, 주기 등)하고 교정주기에 따라 외부 공인기관의 교정 후 교정성적서를 관리하고 있으며 교정결과를 측정에 반영 활용하고 있는가?	예 ☐	아니오 ☐
	비고: • 정밀·정확도 유지를 위해 교정주기를 정하고 교정성적서 또는 표준물질 인증서를 체계적으로 관리 • 검정대상 측정기의 경우 검정증명서 부착으로 확인 • 교정 또는 표준물질인증서의 성적내용(불확도 또는 보정값)을 측정에 반영하여 활용하고 있는지 확인 • 화학 분석 장비의 경우 인증표준물질과 인증서를 보유하여야 함		
6. 소비자, 환경·자원관리: 일반품질(4항목), 핵심품질(1항목)		**적합여부**	
6.1	[★ 핵심품질] 소비자불만 처리 및 피해보상 등을 사내표준에 규정하고 불만 제품 로트를 추적, 원인을 파악하고 개선 및 재발방지 조치를 하고 있는가?	예 ☐	아니오 ☐
	비고: • KS Q ISO 10002(고객만족–조직의 불만처리에 대한 지침) 등을 토대로 사내표준에 규정 • 해외 인증업체는 한국 내 판매업체가 소비자불만 처리 업무를 수행 • 원자재의 입고 일자 및 인수검사 결과, 제조 일시 및 사용설비, 공정관리 및 중간검사, 제품검사, 출고일시, 판매장소 등 확인		
6.2	소비자에게 제공하는 제품 구매정보(규격, 사용법, 시공방법, 설명서 등) 및 인증심사기준의 제품인증 표시방법을 사내표준에 규정하고, 적정하게 제공·표시하고 있는가?	예 ☐	아니오 ☐
	비고: • KS A ISO/IEC Guide 14(소비자를 위한 상품 및 서비스의 구매 정보에 대한 지침) 및 KS A ISO/IEC Guide 37(소비자 제품의 사용설명서에 대한 지침) 등을 토대로 사내표준에 규정 • 제품사용 설명서 또는 시공방법 설명서 제공이 필요하지 않은 제품은 KS별 인증심사기준의 표시사항을 제품 및 포장에 표시		

		예	아니오
6.3	제품 요구사항에 대한 적합성을 달성하기 위해 필요한 작업환경 및 종업원 안전, 보건, 복지를 고려한 청정 작업환경에 대하여 규정하고 지속적으로 관리하고 있는가?	□	□
비고:	• 안선·보건: 전기·기계 안전요건, 종입원의 인진장비 보급, 안전관리 교육 등을 사내표준에 규정 • 작업장 환경관리(대상, 범위, 기준, 주기, 평가방법) 등을 사내표준에 규정		
6.4	사내표준에 따라 임직원의 사내·외 연간 교육훈련계획을 수립하여 적정하게 실시하고 있으며, 생산·품질경영 부서의 팀장급 이상 경영간부가 산업표준화 및 품질경영교육을 최근 3년 이내에 이수하였는가?	□	□
비고:	KS Q 10015를 토대로 규정 • 계획: 연간 계층별·분야별(자재·공정·제품품질·설비관리·제품생산기술 등), 실시: 최근 3년간 실적 확인 • 산업표준화 및 품질경영 교육(산업표준화법 시행령 별표 2) • 경영간부의 30% 이상 교육이수 및 미이수 경영간부에 전파교육 완료시 적합(예)으로 평가		
6.5	자격을 갖춘 품질관리담당자가 3개월 이상 품질관리 업무를 수행하고 있고, 직무에 필요한 지식의 보유 및 업무수행능력을 갖추고 있는가?	□	□
비고:	• 전임자의 근무경력을 포함하되, 업무 공백이 1개월을 초과하지 않은 경우만 인정 • 품질관리담당자 자격 및 직무에 필요한 지식(산업표준화법 시행령 별표 2 및 시행규칙 별표 8)		

4. 자재관리 목록

번호	자재명	용도	규격(Spec.)	공급업체	변경사항

위와 같이 자재관리 목록을 승인하였음.

년   월   일

인증심사원   입회자(대표자, 품질관리담당자 등)

_____ (인/서명)   _____ (인/서명)

_____ (인/서명)   _____ (인/서명)

5. 시료채취 내역 및 제품 품질시험 의뢰 현황

가. 시료채취 내역

표준번호	표준명	종류·등급 호칭·모델	재고량	시료크기	시료수 (로트번호)	시험항목 및 시험 방법

나. 샘플링(시료채취) 방식:

다. 공시체 제작방법(해당하는 경우)
- 공시체 제작방법:
- 공시체 규격:
- 제작자:

라. 시험의뢰처:

위와 같이 시료채취 및 시험 의뢰하였음.

년   월   일

인증심사원   입회자(대표자, 품질관리담당자 등)

_____ (인/서명)   _____ (인/서명)

_____ (인/서명)   _____ (인/서명)

6. 부적합 보고서

부적합 보고서					
회사명 (공장)			소재지		
표준번호 (표준명)			종류·등급 호칭·모델		
심사일자			조치기한		

평가항목 번호	부적합 구분		부적합내용	담당 심사원
	일반 품질	핵심 품질		
	☐	☐		
	☐	☐		
	☐	☐		

부적합수	합계	개선조치 평가항목 (일반품질)	확인심사 평가항목 (핵심품질)

인증심사원   입회자(대표자, 품질관리담당자 등)

_____ (인/서명)   _____ (인/서명)

_____ (인/서명)   _____ (인/서명)

7. 부적합 개선조치 보고서

부적합 개선조치 보고서						
회사명(공장)			소재지			
표준번호 (표준명)			종류·등급 호칭·모델			
심사일자	201 . . . ~ 201 . . .					
담당자 성명		휴대전화		e-mail		

평가항목 번호	부적합 구분		부적합 개선조치 요약 및 첨부문서 번호	담당 심사원
	일반 품질	핵심 품질		
	☐	☐		
	☐	☐		
	☐	☐		

부적합 개선조치 보고서를 제출합니다.

년   월   일

회사명(공장)   대표자 _____ (인/서명)

인증기관장 귀하

※ 부적합 항목의 개선조치에 대한 세부 자료는 별첨합니다.

부적합 개선조치 검토 결과 ※ 이하는 심사원이 작성합니다.			
부적합 대책 검토 종합의견			
종합판정	☐ 적합 ☐ 부적합	심사원	(인/서명)
		심사원	(인/서명)

참고 문헌

「미래사회와 표준」, 강병구 외, 2008, 한국표준협회

「KS A 0001」, 2008, 한국표준협회

「ISO 품질경영시스템 혁신 가이드」, 홍종인, 2009, 한국표준협회미디어

「ISO/IEC Directives, Part 2」, 2011, ISO

「서비스 표준화, 이렇게 하라」, 류길홍 외, 2013, 한울아카데미

「사실상 국제표준 실무」, 2015, 한국표준협회

「품질관리담당자 교재」, 2015, 한국표준협회

「KS Q 8001」, 2015, 한국표준협회

참고 웹사이트

AAMI 홈페이지(www.aami.com.au)

AATCC 홈페이지(www.aatcc.org)

AIAA 홈페이지(www.aiaa.org)

API 홈페이지(www.api.org)

ASHRAE 홈페이지(www.ashrae.org)

ASME 홈페이지(www.asme.org)

ASTM 홈페이지(www.astm.org)

IEC 홈페이지(www.iec.ch)

IEEE 홈페이지(www.ieee.org)

ISO 홈페이지(www.iso.org)

ITU 홈페이지(www.itu.int)

JEDEC 홈페이지(www.jedec.org)

NFPA 홈페이지(www.nfpa.org)

NSF 홈페이지(www.nsf.org)

SAE 홈페이지(www.sae.org)

SEMI 홈페이지(www.semi.org)

TAPPI 홈페이지(www.tappi.org)

국가기술표준원 홈페이지(www.kats.go.kr)

한국표준협회 홈페이지(www.ksa.or.kr)